ドキュメント

日銀漂流

試練と苦悩の四半世紀

ドキュメント

日銀漂流

試練と苦悩の四半世紀

西野智彦

岩波書店

まえがき

手元に一万円札がある。

偽造防止のための精巧なすかしにホログラム、さらにマイクロ文字が配された一四色刷りの芸術的な印刷物である。表面には福沢諭吉、裏にキジが二羽描かれているのはD号券、平等院の鳳凰像があるのが現行のE号券。製造費用は一枚当たり二〇円ほどで、二〇二四年度以降、渋沢栄一の新紙幣に切り替わっていく。

紙の原材料には一部国産のミツマタとアバカ（マニラ麻）が使われ、手触りも厚さも何とも心地よい。これが分厚い束になるとさらに神秘性を増し、えも言われぬオーラを放つから不思議である。

お札は国立印刷局で毎年三〇億枚ほど製造され、発注元である中央銀行の日本銀行に納められる。搬入された時点では単なる「印刷物」だが、日銀の地下金庫から外に出た瞬間、「通貨」に化ける。パック詰めされた大量の一万円札が次々と現金輸送車に積み込まれ、市中に出ていく様は壮観であり、まるで魔術を見せられているようだ。

このお札の総元締めとして、平成の初期に日銀総裁を務めたのが三重《みえ》野康《のやすし》だった。「平成の鬼平」の異名をとり、豪放磊落《ごうほうらいらく》なその人柄は多くの人を惹き付けたが、一方でバブル潰しの張本人と名指しされ、恨まれもした。

三重野は東京生まれだが、幼少年期の大半を満州で過ごした。遼東半島に近い鞍山中学を出た後、親元を離れて旧制一高に進学する。この年の暮れ、真珠湾攻撃で太平洋戦争が始まった。

三重野はここで人生の師である阿藤伯海《あとうはくみ》教授に出会い、論語を学んだ。そのうち放課後に唐詩選の特別講義を受けるようになり、阿藤の自宅にも足しげく通う。その勉強の場で巡り合った荀子の格言が、その後の三重野の人生訓になった。

窮不困憂意不衰

窮して困《くる》しまず、憂えて意《こころ》衰えず、と読む。人間が生まれ持つ悪を礼によって改めるべきだと唱えた「性悪説」で知られる荀子は、この言葉を通じて学問を修める態度を説いた。真の学問は立身出世のためではない。人生において窮しても苦しまず、憂えてへこたれず、人生の複雑な問題に直面しても惑わないためである、と。(1)

その後、東京大学を出て終戦後日銀に入った三重野は、この格言に中央銀行の果たすべき責任の重さを見出すようになる。自著『赤い夕陽のあとに』の中にこうある。

「困難な局面に立ち向かう時は、いつもこの文句を口ずさむ。どんな局面にも逃げるな、逃げるなと自分に言い聞かせながら、この文句を唱える」(2)

やがて三重野は、好んでこの言葉を仲間たちに贈るようになった。

早くからその才覚を三重野に見出され、後に総裁となった白川方明《まさあき》は、政治の圧力にさらされていたころ、この言葉を認《したた》めた色紙が突然贈られてきた。かつて三重野の秘書を務め、副総裁となった雨宮正佳《まさよし》も大阪支店長に転出する直前に色紙を渡され、「どんなに困難な局面に直面しようとも、逃げてはいけない」と言われた(3)。同じく副総裁として、接待汚職事件の後処理に奔走した藤原作弥《さくや》も、三重野の色紙を大事に保管していた。

三重野が後輩たちにこの言葉を贈ったのは、中央銀行という存在の複雑さと難しさを知り尽くしていたからだろう。独占的な通貨発行権という「魔術」を有する中央銀行には、それを求める欲望と好奇の目が向けられる。お札を自在に発行し、通貨を操りたいという政治的野心はどの時代にも存在し、その危うさゆえに中央銀行はしばしば翻弄され、窮地に立たされた。三重野はだからこそ「窮してもへこたれるな」と叱咤激励し続けたのである。

三重野は二〇一二年四月、八八歳の天寿を全うした。生前、その後の展開を予期していたかどうかは分からないが、三重野なきあとの日銀は、結果的に「窮して苦しみ、憂えて意衰え」ていったように映る。激しいバッシングに窮した挙句、実現困難なインフレ目標を政府と約束し、途方もない額の国債と株を背負いこんだ。伸びきった財政を含めて正常化への道は遠く、頼みの綱の潜在成長率に回復の兆しはみられない。

そんなぎりぎりの状況で、追い討ちをかけるようにコロナ・ショックが起きた。二〇年四～六月期の国内総生産(GDP)は戦後最大の落ち込みを記録、三期連続のマイナス成長で「アベノミクス」の成果は吹き飛び、首相は体調不良で突如その座を退いた。大不況が世界を襲うなか、日銀は「魔術」を駆使し、巨額の財政支出を懸命に支えている。

この報告は、一九九六年に始まった日本銀行法の改正論議を起点に、ゼロ金利から量的緩和、リーマン・

ショック、異次元緩和を経て、コロナ・ショック、そして安倍晋三首相退陣、菅義偉《すがよしひで》内閣発足に至るまでの日銀の「試練と苦悩の四半世紀」をドキュメントしようという試みである。

この先、経済や暮らしが元に戻れば幸いだが、将来、子や孫たちが金融経済で想像以上の苦境に直面し、「何故こんなことになったのか」と疑問を抱いたとき、その答えを探す糸口を残しておいた方がいい、と筆者は考えた。それは恐らくコロナだけのせいではない。はるか以前から当局者たちが「最善の道」として選んできた数々の政策が、相互に影響しあい、時の権力や経済社会と化学反応を起こした結果である。

将来の検証に供するため、本書では後講釈や論評は控え、この間の事実を時系列で追うことに専念した。できるだけ多くの当事者から話を聞き、公開・非公開の内部文書や個人の日記、備忘録等をかき集めた。事実誤認や分析の誤りがあれば、すべて筆者の責任である。出典が明らかでない記述にも一定の根拠があるが、いずれも匿名や背景説明を条件にした取材であり、発言者の氏名や資料の入手経路等は明らかにできない。また、議事録や記者会見、文献等について、要約引用した箇所がある。原則として肩書は当時のものを用い、敬称は略させていただいた。

それでは、時計の針を一九九六年の三月に巻き戻す。

改革を標榜する橋本龍太郎内閣が年明けに発足し、久方ぶりに景気回復の明かりが灯り始めていた。若田光一のスペースシャトル搭乗に国中が沸き、二五歳の羽生善治が史上初の将棋タイトル七冠を二月に達成する。半面、「住専」(4)をめぐって野党が国会内にピケを張り、世情騒然とし始めた――。そんな時代にタイムスリップし、物語を始めようと思う。

目次

プロローグ ― 「独立」への旅の始まり

春を告げる移動性高気圧と前線が周期的に列島を通過し、首都圏は週末ごとにまとまった雨に見舞われていた。

一九九六年三月、日本橋本石町《ほんごくちょう》にそびえ立つ日本銀行本店の一室に、じっと考え込む男の姿があった。福井俊彦副総裁、六〇歳。日銀プロパーでは当時最高位の福井に、予想もしない「決断の時」が迫っていた。自民、社民、さきがけの連立与党(1)が密かに提案してきた日本銀行法の改正論議に進んで乗るべきか、それとも距離を置き、しばし様子を見るべきか――。

福井が補佐する総裁の松下康雄は大蔵省出身である(2)。三重野体制を引き継いで既に一年余り経っていたが、日銀法改正で予想される政府との調整の難しさを考えたとき、利害の絡む松下ではなく、日銀出身の自分が判断しなければならない、と福井は考えていた。

「これは千載一遇のチャンスではないでしょうか」と側近の一人が水を向けた。が、福井は黙り込んだまま何も言わない。普段、即断即決で鳴る福井がこれほど悩む姿を見たことはなかった、と側近は後に打ち明けている。

バブル崩壊から五年余の歳月が過ぎようとしていた。景気は一時的な回復に向かいつつあったが、金融界は巨額の不良債権を抱え、危機のとばくちをさまよっていた。

事態打開のため大蔵省は前年の暮れ、住専の処理計画をまとめ上げた。だが、六八五〇億円の税金投入を唐突に決めたことに世論の反発が高まっていく。

国会では野党新進党の議員多数が税金投入に反対して委員会室前に座り込み、長期空転が続いていた。も(3)し処理計画が瓦解すれば、金融不安が再燃しかねない。そんな世情騒然、暗雲低迷の春に、日銀法改正を探る動きが突如浮上したのである。

金融経済の基本法である日銀法は、一八八二年(明治一五年)の日本銀行条例(4)をベースとし、戦時下の一九四二年(昭和一七年)、真珠湾攻撃の翌年に制定された。

　第一条　日本銀行ハ国家経済総力ノ適切ナル発揮ヲ図ル為国家ノ政策ニ即シ通貨ノ調節、金融ノ調整及信用制度ノ保持育成ニ任ズルヲ以テ目的トス

　第二条　日本銀行ハ専ラ国家目的ノ達成ヲ使命トシテ運営セラルベシ

古めかしいカタカナ文で書かれた法律は、中央銀行を戦争遂行のための国策機関と定め、大蔵大臣に一般監督権、業務命令権、役員の解任権、予算認可権など強力な権限を与え、日銀を政府の指揮下に置いていた。

敗戦後の一九四九年、連合国軍総司令部(GHQ)の指示により、米国のFOMC(連邦公開市場委員会)(5)に倣

って「政策委員会」を新設する法改正が行われ、とりあえず金融政策は日銀の専決事項という形式が整う。だが、業務命令権や解任権など戦時立法の骨格そのものには手がつけられず、政策委員会そのものも形骸化していったため、「形式的に独立、実態は従属」という状況が続く。日銀は「大蔵省常盤橋支店」「日本橋本石町分室」と長く揶揄されてきた(6)。

実際、肝心の金融政策運営をめぐって、日銀は大蔵省や政治家の介入に悩まされ続けた。

過剰流動性による狂乱物価が問題となった七〇年代前半、佐々木直《ただし》総裁の下で政策担当理事を務めた中川幸次《ゆきつぐ》は、「自民党筋」から総裁解任の噂を流され、大蔵省も利上げを認めなかったために公定歩合の引き上げが大幅に遅れた、と証言する(7)。

「総選挙があるから上げるな、選挙が終わると次は予算編成期だから上げるな、その次は予算審議中だから動かすな、と大蔵省に強く言われた。政策の転換点において大蔵省は金利の引き上げに反対する。実際、政府のOKがなければ政策変更できなかった(8)」

狂乱物価から一五年後、今度は金融引き締めの遅れによってバブルが発生する。「平成の鬼平」の異名をとった元総裁、三重野康の後日談も生々しい。

「一般物価が落ち着いているときに公定歩合を上げて、景気に水を差すのは嫌だという感じが向こう（大蔵省）に非常に強かった」「日本が公定歩合を上げると、（米国の株価大暴落、ブラックマンデーのように）世界の金融資本市場に混乱が起きるかもしれない。その辺を見極めなければならないと（大蔵省に）言われた。これなんかは私も気にしました」

三重野は「公定歩合は戦後の法改正によって日本銀行の専決事項になったけれども、事実上は大蔵省の了承を得ないとできない」と言い、総裁を退任する際、後任の松下にこんな話をしたと証言する。

「(松下総裁への)引き継ぎ事項はただ一つ、日銀法についてお話ししてきました。もうそれだけなんです」「その機はひょっとしたら出てくる可能性もあります。そのときはぜひ実現してください、というのが引き継ぎ事項だったんです」(9)

金融政策に対する介入を法的に遮断し、独立した中央銀行に生まれ変わりたい――。三重野も福井も日銀マンの誰もが日銀法改正を願ってきた。

そのチャンスが予想もしない形で到来したのである。きっかけは住専処理後に起こった大蔵省バッシングだった。その副産物として、まるで「棚ぼた」のように法改正の機会が降ってきた。

大蔵省をめぐっては、バブル崩壊後に主計局幹部への過剰接待や副業疑惑(10)が次々と発覚し、九五年秋には大和銀行ニューヨーク支店での巨額損失事件(11)で銀行局幹部が「隠蔽工作」に加担したとの嫌疑を米当局にかけられ、その威信は大きく揺らいでいた。

そこに住専処理への税金投入という案が飛び出し、メディアの大蔵省批判に火が付く。さらに直後の九六年一月、社会党の村山富市首相が辞任し、自民党の橋本龍太郎が新内閣を発足させた。行政改革をライフワークとする橋本は、大蔵省を頂点とする霞が関の官僚機構にメスを入れようと早くからその機をうかがっていた。(12)

橋本の意を受けて与党三党は二月六日、自民党幹事長の加藤紘一を委員長とする「大蔵省改革問題委員会」を立ち上げ、その下に政策責任者によるプロジェクトチームを設置して検討を開始する。その改革の一番手として浮上したのが、なぜか日銀法改正だった。

チーム内では当初、財政と金融の分離、予算編成権の切り離し、歳入庁の新設などさまざまな案が浮かんだが、どれも雲をつかむような壮大な話で具体的に進まない。それに比べ、中央銀行の独立性強化はバブルの再発防止という当時の政策目標に合致し、また大蔵省の権限縮小にもつながる「手ごろなテーマ」だった。

さらにこのころ、中央銀行改革は世界的な潮流となっていた。欧州ではマーストリヒト条約[13]に基づく九九年の通貨統合を目指し、欧州中央銀行（ＥＣＢ）の設立準備が進んでいた。通貨統合後はＥＣＢが単一通貨ユーロを発行し、金融政策を一元的に決定する。このため、ＥＣＢの執行機関となる域内の中央銀行は独立性強化を求められ、フランス、イタリア、ベルギー、スペインで次々と法改正が行われる。ドイツでも改正議論が始まっていた[14]。

だが、プロジェクトチームが日銀法に手を付けたのは、こうした海外の潮流というより、むしろ国内の政治的事情によるものだった。橋本政権は発足時から住専処理法案を通常国会で成立させる責任を負っていた。法案審議では大蔵省との「共闘」が不可欠であり、その傍らで組織を潰そうとするのは筋が通らない、と大蔵省出身議員を抱える自民党内から反対論が噴き出していた。少なくとも住専処理法を成立させ、国会が閉じるまで大蔵省本体に手を付けるわけにいかなかったのである。

当時、大蔵省改革プロジェクトチームの座長を務めた社民党政策審議会長の伊藤茂は、日銀法に着手した理由について「自民党の中では深刻になる大蔵省改革の攻防の雰囲気を逸らすための思惑もあったようである」と自著に記している[15]。大蔵省本体の改革よりも与党内の合意が得られやすい方向に舵を切ったという解説だ。関係者によれば、日銀法を伊藤に持ちかけたのは、自民党政務調査会長を務めていた山崎拓だったという。

そんな複雑な事情を察知し、日銀内では警戒心が広がっていく。ある幹部は「おだてられるまま二階に上り、そこではしごを外されたらどうするのか」と不安を口にし、別の幹部は大蔵省との関係がこじれるのではないかと案じた。理事の一人は金融システム問題の解決が先決だと言い、「日銀法改正なんてやっている場合じゃない」と批判した。

確かに、日銀法改正が容易でないことは過去の歴史が示している。五七年から六〇年にかけて金融制度調査会で検討されたが、日銀の独立性をめぐって意見集約できず、結局、法案化されなかった。その四年後にも日銀総裁が国会で改正に前向きな答弁をし、蔵相の指示で改正原案がいったん固まったが、大蔵省銀行局の無言の抵抗と国会日程の窮屈さにより法案提出に至らなかった。

この二回目の論議に日銀総務部（現在の企画局）職員として関わったのが副総裁の福井である。どんなに政治主導であろうと、一筋縄でいかないことは重々分かっていた。

さらに福井を悩ませたのは、肝心の足元に「現行法で十分」という意見がくすぶっていたことだった。日銀はそれまで「運用によって、金融政策の独立性は実質的に保たれている」と対外的に説明していた。ここで改正論に乗って独立性を声高に主張し、もし法改正が実現しなかった場合、一体どうなるのか。今後、自分たちは独立していないと認めながらやっていく羽目にもなりかねない。このため、ある理事は「現行法で間に合っている」と言い、総裁の松下も問われれば同じ答えを続けていた。

一九九六年三月二七日。プロジェクトチームのヒヤリングに呼ばれた理事の山口泰は、「日銀はやる気があるのか、はっきりさせろ」「大蔵省が怖いのか」と議員に問い詰められる。山口自身、改正には前向きだったが、組織の方針が固まっていないため明確な考えを示すことができない。憤懣やる方なしといった表情で山口が戻ってきたのを当時の部下たちが鮮明に覚えている(16)。

だが、考えた末に、福井は密かに動き出した。

プロジェクトチームのメンバーと個別に会い、日銀法に関する問題意識と「本音」を直接聞いて回ったのだ。日付は不明だが、自民党の加藤や山崎とも会談した。この席で加藤は「我々はやる気だが、日銀はどうだ」と福井に決断を迫った、と出席者の一人が証言している。

福井が腹を固めたのは、一連の接触を通じて議員らに「ウラ」がないと感じ取ったからだった。とりわけ自民党で行政改革を主導していた水野清らとの協議で、日銀法に対する意識の高さを知り、信頼を寄せるようになった、と福井は後に振り返っている。

このあと、福井ら幹部は松下と数日話し込んだ。松下はそれまで法改正に積極的とも消極的ともつかない姿勢を続けていた。組織の長が「やりたくない」と言えば、動きはそこで止まってしまう。だが、松下が実は前向きだったことを知り、幹部らは一様に胸をなでおろしたのを覚えている。

出席者によると、松下は金融システム問題を解決したら、任期後半に日銀法に取り組む意向だったことをこの場で初めて明かし、「少し繰り上がったが、この機会を逃すともうできないかもしれない。ここはやりましょう」と言った。総裁のゴーサインが出た瞬間だった(17)。

四月五日午後。プロジェクトチーム座長の伊藤、自民の山崎、新党さきがけ政調会長の渡海紀三朗らが日銀本店を視察に訪れる。もちろん、福井らと事前調整したうえでの来訪だった。

松下、福井ら幹部を前に、伊藤は「二一世紀の金融行政を見通すと、日銀の独立性強化を中心にした日銀法の改正が必要である」と与党の方針を伝え、「古い日銀法の運用と調整で間に合っているという説明のときは終わった。積極的に改正に取り組むべきだ」と促す。同席した自民党の水野も「今がチャンスだ」と畳みかけた(18)。

松下は「金融をめぐる国際情勢は著しい変化の中にある。やはり現状にふさわしい改正が望ましい。二一世紀を展望した改正にしたい」と言い、最後に「よろしくお願いします」と頭を下げた。伊藤はこの日の訪問こそが五五年ぶりの抜本改正への「発火点」になった、と自著に記している。

福井もこの日を境に、考え方を一八〇度切り替えた。「もし法改正が実現できなかった場合どうするか」ではなく、「必ず法改正を実現させる道は何か」に絞って戦略を考えるようになる。側近の一人は、福井の当時の思いをこう振り返る。

「過去二回の失敗の轍は踏まない。そう決めていた」

独立を求める日銀の長い旅が、こうして始まった。

第1章

「松下時代」

――日銀法改正と金融危機

1996~1998

与党の唐突な働きかけに戸惑いつつも、悲願の「独立性」を目指し、
日銀は法改正へと突き進む。
しかしその一方で、バブル崩壊による金融危機のマグマが、
地表近くにまで迫っていた。
2つの流れは複雑に絡み合い、予想もしない展開をもたらす。

松下時代

1994年(平成6年)		
	12月	松下康雄日銀総裁就任
1995年(平成7年)		
	1月	阪神・淡路大震災
	3月	地下鉄サリン事件
1996年(平成8年)		
	1月	地価税率引き下げ。橋本龍太郎内閣発足
	2月	羽生善治が将棋界初の7冠独占
	7月	アトランタ夏季オリンピック
1997年(平成9年)		
	4月	消費税率、5%に引き上げ
	5月	神戸連続児童殺傷事件
	6月	改正日銀法成立
	7月	香港返還、アジア通貨危機勃発
	11月	三洋証券、拓銀、山一証券が連鎖破綻
1998年(平成10年)		
	2月	長野冬季オリンピック

I

お銚子をさっと引き揚げるように

一九九六年春、連立与党との合意を受けて、日銀は法改正の検討に入った。企画局担当理事の山口泰[1]の下に、企画課長の稲葉延雄、調査役の雨宮正佳[2]ら五人からなる準備チームが編成され、小さな部屋を与えられた。

ただ、検討作業の中心にいたのはやはり福井俊彦である。福井は六〇年代の改正論議に加わった行内唯一の経験者であり、当時の経緯を知悉していた。伸るか反るかの悩みから解放されたこともあり、福井はここからこの問題に人一倍情熱を注いでいく。準備チームのあるメンバーは「まるで俺一人でもやれると言わんばかりだった」と当時の福井を振り返り、別の部下はこんな印象を口にした。

「今度こそ実現してみせると、福井さんは燃えたぎってた」

降ってわいた日銀法改正論議は、中央銀行制度について考える滅多にない機会を国民にもたらした。中央銀行の独立性とは何か。どこまで独立を認めるべきか。そもそも中央銀行とは何なのか——。

まず、独立性をめぐって紹介されるのが、世界史の教科書に出てくるドイツの苦い経験である。

第一次世界大戦後の一九二〇年代、敗戦後の財政破綻を中央銀行が国債引き受けで賄った結果、パン一個の価格が一兆マルクに暴騰するなど天文学的な「ハイパーインフレーション」が発生した。その後のナチス政権でも中央銀行は事実上の戦費調達機関にされ、第二次大戦後に再度インフレを招いた。

この二度の教訓を踏まえ、戦後発足した中央銀行ブンデスバンクには、政治からの高い独立性が与えられる。インフレ・ファイターとして名高いブンデスバンクの理念は、その後欧州中央銀行（ＥＣＢ）へと引き継がれた。中央銀行が戦争遂行の道具にされ、敗戦後に深刻なインフレに直面したという点で、日本もドイツと同じ経験を有している。

これに対し、米国ではベトナム戦争終結後の七〇年代に、インフレと不況が同時に進む「スタグフレーション」が発生した。中央銀行にあたる連邦準備制度はインフレ体質の根絶に向けて猛烈な金融引き締めを展開する。理事会（ＦＲＢ）議長のポール・ボルカーは政財界の猛反対にもひるまず、結果的にこのときの対応が九〇年代の成長基盤を築いた、と後に評価されている。

歴史的に浮かび上がるのは、インフレ防止のための金融引き締めが、戦時体制下はもちろん、平時における民主政治の下でも簡単には受け入れてもらえないという事実である。

議会制民主主義の下で、定期的に選挙の洗礼を受けなければならない行政や議会は、通貨価値の安定といった目に見えない中長期的成果よりも、目先の選挙を意識した短期的成果を求め、企業家や大衆もこれを支持しがちだ。不況や失業の際には金融緩和による景気刺激を期待し、財政難に直面した場合も不人気な増税より金融緩和による通貨増発で当面しのぎたいという誘惑に駆られる。(3) その結果、引き締めの遅れから物価の安定が損なわれ、国民生活がそのつど犠牲となってきた。

このような苦い教訓を基に、中央銀行を政治的誘惑から隔離すべきだという主張が「独立性」という概念を生んだ。ただ、理屈では分かっても、実際に金融引き締めが始まると政財界はこれに反発する。民主主義との相性は必ずしも良くない。

「平成の鬼平」こと三重野康は、退任後に自費出版した回顧録にこう書いている。

「これ（引き締め）は宴酣《たけなわ》の時、お銚子をさっと引き揚げるようなもので、政治ではなかなかやり難い。そこで各国とも長い歴史の中で、そのようなことを政治の都合で左右されることなく、中央銀行にやらせることがよいというコンセンサスができた。（中略）人類の経験から得た知恵というべきものである」(4)

また、元FRB議長のウィリアム・マーティンも「パーティーの途中でパンチボウル（果実入りカクテルが入った器）を片づけることが中央銀行の仕事」と評していた(5)。政治的に不人気な引き締めの難しさは、洋の東西を問わない。

だが、この問題を政府サイドから見るとまた別の視点が浮かび上がってくる。

経済運営について議会すなわち国民に対し責任を負っているのは、政府であって中央銀行ではない。金融政策が他の経済政策とは無関係に決まって混乱が生じると、政府は議会に責任を負うことができない。したがって、金融政策も政府の基本方針に沿うべきであり、政府が一定の関与をするのは当然である――。

元日銀理事の中川幸次は「これはなかなか厄介な問題で、いくら議論しても決着がつきにくい」とし、過去の日銀法改正論議でも最後まで片付かなかったと述懐している(6)。実際、政府と中央銀行はどこまで連携すべきか、また双方の意見が食い違った場合、どのように調整するかは、このあと重大な問題となっていく。

最大限の独立性付与を

中央銀行には、三つの役割があると言われる。

まず、銀行券を独占的に発行する「発券銀行」であること。お札（銀行券）は法定通貨として無制限の強制通用力が与えられ、最も信頼できる決済手段である。

第二の機能は、「銀行の銀行」として決済システムを整備・保全することだ。すべての円決済は、民間金融機関が日銀内に持つ当座預金の振替によって行われている。仮に一部が決済不能に陥り、これが連鎖的に広がる恐れが出てきた場合は中央銀行が「最後の貸し手」として資金を供給し、信用秩序を守る。

そして第三が「政府の銀行」。国庫を預かり、歳入歳出といったお金の出入りを管理することである。

これら三つのうち、第一の機能は銀行券の量と金利を調整して通貨の価値（つまり物価）を決める権限につながる。これを独自の判断で行使できれば金融政策は独立しているということになる。三重野らの証言はもっぱらこの権限が侵されていたことを指しているが、一方でどんな手段を使うかを決める「手段独立性」だけを中央銀行に与え、物価上昇率といった政策目標については政府が決める英国のようなパターンもある。また、中央銀行が組織や人事、財務の面で政府にコントロールされていないか、政府の借金を賄う「財政ファイナンス」を行っていないかなど、独立性のチェックポイントは多岐にわたる。独立の度合や形態は国の歴史や政治体制、あるいは民主主義の成熟度によってもまちまちである(7)。

こうした海外の事例や過去の論議も踏まえつつ、日銀の準備チームは一九九六年五月一三日、当面の対処方針を「日銀法改正について」と題するペーパーにまとめ上げた。

(1)改正が必要な理由

今後、経済の市場化や国際化がさらに進展することを考えると、戦時立法で政府統制色が強い現行法では、日本銀行に求められている役割を十分に遂行できなくなる可能性がある。(以下略)

(2)手続きについての要望(略)

(3)主要論点について

①目的・使命

•「物価の安定」と「金融システムの安定」を目的とする。

•これらを通じて経済の安定的発展に貢献する。

②いわゆる「独立性」について

•民主主義体制を前提に、二一世紀の中央銀行に相応しい独立性付与が望まれる。

•一般的に「事務自体の内容・性質が政府からの独立性と中立性を認めるだけの合理性を持っており、しかも他面において、人事権等を通じて政府がこれをコントロールすることができるようになっておれば、個々の具体的な処分・決定について政府からの独立性を認めても直ちに違憲とみることはできない(昭和三五年金融制度調査会答申)」とされている。日本銀行の使命や政策に中立性が要求されること、また金融自由化に伴い、金融政策がますます市場原理に則って展開されなければならない(つまり行政的手法を使わない)ことを考慮すれば、上記の考え方を踏まえ、最大限の独立性付与が望ましい。

③政策委員会（略）
④金融システムの安定に関する業務
・日本銀行の行う金融機関考査の機能を明定する。(8)

具体的な改正条項には触れず、「民主主義体制を前提にした最大限の独立性」との表現で、政府のコントロールを「人事権等」に限定しようとしていることがポイントだ。ただ、この時点で行内は「百家争鳴」の状態にあり、大蔵省との折衝も始まっていない。対処方針に記した高い理想をどう法律の条文に落とし込むか、まだ先行き不透明だった。

これに対し、迎え撃つ側の大蔵省は、長引くバッシングで守勢に立たされていた。

事務次官の小川是《ただし》ら首脳部は、連立与党の圧力から組織と権限を守り抜く方針を固め、日銀法改正についても「現行法で特段の支障はなく、直ちに改正する必要は生じていない」と慎重な姿勢を打ち出していた。(9)

ただ、銀行局で日銀法を所管する総務課の反応は微妙に違った。総務課長の窪野鎮治が省内では珍しい「中央銀行シンパ」だったのである。窪野はかつてドイツ大使館に勤務した経験があり、日銀にもブンデスバンクのような独立性が必要ではないかと考えていた。当初、銀行局内には消極論が強く、改正に否定的な想定問答案がしばしば作成されたが、窪野はそのつど中立的なスタンスに戻すよう指示したという。

もっとも、この時期、住専処理法案などの国会対応に銀行局長が忙殺されていたこともあり、「省内の意思疎通がうまくいかないまま、それぞれがバラバラに動いていた」と別の担当者は証言している。

こうした大蔵省の動きをにらみつつ、日銀準備チームの稲葉は着々と与党への根回しを進め、重要な成果を手にする。法改正論議に「タイムリミット」を設けさせたのだ。

金融関連法案の検討は、大蔵大臣の諮問機関である金融制度調査会で行うのが慣例となっていた。だが、与党プロジェクトチームの水野清は、首相の下に新たな会議を設置して改正の大枠を固め、調査会で議論が後戻りできないようにしてはどうかと提案する。この「首相主導案」に橋本龍太郎が飛びついた。

首相の私的研究会の設置を聞きつけた稲葉らは、一定期間内に報告書を取りまとめてほしいと与党側に要請する。逆に大蔵省は、できるだけ時間をかけて議論すべきだと働きかけたが、連立与党は五月二九日、「次期通常国会への法案提出」を目指すことで合意。六月一三日には全面法改正を政府に求める改革の指針を発表した(10)。稲葉は「期限が設定されたことで、法改正は実現できると確信した」と後に話している。

こうした矢継ぎ早の仕掛けに、大蔵省側の担当者は「日銀に外堀を埋められていた」と振り返る。銀行局幹部は「すべては大蔵省の影響力と権限を弱めたい首相官邸の意向だった」と評した。

七月に入ると、銀行局総務課長の窪野と稲葉、課長補佐の国枝繁樹と調査役の田中洋樹という二つのラインで水面下の折衝が本格化する。窪野はこの折衝により争点はかなり整理されたと述懐するが、日銀側出席者は窪野がこの場で「総裁の解任権と業務命令権さえ外せばそれで十分ではないのか」と持ちかけたのをはっきりと覚えている。独立性の強化といっても、しょせんはまだその程度であり、闘いはこれからだった。

七月三一日、橋本の私的諮問機関「中央銀行研究会」がスタートした。座長には金融制度調査会の会長ではなく、橋本の母校である慶應義塾塾長の鳥居泰彦が就任する。鳥居には福井が、他の委員には稲葉らが連日のように「ご進講」を続けた(11)。

漠然とではあったが、独立性強化に向けた「追い風」が吹いているように見えた。

「ピュア・セントラルバンク」の影

一九九六年の夏は関東以西で猛暑となり、東京・大手町で一時三八・七度を記録した。そんな中、日銀本店で「夏合宿」と呼ばれる勉強会が連日開催されるようになる。

毎朝八時から本店会議室に理事や局長ら主要幹部が集まり、稲葉ら準備チームから法改正の検討状況と、想定される改正条文について説明を受け、それを基に議論を繰り返す。福井は終始議論をリードし、総裁の松下康雄も早朝から顔を出した。稲葉らはここで出た意見を踏まえて大蔵省と折衝し、中央銀行研究会の委員に根回しをし、その成果をまた夏合宿に持ち帰るというプロセスを積み重ねていく。

「三度目の正直」に執念を燃やす福井と稲葉らの説得により、法改正への道筋は何とか見えてきた。だが、実際に法案の条文を書き、国会審議に臨むのは大蔵省である。中央銀行研究会の報告書が出たあとには金融制度調査会にも改めて諮らなければならない。大蔵省との合意がないまま、法改正を実現させるなどしょせん夢物語であり、必然的に夏合宿の焦点は「合意を得るために何を取り、何を諦めるか」へと移っていった。

いつごろからかは判然としないが、中枢の企画局以外を担当する幹部らは、上層部が金融政策だけに絞って独立性を強化しようと考えているのではないかと訝り始め、そうした考えを皮肉も込めて「ピュア・セントラルバンク論」と呼ぶようになった。

ピュア・セントラルバンクとは中央銀行の役割を金融政策に「純化」し、金融システムの安定といった信用保持政策への関与をできるだけ限定しようという考え方である。九〇年代に欧州で始まった中央銀行改正論議の中でも一定の広がりを見せていた。

本来、物価と金融システムの安定という二つの目標を一つの政策手段を使って同時に追求することは難しく、場合によっては利益相反が生じる恐れもある。[12] 個別金融機関の危機に対して無担保、無制限の日銀特融を乱発すれば、一時的な流動性供給という「最後の貸し手機能」を超えて、損失負担という財政の分野に足を踏み入れる恐れもある。あくまでも物価の安定を最優先に考えるべきではないか――。上層部の一部に広がるそんな政策思想を他の部局は警戒し、身構えた。[13]

なかでも信用保持政策の司令塔である信用機構局は、ピュア・セントラルバンクとは逆の思想を持っていた。九六年夏の時点で、金融システムは既に揺らぎ始めており、むしろこの分野への日銀の関与を強めるべきだ、というのが現場の一致した見解だった。

課長や調査役は「監督権限の一部を日銀も持つべきではないか」と信用機構局長の増渕稔に直訴し、増渕は夏合宿で「欧米には銀行監督をしている中央銀行がある」と発言した。また、金融機関の経営をチェックする考査局も、行政権に似た「考査権」を法律に明記すべきだと声を上げていた。

だが、首脳部はこうした考えには与しなかった。松下は日銀が銀行行政に足を踏み入れることにはなから否定的だったし、何より福井が「行政的なるもの」をこの機に極力削ぎ落とし、日銀を「バンク（銀行）」として再出発させるべきだと信じていたからだ。

「日本銀行は行政機関ではない。バンク（銀行）である」

福井がことあるごとにこう繰り返したのを多くの幹部が記憶している。時に「日銀は私的存在である」とまで言い、「それは違う。日銀は公的存在です」と部下にクギを刺される場面すらあった。

日銀は資本金一億円のうち政府が五五％、民間が四五％を出資し、大蔵大臣が設立を認可した半官半民の認可法人である。通貨の発行や金融政策の決定など行政的機能の一部を担っているが、通貨は市場での金融取引を通じて発行され、金融調節も取引先である銀行などへの貸出や国債・手形の売買を通じて実行される。日銀は金融市場のプレーヤーであり、実際に「銀行業務」を行っているのである。

このため、日銀は官民双方の特徴を併せ持つ「鵺《ぬえ》」のような存在だと言われたり、ローマ神話の双面神ヤーヌスに譬えられたりもする。(14) が、福井はあくまでも民間的な側面に力点を置き、日銀のあるべき姿を探ろうとしていた。

冷徹なるリアリズムと為替介入権

福井は市場メカニズムを重視する自由主義経済の信奉者であり、硬軟自在のプラグマティストである。福井に仕えた部下の誰もがそう口をそろえる。

大阪市で洋傘のメーカー商社を経営する家庭に生まれた福井は、商売のダイナミズムを吸収しながら少年期を過ごした。自宅近くの工場に通い、洋傘の材料となる綿布の市況を学び、来日する外国人バイヤーと父親との丁々発止の商談を間近に目撃した。自然とマーケットをベースに物事を考える癖がつき、市場のダイナミズムが回りまわって経済全体を円滑に動かす仕組みだと理解するようになる。

東大法学部を卒業し、中央省庁ではなく日銀を選んだのもマーケットとつながっているからだった。入行した五七年当時、福井は身上調書に「ニューヨークかロンドン、国内なら大阪で働きたい」と書き、「行きたくないところは営業局。行政官庁のような仕事をする部署は嫌です」と人事担当者に訴えている。

ヤーヌス的存在である日銀には、行政的な仕事と銀行の実務が各所に混在するが、勢力としては「企画畑」と「営業畑」が長く競い合ってきた。手形の買いオペや日銀貸出などのさまざまな手段を使って日々の金融調節を実施する営業局は、どの金融機関にどれだけ資金を貸すかを決める絶大な権限を持ち、これを梃子に四半期ごとの市中の貸出増加額をコントロールする「窓口指導」を行ってきた。どちらかと言えば統制派であり、行政指導の香りが漂う。一方、金融政策の司令塔である企画畑には、各年次のトップクラスが集められ、高度な金融理論と政策立案、それに大蔵省との調整能力が求められる。この二大グループを中心に熾烈な出世競争が繰り広げられてきた。

福井はまず外国為替局に配属されたが、その後はもっぱら企画畑を歩み、行政裁量的な営業局に対して常に距離を置いてきた。実際、福井が営業局長を務めたときに情熱を傾けたのは、統制を弱める短期金融市場の自由化と窓口指導の完全撤廃だった。

そんな福井独自の中央銀行論の下で、まず削ぎ落とされたのは、外国為替市場に対する介入権である。通貨価値の安定には物価の安定と為替レートの安定という二つの側面がある。仮に国内物価が安定していても、為替レートが変動すれば、輸入物価や金利水準に影響が及ぶ。このため、為替レートの急変動を抑えようと外為市場への介入が行われるが、この決定権は大蔵省が持ち、日銀は政府の代理人(ブローカー)として、外国為替資金特別会計の勘定による市場介入の実務を任されている。

通貨価値の安定という点で為替相場の影響が無視できない以上、日銀も市場介入の権限を持つべきだというのが外国局の主張だったが[15]、福井らは早々とこの主張を退ける。八〇年代後半、為替相場の安定を重視するあまり金融引き締めが遅れ、バブルが発生した。金融政策の舵取り役である企画局は「為替政策に関わるとろくなことがない」と感じていたのだ。

さらに、介入権限を侵されたくない大蔵省の国際金融局が激しく反発したことも大きかった。関係者は「代理人を日銀から東京三菱銀行に変更することもできる、とまで言って外国局幹部に圧力をかけた」と話す。結局、八月下旬に局長級の協議が開かれ、為替介入については現状を変更しないことで決着した。

振り返って準備チームの一人は「この問題でこじれるとすべてが駄目になるというぐらい大蔵省は必死だった。企画ラインはそもそも介入自体が有効な政策ツールだと思っていなかったし、こだわりはなかった」と話す。大蔵省の銀行局幹部も「介入の問題が早期決着したことが非常に大きかった」と証言している。

日銀が早々に介入権を諦めた裏には、考査の「法定化」を実現させたいという別の思惑もあった。

考査とは、日銀と取引している金融機関を対象に行われる立ち入り調査のことで、約三年に一度、経営の健全性が保たれているかどうかを細かく調べ、必要に応じて助言する。銀行法などに基づく大蔵省検査とは異なり、日銀考査は取引先との「契約」に基づいて行われてきた。日銀法を改正するのなら、「考査権」を法律に明記し、可能なら罰則規定も設けてほしい、と考査局は訴えていた。

金融機関の連鎖的な破綻を食い止める日銀特融の発動に備え、貸出先となる金融機関の財産や経営状況は常に把握しておかなければならない――。これが「考査権」の根拠とされた。これに対し、ピュア・セントラルバンク論者からは、金融システム問題に深入りするリスクや行政権に近い権限を持つことの問題点を指摘する意見が相次いだが(16)、議論の末、「物価安定と金融システム安定は分かち難くつながっており、金融政策を行ううえでも考査は不可欠」と結論付ける。そのうえで大蔵省に介入権で花を持たせ、その見返りに

「考査の明定」を認めさせようと企図したのである。(17)

日本国憲法の高き壁

九月に入り、中央銀行研究会の議論は次第に熱を帯びていった。独立性強化の流れは初めからできていたが、いざ具体論となると委員の間で見解が鋭く対立する。なかでも「日銀と政府の関係」をめぐる議論は、憲法解釈も絡んで白熱した。

憲法第六五条　行政権は、内閣に属する

この条文について、政府は一貫して「行政権は国家の統治権の作用から立法と司法に係る機能を除いたものである」と解釈してきた。「行政控除説」と呼ばれる憲法解釈である。中央銀行は司法でも立法でもないため、これに従えば行政の一部ということになる。

銀行券の独占的発行や金融政策の決定は国家の通貨主権を前提とした行政権の行使である。もし内閣から独立した組織が行政の一部を担えば、憲法第六五条に抵触する恐れがある。したがって、日銀も内閣の統轄下に置くべきだ——。これが政府側が持っていた反撃のカードであり、実際、戦後二回の法改正論議の際も大きな壁となって立ちふさがった。

九月一一日の中央銀行研究会の第五回会合で、憲法学者の佐藤幸治がこれに反論を試みた。

「物価の安定という専門的判断を有する分野においては、政府からの独立性を認める相当の理由があり、人事権等を通じた政府のコントロールが留保されていれば、中央銀行に内閣から独立した行政権限を付与したとしても、必ずしも違憲とはいえない」

佐藤は「行政控除説」を真っ向から批判し、日銀が内閣から独立していても国会のコントロールを受ければ憲法違反にはならない、日銀の権限は国権の最高機関たる国会が決めればよい、と論じた。佐藤は日銀が推薦した委員であり、日銀は彼を頼りに正面突破を図ろうとした。

しかし、この発言に対し、元通産省事務次官の福川伸次が「中央銀行を第四権のような形で位置づけるという法律を仮に作った場合、憲法上どうだろうか」と疑問を呈し、憲法論争はこのあとも延々と続いた(18)。最終的に研究会の報告書には佐藤の考え方が一部盛り込まれたものの、決着はこのあとの金融制度調査会に持ち越されることになる。

座長の鳥居が早い段階から「情報公開によって独立性を担保する」という概念を示して議論を推進したこともあり、中央銀行研究会は一一月一二日、「中央銀行制度の改革――開かれた独立性を求めて」と題する報告書をまとめ、橋本に提出した。

報告書は、政府の広範な業務命令権や役員の解任権は認めず、政府と日銀の関係についても「政策委員会が最終的な判断を行う」とした。ただ、「意見が異なる場合には、政府が判断を一定期間留保するよう求めることを含めて、政府の意見を政策委員会に提出することを確保する方式を用意すべき」と条件もつけた。

さらに監督権や予算認可などの具体論にも踏み込まなかったため、マスコミは「独立性強化は不十分」と一斉に批判の声を上げる。改正の細目は、金融制度調査会という第二ステージに先送りされることになった。

この報告書提出の前日、小選挙区比例代表並立制での初の総選挙に勝利し、自民単独の第二次内閣を立ち上げた橋本が、新たな一手を打つ。大蔵大臣の三塚《みつづか》博を官邸に呼び、「フリー、フェア、グローバル」を合言葉とする日本版ビッグバンを指示したのだ。

ビッグバンとは、銀行・保険・証券の各業法だけでなく、外為法（外国為替及び外国貿易管理法）や企業会計まで一気に見直す金融制度の大改革で、英国の証券制度改革に倣って命名された。フリーとは市場原理が働く自由な市場、フェアとは透明で公正な市場、グローバルとは国際的で時代を先取りする市場。こんなキャッチフレーズがついた新自由主義的なビッグバン構想は、このあと中央省庁再編や財政構造改革と並ぶ改革路線の旗印となっていく。

ただ、この構想はもともと大蔵省が組織解体を回避するために準備し、官邸に仕掛けたものだった。ある幹部は「日銀法改正からビッグバンと戦線を拡大していくことで、金融当局として一生懸命やっていることを分かってもらおうとした」と打ち明ける。与党主導の日銀法改正はいつしか「ビッグバンの一部」となり、市場原理を重視し、不良債権処理と金融淘汰を加速すべきだという政策思想を日銀内部に浸透させていった。

副総裁への上訴

「副総裁殿（中略）日銀法改正の作業に参加させていただいてきましたが、どうしてもこれでよいのかという気持ちが抑えられなくなりましたので、お手紙を差し上げることに致しました」

福井宛てに一通の手紙が送られてきたのは、中央銀行研究会の報告書が出た直後のことである。

「報告書に対する世の中の反応は、ほとんどすべてが不十分な独立性にとどまっていると批判的だった。

にもかかわらず、日本銀行が明確な意思表示をしないのは不思議である」

手紙を書いたのは、日銀の中枢を歩む三〇代の調査役だった。法改正の機会が到来したにもかかわらず、対外的に明確な意思表示をせず、大蔵省との水面下の折衝で改正案を固めていくやり方に疑問を呈したのだ。「日本銀行が適当と考える改正日本銀行法の要綱案を金融制度調査会に提出する、できれば対外的にも公表するという道を可能な限り模索していただけないでしょうか。単に大蔵省に内々伝えるのではなく、本行のスタンスを行内外から見える形にするために知恵を出せとの指示を出していただけないでしょうか」

手紙には、日銀内部の中堅、若手の多くが「不安と不満を持ちつつ、表向き沈黙を守っている」と記され、五〇年代の改正論議の際にも日銀は見解を対外公表しており、今回もやり方はあるはずだと書かれていた。実際、五〇年代の改正論議では、当時の副総裁が金融制度調査会で日銀の試案を示し、具体的な改正要望を訴えている。

改正論議の展開にじりじりしていた人物がもう一人いた。元総裁の三重野である。

三重野は九四年暮れに退任したあとも顧問として残り、行内ににらみを利かせていたが、何ら見解を述べない後輩たちの態度にどうにも納得がいかない。

前述の手紙にもあったように、松下ら首脳部は自らを「俎板の鯉」と称し、対外発信を極力避けていたが、三重野はそんな姿勢が我慢できなかった。途中経過を報告に来る幹部に、予算認可権が残ったり、政策委員会に政府代表が出席するのはおかしいと言い、「完全独立を狙え。お前たち、逃げるなよ」と叱咤し続けた。報告書が出た直後、三重野は密かに松下に会い、こう進言したことを退任後の「オーラル・ヒストリー記録(本書では以後「史談録」と表記)」で明かしている。

「もっとはっきり話したほうがいいと思ったんです。それを言ったんですけどね。まあ、陰ではいろいろと話をしてきているんですが、ああいうのは陰で話すより、金融制度調査会とかあるいは講演でズバッと言ったほうがいいんですね」

三重野の助言に加え、メディアからも日銀のスタンスを示すべきだと圧力が高まったことから、松下は暮れも押し詰まった一二月一八日の定例記者会見で初めて踏み込んだ発言をする。政策委員会への政府代表の常時出席や蔵相による監督権限はいらないと声を上げたが、流れを変えるほどのニュースにはならなかった。

日銀が自ら望む改正案を発信しようとしなかったのにはわけがある。

一九五〇年代の改正論議で金融制度調査会の事務局案に反対した日銀は独自の試案を表明し、徹底抗戦した。このため、金融政策をめぐって日銀と政府が対立した場合の解決案を一本化することができず、政府に指示権を認めるA案と議決の延期請求だけを認めるB案を答申に両論併記し、結果として法改正そのものが流れた。今回も自ら意見表明すればメディアが騒いで後に引けなくなり、同じ轍を踏む恐れがあった[19]。

また、過去の過剰流動性やバブルについて、「独立性が足りなかったから金融政策を失敗した」とは総括できない「身内の事情」もあった。独立性不足を訴えた冒頭の三重野証言は、あくまでも行内向けの口述記録であり、世間に向けて「我々は独立していない」とは口が裂けても言えなかったのである[20]。

こうして動きが鈍った日銀とは対照的に、大蔵省は着々と巻き返しの態勢を整えていた。

報告書提出の翌日、銀行局に法改正のための準備室が設置され、大臣官房や理財局、国際金融局からの応援部隊を含め、総勢一五人が集められた。この中で課長補佐の国枝とともに法案作成の中核を担ったのが、後に事務次官となる佐藤慎一である。佐藤は住専問題対応のため主計局から銀行局に派遣されたあと、九月から日銀法改正作業に回った。

銀行局長の山口公生から法案作りを任された佐藤は、過去の膨大な資料と報告書を読み、大蔵省の裏手にある内閣法制局に頻繁に足を運ぶようになる。審議会などの報告書には法律になじまない表現が交じることがあり、そのままでは法律に書けないからだ。

憲法の番人である内閣法制局は、内閣が提出するすべての法案を審査し、憲法や他の法律との矛盾や齟齬がないかを事前にチェックする。大蔵省関連の法案は第三部が所管し、大蔵省ＯＢの阪田雅裕が部長を務めていた。佐藤らによれば、中央銀行研究会まで防戦一方だった大蔵省はこのあたりで「(改正可否の)ラインを引き、仕切り直した」という。

大蔵省は当初から日銀の独立性を限定的に捉え、「通貨及び金融の調節」以外については、信用秩序の維持を含めて自らの監督下に置くのが当然だと考えていた。そのうえで金融政策に関しても、政府の経済政策と緊密に連携すべきであり、その連携の範囲内で独立性が付与されると解釈していた。片や、「通貨及び金融の調節」は金融政策に限定される概念ではなく、すべての業務を包含する、というのが日銀の理解だった。[21]

金融制度調査会は一一月一九日の総会で学者やジャーナリストからなる日銀法改正小委員会を設置し、二六日から本格的な審議に入る。日銀からは大阪支店副支店長だった三谷隆博が準備チームに加わり、オブザーバーとして小委員会に出席した。

小委員会では中銀研報告の概要説明に続き、テーマごとに六人の委員が自由討議し、そこでまとまった結論を事務局が報告書に落とし込んでいった。また、これと並行して日銀調査役の田中と大蔵省課長補佐の国枝による折衝が連日のように行われ、この場で合意できない事項を次の小委員会に上げていくという手法が採られた。

このため、双方が対立するテーマについて、委員たちが何を主張し、どこで折れるかは極めて重要な問題で、大蔵省も日銀もそれぞれの見解を反映させてほしいと、水面下で熾烈な「ご説明合戦」を繰り広げた。回を重ねるごとに、小委員会は熱を帯びていく。

「独立性」の天王山

年が明けて一九九七年一月。改正論議は最大の山場を迎えた。

ここまでの折衝で合意への道筋は見えてきたが、どうしても調整がつかない項目が何点か残った。議決延期権、予算認可権、監督権、そして緊急時の指示権である。いずれも政府と日銀の関係を規定し、その後の政策運営を左右する重要事項ばかりだった。

大詰めを迎えた小委員会で、予算認可権と監督権をめぐる論議に内閣法制局第三部長の阪田が立ちはだかる。中央銀行の独立には金融政策だけでなく予算と組織の独立が不可欠だとする委員に対し、オブザーバーの阪田は言った。

「行政責任は内閣が連帯して国会に対し負うことになっている。憲法上、行政は内閣の手を離れることができないし、それを通じてのみ国会への責任が果たされる」「予算への政府のコントロールを外した場合、憲法上の要請を満たし、内閣の統轄下にあると言えるのか甚だ自信がない」「日銀の独立性とはもっぱら金融政策に関する独立性である。日銀には株主総会も外部監査もない。誰がどうチェックするのか。誰の監督も必要ないということにはならない」

委員長の館龍一郎も「何のチェックもなくていいということには疑問がある」と続き、予算認可については銀行局審議官の中井省《せい》が駄目を押した。

「どうしても認可権を不要とするのであれば、憲法改正について議論があってしかるべきである。実際、フランスでは憲法を改正して中央銀行の独立性を強化した」

岩盤のような「行政控除説」に対し、委員の間から「今の法制に合わないから駄目だというのでは、私は今後この会合には出たくない」との不満が噴き出す場面もあった。

金融政策の独立性についても、政府側は反撃の手を緩めなかった。

答申案には政府の経済政策との整合性を確保する義務が盛り込まれ、念を入れるように「常に政府との連絡を密にする」という一文が追加された(22)。大蔵省はさらに、政策委員会に二人の政府代表を出席させ、独自の議案を提出できる権利と金融政策の決定を一定期間延期できる「議決延期権」を同時に盛り込もうと画策し、日銀と激しく衝突した。

議案延期権はドイツに同様の規定があることがその論拠だったが、ECBの発足に伴い規定そのものが廃止される方向になっていた。このため、日銀は与党幹部や小委員会のメンバーに根回しし、議決延期権ではなく、議決延期を請求して政策委員会の判断を仰ぐ「議決延期請求権」とすることで着地させようと動く。

だが、ここでも内閣法制局が「請求権という概念は、請求書と同様に、求められれば支払う義務が生じる」と指摘したため、土壇場で「議決延期を求める権利」と書くことでぎりぎり話がまとまった(23)。

実は、こうした大蔵省による巻き返しを福井らはキャッチし、「独立どころか、実質的に支配を強めようとしている」と危機感を強めていた。そこで一月二一日の金融制度調査会の総会で福井は発言の機会を求め、傾きかけた流れを引き戻そうとこう訴えた。

「中央銀行の独立性、透明性という中銀研報告の原則を貫徹していただきたい。とりわけ議決延期請求権、緊急時の指示権については原則に則った検討を要請したい。（中略）金融政策は銀行券の発行や貸出、公開市場操作など、市場での業務を通じて日々実行されるもので、政策と業務は密接不可分である。日本銀行は官庁ではなく銀行であり、その人的物的資源を効率的に使うため、予算の自主性も重要である」

一〇分近い演説を福井はこう締めくくった。

「現行法制と折り合いをつけなければならないことは承知しているが、今はパラダイムシフトの局面にある。日本銀行が（蔵相の認可に基づく）認可法人であるという理由で制度を作るのではなく、新しい視点が盛り込まれるようぎりぎりまで追求してほしい」

半年以上に及ぶ論議の中で、日銀が公の場で具体的な要望を訴えたのはこれが最初で最後だった。この訴えにより、予算認可権については「金融政策にかかわりのない部分」に限定され、(24)「蔵相が予算を認可しない場合は理由を公表する」ことが追加された。

ただ、緊急時の指示権だけは最後まで決着がつかなかった。

大蔵省は災害や恐慌などの非常時に日銀特融を指示できる権限にこだわった。信用秩序の維持は政府の責任であり、緊急時に最も使い勝手のいい手段は特融だったからだ。特に銀行局は、日銀が「ピュア・セントラルバンク論」を盾に特融発動に慎重になるのではないかと警戒していた。そこで二月初旬、銀行局長と日銀理事が直接会談し、緊急時の協力を「確認」することで指示権の見送りが決まった。

が、この代わりに、「損失補塡条項」が削除される。旧日銀法の附則には、日銀が債務超過に陥った場合、政府は損失補塡しなければならないと書かれていたが、福井らは「業務命令権や指示権に反対しながら、政府に損失補塡を求めるのは筋が通らない」と判断し、削除を決断した。大蔵省幹部も「頭の体操としては考えたが、通貨発行益で事後的に埋められるし、政府と日銀はある意味で連結決算だから問題ないと思った」と証言した。日銀財務の問題は後に浮上するが、この時点ではまだ「頭の体操」に過ぎなかった。

そしてもう一つ、「独立性」というキーワードも最後に消えた。内閣法制局が「この言葉は第四権力と言われかねない。誰から独立しているのかという議論になるので法律には書けない」と大蔵省に修正を指示し、代わりに「自主性」という言葉が使われた。福井は強い難色を示したが、意味は変わらないとの説明を受けて渋々納得したという(25)。

激しい攻防の末、金融制度調査会の報告書は二月五日にまとまり、五五年ぶりの日銀法抜本改正が答申された。ポイントは次の通りである。

一、「銀行券の発行」「通貨及び金融の調節」「資金決済の安定の確保」を日銀の目的とし、金融政策の自主性を尊重することを明記する(独立性強化)

二、政府の経済政策と整合的になるよう十分な意思疎通を図ることを日銀に義務付ける。政府は必要に応じて政策委員会に出席し、議案の提出と議決の延期を求めることができるが、採否は政策委員会が決定する(政府との連携)

三、日銀の役員集会を廃止し、最高意思決定機関として政策委員会の機能を強化し、金融政策を議事とする会議を定期開催する
四、総裁と二人の副総裁、六人の審議委員は内閣が任命し、衆参両院の同意を必要とする。役員の解任事由を限定し、金融政策を理由とした解任を禁じる
五、金融政策を議事とする会議の議事要旨をすみやかに公表し、相当期間経過後に議事録も公表する。半年に一回をめどに国会への業務報告を義務付ける
六、蔵相の一般監督権を法令違反のチェック等に限定し、日銀監理官制度も廃止する。蔵相が予算を認可しない場合はその理由を公表する

松下は「金融政策の独立性と業務運営の自主性が十分に発揮されるよう工夫されている。欧米の中央銀行と比べても遜色のないものになった」と歓迎した。戦時立法の骨格を残しながらも、運用でしのいできた日銀にとって、独立性強化に向けた重要な一歩であることは間違いなかった。準備チームの稲葉は「最善だとは言わないが、取るべきものは取った。今まで議論が全然進まなかったところを解きほぐし、新しい知恵を出して解決することができた」と話す。

大蔵省側は、激しいバッシングに端を発した日銀法改正の流れを憲法解釈の枠内におさえ込み、「政府との連携」を義務付けることで経済統治の秩序を守り抜いた、と受け止めていた。幹部の一人は「日銀はある時点で独立性を勝ち取った気分になり、そこから守りに入った。土壇場に備えて、もう少し譲歩するカードも用意していたが、切らずに済んだ」と後に内幕を明かした。

自民党の不満、放たれた矢

「独立性」と「連携」のどちらが優先するのか判然としない、玉虫色の決着ではあったが、自民党では独立を求める日銀への不満が膨らんでいた[26]。

二月二一日の衆院大蔵委員会。自民党の渡辺喜美は「一体だれに対して日本の中央銀行は責任を負うのかという重大な問題については（金融制度調査会の）答申は答えていない」と批判し、大蔵政務次官[27]の中村正三郎は「日銀が行う行政の代行的な仕事というものは政府の経済政策に沿ったものでなければいけない、政府の経済政策をサポートする存在でなければいけない」と応じた。議会制民主主義において国の政策を決めるのは政府与党であり、日銀の独立性はその範囲内に限定される、というのが議員らの「常識」だった。

四月に入り、日銀法改正案の国会審議が始まったあとも、自民党は圧力を緩めようとしなかった。それは法案自体へのクレームではなく、日銀職員の待遇を揺さぶる形で始まった。

四月二五日の衆院大蔵委員会で、自民党議員はこう切り出した。

「国民の最大の関心事は、我が国で最も高いと言われている総裁の給与、いわゆる年収であります。総裁が五一三三万円、副総裁が三七一四万円。ちなみに内閣総理大臣が四四八八万円……」

自民党の揺さぶりは続く。年収二〇〇〇万円を超える幹部職員の数や日銀が全国に保有するゴルフ会員権四二口の実態を明かすよう求め、豪勢な支店長公邸や赤坂にある「氷川寮[28]」など資産の処分や給与水準の見直しなど徹底的なリストラを要求した。

総裁の松下に対しても「交際費が高すぎる」「歴代総裁の肖像画の制作費が永年勤続表彰を受けた国会議

員のそれよりはるかに高い」などと容赦ない批判が浴びせられ、最後は首相の橋本にまでこんな皮肉を言われてしまう。

「(肖像画は)千数百万円と聞きました。(永年勤続表彰の)パパの絵は五〇万円で日銀総裁の絵はそんなにするの、値打ちにそんなに差があるのと子供にさんざんからかわれました。願わくばそういう質問を子供から浴びないで済むように、日銀の皆さんが努力することを願います」[29]

独立と言うなら身ぎれいにしろ――。与党の質問攻めに、日銀はひたすら耐えるしかなかった。

日銀の収益は、銀行券の独占的発行による通貨発行益によって支えられている。これはお札の額面から製造コストを差し引いた単純な差額ではなく、日銀が通貨を発行する際、民間金融機関から買い入れる国債や貸出金などの利息収入によってもたらされる。平時で年間六〇〇〇億円から八〇〇〇億円ほどあるが、ここからお札の製造費や人件費など必要経費を差し引いた全額を国庫に納めることが義務付けられている。

実は、この必要経費のうち、幹部職員の給与問題は日銀にとって最大の弱みであり、日銀が声高に独立性強化を叫べなかったもう一つの事情だった。

複数の関係者の証言によると、バブル期に高騰した大手銀行の待遇に合わせようと、日銀は幹部職員の給与をひそかに引き上げ、公表される理事の年収を局長クラスが上回る「逆転現象」まで起きていた。しかもこうした実態がばれないよう、一人当たり平均単価に職員数を掛け合わせて算出する給与予算について、事実と異なるデータを大蔵省に伝え、長年にわたり認可を取ってきた。

やがてこうした「隠蔽工作」に耐えきれなくなった経理担当者が福井に実情を打ち明け、早急な是正を進言する。驚いた福井はすぐに見直しを指示し、極秘の「適正化作業」が始まった。ごく少人数によるチームは、「過去の報告と実態との乖離」を詳細に調べ上げ、どのような手順で解消していくか、日銀法改正論議と並行して検討を急いでいた。

そんな作業の傍らで自民党から次々と矢が飛んでくる。底知れぬ政治の怖さとともに、裏で大蔵省が糸を引いているのではないか、[30]と勘繰る声も日銀内で出た。

結局、待遇面での「揺さぶり」が続きながらも、改正案は五月二二日に参議院に送付され、六月一一日に成立した。衆参でそれぞれ六項目の付帯決議がつけられ、「政府の経済政策との整合性の確保」や「給与は国民の理解が得られる適正なものとなるよう努め、保有資産の整理など抜本的なリストラ計画の作成」が求められることになる。

中央銀行のあり方をめぐる論議が深まる間もなく、改正法はわずか五六日間でスピード成立した。

傷だらけのゴールインではあったが、五五年ぶりの改正を成し遂げた日銀の準備チームは大きな達成感に浸っていた。そんな稲葉のところに顧問の三重野から呼び出しがかかったのは、改正法の成立直後である。労いの言葉があるのかと部屋を訪ねると、天井の高い顧問室は三重野の怒りで満ち満ちていた。

「稲葉君。一番大事なことが書かれていないじゃないか」

三重野が指摘したのは、日銀の国債引き受けを禁止する規定がないことだった。それどころか改正法第三四条で「大蔵省証券その他の融通証券の応募又は引き受け」ができるとまで書かれている。中央銀行の独立性のうち、最も重要な財政ファイナンスの禁止が明記されていない、と三重野は稲葉を叱責した。

稲葉らは当初、短期の資金繰り債である大蔵省証券についても、長期国債と同様に日銀引き受けを禁止し、この際、市中公募方式に切り替えるべきだと働きかけていた。

だが、大蔵省理財局は「万が一、国庫に穴が開いたらどうしてくれるのか」と言い、頑として受け付けない。交渉の窓口となった銀行局にとってこの問題は所管外であり、財政部局も交えて議論を始めると出口に到達できなくなる恐れがある。考えた末に稲葉らはこの問題を法改正の枠内で処理することを断念し、別途協議することにしたのである。

思い描いていた法改正の姿からはほど遠い決着に、三重野の思いは複雑だった。退任後の「史談録」インタビューで、最初のころは「結果オーライで、八〇点ぐらいの出来」としていたのが、最後になると「もちろんちょっと不備の点もあったけれども、でもまあ僕に言わせると七五点ぐらい」と微妙に評価を下げている(31)。

これに対し、福井は「あれ以上何をやるかというところまで取った」と短期決戦を総括し、「あとは運用のよろしきを得るかどうかだと思った」と話した(32)。

ただ、現在の日銀の人材と力量で独立の重責をどこまで担えるのか、一抹の不安も感じていた。五月七日の衆院大蔵委員会での答弁が、福井の本音を物語っている。

「中央銀行がしっかりとした政策運営を行い、かつ実績を上げていく、そうしたことがなければ、いかに法律が立派に整備されても信頼の寄せられる中央銀行にはなり得ない。この点を十分自覚して、今後さらに一層努力して適切な金融政策の運営に当たりたい」

二一世紀を前に、中央銀行の新たな土台が斯くして築かれた。だが、福井も支持する「ビッグバン」思想の下で、予想を超える金融淘汰のうねりが押し寄せようとしていた。

II

組織改革と迫りくる危機

一九九七年六月一八日。改正日銀法が公布され、日本橋本石町の日銀本店はますます忙しくなった。翌九八年四月一日の施行までに、組織、人事、給与、倫理規定など見直すべき項目は山ほどあり、福井を中心に濃密な議論が始まる。なかでも急を要したのが政策委員会の改革だった。

戦後発足した政策委員会は、不名誉にも「スリーピング・ボード」と呼ばれてきた。旧法下のメンバーは総裁と「金融業、商業及び工業、農業に関しすぐれた経験と識見を有する」四人の任命委員で、当時も法的には最高意思決定機関と位置づけられていたが、その実態は正副総裁と理事で構成される「役員集会」の決定を追認するための機関と化していた(33)。今回の法改正でその役員集会の廃止が決まったため、名実ともに最上位機関として作り直さなければならなかった。

当時、任命委員は濃野滋(商工業代表)、後藤康夫(農業代表)、武富将(大手銀行代表)の三人で、一人欠員となっていた。改正法の公布を受けて、金融政策を決める「金融政策決定会合」を試行しようという話が持ち上がり、九七年七月一一日、初の「リハーサル」が行われる。

任命委員の部屋には、会議の二日前に資料が届けられ、当日は国内外の動向と金融政策判断の留意点に関する事務局の説明に続き、自由討議が行われた。

三時間に及ぶ議論のあと、濃野が「本当に事前の調整もなしに、ぶっつけ本番で議論するのですか」と尋ねると、議長の代役を務めた理事の山口泰が「そうです」と素っ気なく返し、一瞬笑いが起きる。一週間後には、議事録と議事要旨の試作品が作成され、その書きぶりや会議の進め方について委員らは一つ一つ確認を求められた。「スリーピング」時代とは様変わりの忙しさに、後藤は「なかなか重労働」と日記に記した。(34)

リハーサル会合はこのあと八月六日、九月一二日にも開催された。そして、四回目を兼ねた九月二六日の政策委員会で、大規模な組織改編が同時に決まる。

見直しの柱は、金融政策を担当する企画局と信用秩序を担当する信用機構局、それに経営管理局の主要三局を「室」に格下げすること。同時に、行政的色彩を持つ営業局を廃止し、内外市場を一体的に見る「金融市場局」に組み替えるという大掛かりなものだった。

福井自身、早くから「新法下の組織は、例えば理事と局長を兼ねるような格好にして、できるだけフラットにしたい」と委員に打ち明けていた。主要な部局を政策委員会の「スタッフ的な組織」に格下げし、伝統ある営業局を廃止するという福井主導の大改編は、独立性強化の見返りに「自己改革」を促された末の苦渋の決断でもあった。

だが、そんな組織論とは比較にならない「衝撃波」が、押し寄せようとしていた。

七月にタイの通貨バーツが暴落し、フィリピン、マレーシア、インドネシアへと通貨危機が広がっていく。国内でも総会屋への利益供与事件で四大証券と第一勧業銀行に東京地検特捜部の捜査のメスが入り、不気味な広がりを見せる。さらに日本債券信用銀行の奉加帳救済[35]でいったん鎮まった金融不安が、証券準大手の三洋証券で再びくすぶり始めていた。

三洋証券はバブル崩壊で六期連続の赤字に陥り、しかも巨額の不良債権を抱える系列ノンバンクに債務保証をしていた。このため九四年からメーンバンクと野村証券グループ、生命保険からの支援を受けて再建に取り組んでいたが、この計画もいずれ行き詰まるだろうと証券界ではみられていた。

このまま破綻させるわけにはいかないと考えた大蔵省証券局は、準大手の国際証券[36]に救済合併させようと画策する。証券業務課長の小手川大助を中心に懸命の説得が続けられたが、合併工作は九月下旬に頓挫した[37]。まさに日銀が金融政策決定会合の最後のリハーサルを開き、組織改編を決定したちょうどそのころである。

そんな小手川を日銀側で支援していたのが営業局証券課長の吉澤保幸だった。営業畑が長く、民間金融界の事情に通じた吉澤は、その捌きの良さから福井ら日銀首脳部だけでなく、大蔵省証券局長の長野厖士《あつし》や小手川にも頼りにされていた。

銀行と違って決済機能を持たない証券会社に対し、日銀は「金融システムの外縁部分」と位置づけ、個別の経営問題にも深入りしない態度をとってきた。だが、吉澤は独自の判断で三洋証券の処理に関わっていく。

「長野と小手川を男にしたい」――。吉澤はこう言ってはばからなかった。

一方、合併工作の失敗を見届けた大蔵省の長野は、ここから思い切った方針転換を図る。三洋証券を法的に整理し、再生を図ろうというのだ。

一九九七年一〇月一〇日、長野は証券局審議官や課長、課長補佐らを九段下の合同庁舎に招集し、「秘密合宿」を行う。この段階で法的整理には破産法と会社更生法の二案があったが、いずれのケースも裁判所から資産保全命令が出され、投資家への預かり金返済が一時的にストップしてしまう。債権者平等原則が徹底している日本の倒産法制では、投資家だけを他の一般債権者から切り離して保護することはできず、これがネックになるとみられていた。

合宿の途中、長野がこんなことを漏らしたのを出席者は覚えている。

「何とかうまく切り離せないものかなあ」「できれば更生法がいいんだが」

二泊三日の合宿を経て、長野が三洋証券を法的整理するよう正式に指示したのは、一〇月一七日だった。証券業務課長の小手川が東京地裁に非公式の相談に行ったところ、証券会社向けの預金保険に当たる「寄託証券補償基金」に顧客資産の相当額を肩代わりさせることができれば、資産保全命令の対象から外せるという感触を得たのだ。これで法的整理の障害を取り除くことができる。

この席には、日銀の吉澤も同席していた。裁判長は、寄託証券補償基金の資金繰りに問題が起きた「最悪のケース」を懸念し、吉澤に「なぜ日銀特融が出せないのですか」「証券会社の破綻は本当に金融システムに影響しないのですか」と繰り返し詰め寄った。

だが、吉澤は決済システムと直接関係のない証券会社に特融は出せない、三洋証券には力のあるメーンバンクがあると譲らない。結局、日銀ではなく、東京三菱などメーンバンク三行に補償基金の資金繰りを委ねることで更生法適用の環境を整えることになった。

破産法と違い、会社更生法なら「再建」のイメージを前面に出すことができる、と小手川も吉澤も考えた。大蔵省と日銀で極秘の準備が始まり、法的整理のXデーが刻々と近づいてきた。

デフォルトは「パンドラの箱」

ところが、そんな吉澤を遠目に眺める日銀の内部から、不安の声が漏れ始める。「悪魔のシナリオ」——。いつごろからか、こんな言葉が囁かれるようになった。

入念に組み上げた合併構想が崩壊し、まるで魅入られるように法的整理へと向かっていく。金融機関に更生法が適用された例はなく、どこで何が起こるか分からない。文字通り「悪魔に導かれたシナリオではないか」と金融システムを担当する信用機構局は心配した。

とりわけ、法的整理に入った場合、三洋証券が短期金融市場で調達した「コール資金」が焦げつくリスクが最大の不安材料だった。合併構想が潰えたあと、三洋証券の資金繰りはみるみる悪化し、コールの「出し手」から「取り手」へと変わっていたからだ。

コールとは、金融機関同士が日々の資金繰りを融通し合う短期金融市場で行き来する資金のことである。国債を担保とする有担保コールもあるが、金融の自由化に伴って取引の主力は無担保コールに移っていた。金融のプロが互いを信用し、無担保で巨額の貸借を毎日行っている。もし倒産するようなことがあっても、コールだけは返済してから倒産する。これがプロ同士の暗黙のルールと考えられていた。

もし法的整理に伴いデフォルト(債務不履行)が起きれば、他の問題銀行に不安が連鎖し、金融システム全体が揺らぐのではないか、と信用機構局は不安を募らせる。が、営業局の反応は違った。

——三洋証券は資金の大きな取り手ではない。仮にデフォルトが起きても少額で済み、混乱を封じ込めるのは難しくない。日銀はビッグバンを支持しており、市場に一定の自己責任を求めるのは当然ではないか。

がしかし、こうした強硬論の裏に、また別の「事情」が潜んでいたのを信用機構ラインは知らなかった。「デフォルト回避の名目でおかしな動きをしないように」という指示が、首脳部から営業局に下りていたのである。ある関係者は、会社更生法の適用でデフォルトが発生するリスクについて事前に相談した営業局幹部に対し、副総裁の福井が「デフォルトを認めないなど、あり得ないことだ」と一喝した、と証言する。

実は一〇月三〇日、ある短資会社の幹部が営業局証券課の吉澤に探りの電話を入れている。

「三洋証券、大丈夫ですよね。あすコールをつなぐんですが」

短資会社の間でも三洋証券の経営難は噂になっていた。吉澤は「俺に聞くな」とだけ返し、その足で金融システムを担当する幹部の部屋に向かう。会社更生法の極秘計画を知るこの幹部に、吉澤は確認を求めるように聞いた。

「このままだとパンドラの箱を開けることになります。本当にいいんでしょうか」

幹部はしばし考え、こう返したという。

「無担保コールでもあるし、日銀法もあって変な動きはできない。とにかく今は動かないように」

動いてはならない本当の理由――。それが新日銀法だった。

五か月後の施行を前にした大事な移行期に、「不透明な行政指導まがいの行為」をすべきでない、というのが首脳部の意向だった。さらに自己責任原則を唱える「ビッグバン思想」の下で、たとえコールであっても無担保なら一定のリスクはあるという「書生論」が、よりによってこんな際どいときに出てきたのである。

こうした事情もあり、後に大問題となる三洋証券のデフォルトについて、日銀内部で集中的な検討が行われることはなかった。当初「悪魔のシナリオ」を心配していた信用機構局も、限定的な混乱なら封じ込められるとの楽観論に徐々に傾いていった。

大蔵省証券局も一〇月二五、二六日の休日を返上し、会社更生法適用の影響をシミュレーションしたが、デフォルトは大きな議題に上らなかった。後に証券局長の長野は「コール市場は日銀の前庭のようなものなので、ちゃんとやるだろうと思っていた」と話し、別の幹部は「会社更生法を選ぶ以上、ある程度の混乱は覚悟していた」と打ち明けた。念のため、本当に大丈夫なのか日銀の担当者に確認を求めたが、「ビッグバンでは自己責任が当たり前なんじゃないですかと逆にやり込められた」という。


一〇月三一日夜、三洋証券の資金繰りを監視していた吉澤が「一一月四日はどうやってももたない」と大蔵省に速報する。長野は直ちに決断した。「よし、三日にやろう」。

都合よく一一月一日から三日まで三連休だった。最初の二日間で準備を整え、三日の祝日に申請・発表すれば、市場の混乱も防止できる、と長野らは目算を立てる。誰一人経験したことのない金融機関の法的整理のレールがついに敷かれた。

一一月三日、文化の日。東京は朝から快晴だった。会社更生法の適用申請に向けた歴史的な会合は、午前一〇時に皇居お濠端のパレスホテルで始まった。三洋証券社長の池内孝、担当弁護士、大蔵省の長野、小手川、日銀営業局長の竹島邦彦、吉澤、それに大株主の野村証券、メーンバンクの東京三菱、大和、日本債券信用各銀行の役員が顔をそろえた。

池内が「このたび、会社更生法の適用を申請することに致しました。皆様には大変なご迷惑をおかけし、誠に申し訳ありません」と頭を下げ、担当弁護士が投資家保護のためにメーンバンク三行の資金繰り支援が不可欠であり、それがなければ更生法は適用されず、金融システムは大混乱に陥ると三行に協力を迫った。

三洋証券はこのあと臨時取締役会で会社更生法の適用申請を決議し、午後四時すぎに担当弁護士が東京地裁に入る。裁判長がメーンバンク三行に寄託証券補償基金への資金繰り支援を約束させ、担当弁護士から申請書を受理したとき、時計の針は午後五時を回っていた。

東京地裁の資産保全命令を受けて大蔵省証券局は業務停止命令を発動し、この瞬間、総資産四五〇〇億円、従業員二七〇〇人を抱える準大手証券の「法的整理」が確定した。負債総額三七三六億円。上場証券会社では初の倒産だった。

前人未到の法的処理を実現し、長野は明らかに高揚していた。当時の担当者も長野が上機嫌だったことを鮮明に記憶している。午後八時に始まった記者会見で、長野は「一般産業において行われている手法が証券会社にも使えるようになったという点で、選択肢が広がった意味は大きい」と胸を張り、このあと部下をねぎらうように、「九段下の合宿は一生の思い出になるな」と声をかけた。

明けて一一月四日。短期金融市場は驚くほど静かだった。長野はある担当者に「どうだ、うまくいっただろう」と嬉しそうに軽口を叩いた。「うまくいった」とは、コール市場のデフォルト問題を指していた。長野自身、内心気になっていたようだった。

だが、それは何も起きなかったからではない。史上初のデフォルトは既に起きていた。ただ、市場がその重大さにまだ気づいていなかったのである。

遡って一〇月三一日の短期金融市場――。三洋証券はぎりぎりの資金不足を補うため、一〇億円を無担保コール翌日物で調達した。資金供給に踏み切ったのは群馬中央信用金庫だった。さらに債券貸借取引（レポ）市場でも、三洋証券は宮崎県の都城農協から八三億円を調達していた。

約定成立の直前、短資会社の幹部から吉澤に再び「大丈夫ですよね」と電話があった。このままでは債務不履行に陥るが、上の指示により口を差し挟むことは禁じられている。吉澤は「何も言えない」としか答えなかった。別の幹部も「ただ黙って見ているしかなかった」と話している。

三洋証券が土壇場で調達した資金は、会社更生法の手続き開始によって返済不能となる。当局者たちが恐れていた戦後初のデフォルトで、「パンドラの箱」が開いた。

振り返って首相の橋本は「結果としての報告だったように思う。こういう選択をすればデフォルトが起こりうるといった報告にはなっていなかった」と言い、総裁の松下も退任後の史談録で、事務方から事前の説明はなく、「判断を決めるような場に参加したことはなかった」と証言した。後に取材に応じた福井は、当時デフォルトの可否を判断する立場にはなかったと断ったうえで、こんな持論を語っている。

「資本主義は新陳代謝の世界であり、金融は市場メカニズムを生かしながら、失敗したものをふるいにかけ、これから生きていくものをサポートをする。何か起こったら大変だと言ってスタティック（静的）に捉えるのではなく、ダイナミック（動的）に捉えていくと、たまにそういうことが起こるのは避けがたい。いいものだとは思わないが、避けがたい」

拓銀破綻とW杯サッカーの夜

デフォルト発生の情報は、大地に水が染み込むように、少しずつ市場に広がっていった。

三洋証券倒産の翌四日、銀行間市場はコールレート（無担保コール翌日物金利）が強含んだ程度で、大きな混乱は起きなかった。五日には短資会社の社長が営業局長の竹島を訪ね、「日銀はインターバンクを守ると言っていたのに、どういうことか」と詰問した。日が経つごとにデフォルトの噂は拡散し、一一月第二週に入って市場の空気が一変する。

資金ディーラーの誰もが信用リスクを恐れ、危ない先への資金放出がぱたりと止まった。信用機構局の担当者は「短期金融市場にはサラリーマン・ディーラーしかいないため、ある時点までは横並びで資金を出していた。それが突然、前触れもなく止まった。まるで振り子が一気に逆方向に振れていくような感じだった」と振り返る。

萎縮した市場のターゲット、それが北海道拓殖銀行（拓銀）だった。

拓銀はこの年の四月に北海道銀行との合併で基本合意したが、その後の具体化交渉で対立し、九月に合併の延期を発表していた。経営難が囁かれる拓銀はその後、預金の解約に見舞われ、日銀営業局に資金繰りを相談しなければならなくなっていた。株価も合併延期後に一〇〇円割れし、一〇月八日には八〇円を割り込む。格付けは「投機的」水準に引き下げられ、預金の減少と株価の下落を繰り返す負の連鎖が強まっていた。

大蔵省銀行局も拓銀破綻という最悪の事態に備え、三洋証券でデフォルトが発生した直後、北海道銀行に営業譲渡の「受け皿」となるよう打診した。

そして運命の一一月一四日が訪れる。この日は日銀への準備預金の積み最終日だった。

準備預金とは、民間金融機関に対し、支払い準備として預金などの債務の一定割合を無利子で強制的に日銀に預入させる制度である。日銀は日々の金融調節で準備預金の積み上げのペースに影響を与え、これにより市場金利を誘導する。一四日の金曜日は一〇月分準備預金の積み最終日に当たっていた。

「拓銀が資金不足に陥るかもしれない」

営業局は、朝から異様な緊張感に包まれていた。拓銀は一〇月分の積み不足に加え、当日の決済資金さえも不足していた。拓銀は調達希望金利をじりじりと切り上げ、懸命に資金を取ろうとするが、応じる先はなかなか出てこない。場合によってはその日の決済ができず、三洋証券に続きデフォルトに陥る恐れもあった。

営業局が懸命に支援した結果、何とかその日の決済資金は確保できたが、午後二時前、準備預金の積み立てが所要額に対し一〇〇億円ほど不足することが確実になった。預金量の計算ミスで準備預金を積みきれず、過怠金を払った銀行は過去にもあったが、純粋に資金繰り難で積み不足となった例は過去にない。

過怠金は数百万円で済むが、それ以上に市場から資金が取れなかった事実が重大だった。拓銀はそれでも必死で調達しようとしたが、営業局は「途方もない金利をつければ資金は取れるが、そんなことをしても週明けは持たない。もうあきらめた方がいい」と助言する。信用機構局長の増渕稔も拓銀の役員に「覚悟を固める時です。大蔵省に言いに行きなさい」と指示した。

拓銀はすべてを断念し、午後五時、積み不足が確定する。信用機構課長の中曽宏が意を決したように受話器を取り、大蔵省銀行課長の内藤純一に伝えた。

「拓銀がアウトです。週明けの金繰りが持ちません」

大蔵省銀行課は騒然となった。資金繰り破綻という最悪の事態が、よりによって大手二〇行で発生したのである。万が一に備え、北海道銀行に営業譲渡について打診はしていたが、処理の準備はできていなかった。銀行局はやむなく一一月一五、一六日の土日返上で準備せざるを得なくなる。預金保険を使うにはまず営業譲渡先を決めなければならないため、既に打診済みの北海道銀行ではどうかと拓銀頭取の河谷禎昌に打診した。しかし河谷から「道銀では行内が収まらない。北洋銀行でお願いしたい。日銀にもそう言われています」と予想もしない逆提案が来る。突然出てきた「北洋銀行」の名に、銀行局幹部は面食らったという。

実は日銀の信用機構ラインは、二か月前から北洋銀行頭取の武井正直に接触していた。合併交渉をめぐる拓銀と北海道銀行の確執を見た日銀は、「拓銀が破綻した場合、道銀を受け皿にするのは難しい」と読み、同じ北海道の北洋銀行に手を回していたのである。事前の接触を指示したのは総裁の松下康雄だったという。

一一月一六日、日曜日の午後、東京のパレスホテルで拓銀の取締役会がひっそりと開かれ、北洋銀行への営業譲渡が決議される。この夜、マレーシアでのワールドカップサッカー・アジア地区最終予選で日本代表はイランを相手に劇的な勝利を収め、本選初出場を決めた。拓銀処理の対応に追われ、極度の疲労に襲われるなか、「歓喜の瞬間」をテレビで眺めていた、と多くの当局者が証言している(38)。

一一月一七日朝。前夜の勝利の余韻に国中が酔いしれるなか、河谷は記者会見で深々と頭を下げ、松下は日銀特融の発動を表明した。創立一〇〇周年を目前に、拓銀は金融界から忽然と姿を消し、北海道の本支店には預金の解約を求める長い人の列ができた。

山一特融は是か非か

それは拓銀の資金ショートが確定した一四日午後五時ごろのことである。

四大証券の一つ、山一証券が突然、大蔵省証券局長の長野と日銀理事の本間忠世に面会を求めてきた。大蔵省には社長の野澤正平、日銀には会長の五月女《さおとめ》正治がそれぞれお忍びで訪れた。

長野の記憶によると、野澤はまずリストラ計画がまとまったと言って延々とその説明を続け、そのあとリストラが必要になったのは約二六〇〇億円の「含み損」が見つかったためであり、信用保持のため外資系との提携の可能性も探っている、などと早口で報告した。長野は終了後「話が支離滅裂だった」と部下に漏らし、再調査を指示してまっすぐ帰宅した。が、日銀でのやり取りは違っていた。

本間と向き合った五月女は、含み損の存在や資金繰りの状況についてざっくばらんに説明し、「助けてほしい」と訴えた。本間とともに同席した吉澤が、メーンバンクの富士銀行に担保を出し支援を仰げばいいと助言したが、「担保はもうない」と五月女は首を振る。終了後、吉澤は青い顔で信用機構課長の中曽のところに駆け込み、声を絞り出すように言った。

「山一がもう駄目だ。とにかく特融を出す方向で動いてくれないか」

山一は英国やオランダなどに銀行子会社を持ち、ほかに海外現地法人もある。もし本体が破綻すれば子会社の信用も崩壊し、世界の金融市場がパニックになる、と吉澤は訴えた。証券会社に特融は出すべきでない、などと言えるような状況ではもはやなくなっていた。

山一証券の経営危機は、三洋証券や拓銀よりも、さらに深い地層で静かに進行していた。

この年の五月には大阪の地場証券で系列関係にあった小川証券が、山一の支援を得られず、免許制移行後初の「自主廃業」に追い込まれた。山一の体力低下が改めて露呈し、吉澤はこのころから資金繰りを入念にチェックする初期の警戒態勢に入っていた。

山一の信用はその後じわじわと蝕まれていく。「飛ばし」[39]と呼ばれる損失隠しの噂が流れ、週刊誌でも一再ならず報道された。夏には野村証券などに続いて総会屋への利益供与事件が表面化し、九月には前社長らが逮捕される。相次ぐ不祥事で顧客離れが加速し、一〇月以降は資金繰りも苦しくなっていった。

だが、この間、大蔵省の小手川も日銀営業局も山一救済に動くことはなかった。「飛ばし」の噂は気になっていたが、総会屋事件の捜査が始まっていたため、へたに手を貸すと「違法行為」に加担したと見られかねない、と警戒したのである。別の証券局の幹部は「経営規模が大きすぎて、中を見るのが怖かった」とも打ち明けている。

信用不安を払拭しようと山一は外資との提携を模索するがことごとく失敗し、一〇月六日、メーンバンクの富士銀行に含み損の存在を報告し、支援を要請した。しかし、富士銀行が煮え切らない態度を続けているうちに三洋証券が一一月三日に倒産し、事態は一変する。

三洋証券で発生したデフォルトは、拓銀に続いて山一の資金繰りも直撃した。債券貸借市場でのデフォルトに農協が巻き込まれたため、貸し債を通じた農林系統金融機関からの山一向け信用供与が一斉に絞られたのである。これに追い討ちをかけるように、六日、米格付け会社が山一証券債を格下げの方向で見直すと発表し、一一日には富士銀行が山一向け融資について担保保全を行うと通告する。バブル崩壊で巨額の不良債権を抱えた富士銀行に、もはや山一を支えるだけの余力は残っていなかった。

この間、山一株は転げ落ちるように急落し、一四日、ついに一時一〇〇円を割り込む。困り果てた社長の野澤がこの日午後、富士銀行の頭取に支援を直訴するが、冷たく突き放された。野澤らが当局に駆け込んだのは、頼みの綱をすべて失ったからだった。

一一月一五日。大蔵省証券業務課長の小手川は山一側から詳細な説明を聞き、二六〇〇億円の「含み損」が後に簿外債務と呼ばれる「飛ばし」の損失であることを確認し、愕然とする。さらに日銀の吉澤から資産の相当部分がこの損失を隠蔽するためのファイナンスに使われており、このまま含み損を処理すると自己資本比率はマイナスに転落することを知らされた。

山一は六五年（昭和四〇年）の第一次経営危機で特融を受けたことから日銀に対して「借り」があり、日銀には定期的に報告することが代々申し送り事項となっていた(40)。報告先は営業局証券課であり、吉澤は山一の資金繰りを正確につかんでいた。このため、大蔵省証券局は翌一六日早朝、吉澤のところに課長補佐を送り込み、山一の資産内容を合同で洗い直すことにする。その結果、含み損を山一本体で全額処理しても一〇〇九億円の資産超過となるものの、目先の資金繰りは絶望的で、どうやりくりしても二八日にショートすることが分かった。再建策を練るには、あまりにも時間がない。

拓銀の破綻が発表された一七日、月曜日。吉澤らの調査結果を踏まえ、大蔵省証券局長の長野は少人数による対策会議を開く。検討は一八日の深夜まで続いた(41)。

長野らは当初、日銀特融の発動を期待した。六五年と同じく無担保、無制限の融資が出れば、当面の危機を回避することができ、救済への道も開ける。だが、電話を受けた理事の本間は「不正行為があるところに特融などできるはずがない」とまったく相手にしなかった。

救済が無理なら、三洋証券のように会社更生法は使えないだろうか、と長野が聞いた。が、小手川は「三洋とは規模が違います。違法行為もあるし、東京地裁はおそらく受け付けないでしょう」とかぶりを振る。三洋証券と比べて顧客数が膨大で、しかも違法行為があり、寄託証券補償基金による「肩代わり」も不可能なため、更生法適用の可能性はゼロに近いというのが小手川の見立てだった。

証券会社でありながら欧州では銀行業務も手掛けているだけに、デフォルトの発生だけは何としても避けなければならなかった。だが、飛ばしという違法行為が発覚した以上、証券会社としての存続を許すわけにもいかない。幸い、吉澤らの調査で一〇〇九億円の資産超過、最悪でも四八二億円ほどの資産超過を確保できる見通しが示されていた。

問題点を一つ一つ整理していくうちに、証券取引法に基づく「自主廃業」しか道はなくなっていった、と対策会議の出席者は振り返る。だが、長野はまだ結論を出さなかった。

この極秘の検討状況を後日知らされた吉澤は、はたと気づく。

――五月に小川証券に自主廃業をさせたのは、もしや将来に備えた予行演習だったのではないだろうか。思えば三洋証券のときも、法的処理に導いたのは長野だった。もし飛ばしがなければ山一にも会社更生法で対応しようと、長野は考えていたのではないか……。

一一月一九日、水曜日。三日目の対策会議で、長野は出席者から意見を聞いたあと、延々と持論を展開し、「自主廃業しかないな」と締めくくった。時計は午前一〇時を回っていた。

このあと再び局長室を訪れた社長の野澤に対し、長野は居住まいを正して言った。

「感情を交えずに淡々と言います。検討した結果、自主廃業を選択してもらいたい。金融機関としてこんな信用のない会社に免許を与えることはできない」「社長には辛い決断を求めることになるが、証券市場を混乱させない努力をしていただきたい」

野澤は青ざめ「局長、何とか助けて下さい」と訴えた、と山一の社内調査報告書(42)に記されている。

無情の通告を終えた長野は、午後五時半から国会内で蔵相の三塚博に報告した。

「飛ばしという法令違反があるので、裁判所は会社更生法は受け付けません。山一ほどの規模の会社を助けるには日銀が動くしかないが、不正行為がある以上、公的資金を用いるわけにもいかない。日銀も反対していますし、時間的に更生法でやる余裕もありません」

その夜、長野は対策会議のメンバーを局長室に集め、「きょう社長に自主廃業を決断するよう通告した。これから大変なことになる。でも、俺を信じてついてきてほしい」と言った。滅多に大仰なことを言わない長野の一言に、出席者は震え上がる思いだったという。

山一証券株はこの日、四三円安と大暴落した。

一一月二〇日、木曜日の昼。首相官邸に向かった長野は、番記者に気づかれず執務室にもぐり込む。そして山一証券の現状と自主廃業しか方法がなくなった、と首相に伝えた。

橋本はとっさに「冗談じゃない」と思ったが、顔色一つ変えずこう返した。

「自主廃業か。仕方ないな。とにかく混乱のないように」

実はこの報告の直前、長野は大蔵省で山一の野澤や担当弁護士と再度面会している。弁護士はこの朝、東京地裁に出向き、会社更生法の事前相談を要請したが、にべもなく断られていた。このため証券局長に自主廃業の方針変更を促そうとやってきたのだ。

山一の社内調査報告書によると、弁護士は会社更生法への道を開くため、大蔵省の支援と簿外債務の公表延期を要請した。だが、長野はビッグバンを推進してきた立場から、公表時期の延期などもってのほかだと考え、こう通告する。

「昨日、自分と野沢《ママ》社長が会って話したことが代議士周辺から漏れている。山一から漏れたとしか考えられない。二四日にも大蔵省が発表するので準備して下さい。そうしないと、山一の株を買った投資家から損害賠償(訴訟)を起こされますよ」。そして問題の発言が出た。

「顧客の資産の払い戻し資金については、大蔵省主導で特別の金融措置をとるつもりです。これらのことは、内閣の判断です」

大蔵省の一局長が「内閣の判断」と口走ったことは、後に国会で大きな問題となった。面会に同席した山一の役員は「内閣の判断、とはっきり言った」と話したが、長野自身は後に「金融危機を起こさないというのが内閣の判断だと言ったものだ」と釈明した。ただし、首相の決裁が下りたのは、この面会のあとであり、少なくともこの時点では「勇み足」だったことは間違いない。

同じことは「特別の金融措置」についても言えた。顧客の資産を混乱なく払い戻し、内外の既約定取引を決済するには、日銀による潤沢な流動性供給が欠かせないが、山一に特融を発動するかどうか、この面会の時点では、まだ白紙の状態だったのである。

長野が橋本への報告を終えたころ、山一向け特融をめぐる緊急会合が日銀本店で開かれていた。副総裁の福井が招集し、理事の本間、信用機構局長の増渕、営業局長の竹島、企画局長の川瀬隆弘と証券課長の吉澤、信用機構課長の中曽が副総裁室に顔をそろえた。

福井は「証券会社が金融システムとどんな関係があるのか」と、竹島を問い詰める。増渕も福井同様、特融は不要ではないかと主張した。特融に関する権限は信用機構局にあるが、吉澤の再三の要請にもかかわらず、この局は一貫して特融発動に反対の論陣を張っていた。

特融発動の条件は、①決済システムを通じて他に連鎖する「システミック・リスク」の恐れがある、②他に資金の出し手がおらず、日銀の資金供与が必要不可欠である、③モラルハザード防止のため、関係者の責任が明確にされている、④日銀の財務の健全性にも配慮すること、の四つとされている(43)。一時的な資金繰り支援であるべき特融が損失の穴埋めに使われたり、乱用されたりしないよう、信用機構局が築いた一種の「防御壁」である。

この四条件に照らせば、決済機能を持たない証券会社に特融は出せないということになる。中曽は後に松下の史談録で聞き手を務めた際、「証券会社ということで、特融をやるべきだというような案は持っていけなかった。しかしそれは(総裁の)ご決断であるという仕立てのペーパーにしたのではないかと思う」と話している。

結局、初日の会議は「特融不要」が多数を占めたまま終わった。

報告を受けた大蔵省の長野は仰天した。日銀法改正を主導した福井や企画局は反対するだろうが、本間や営業局、信用機構局が賛成に回り、最後は総裁の決断に持ち込める、と長野らは踏んでいた。しかし、このまま特融が発動されなければ、自主廃業などできなくなる。資産保全の動きが一気に広がり、市場が大混乱に陥るのは必至だった。

この日の夕方、長野は理事の本間と電話で二時間以上もやり合っている。

「本当に出さないつもりですか。もし出さないのなら、それは松下総裁の判断である、と総理に報告します」「総理から直接電話が入るかもしれません。いいんですね」

脅しとも懇願ともとれる口調だった。

「日銀から直接山一に出せないというのなら、（メーンバンクである富士、日本興業、東京三菱の）三行経由で出せばいいじゃないですか」

本間が日銀は動けないと返すと、長野は「では、私がやります」と主力三行への根回しを約束する。長野が電話している間、脇のソファには銀行局長の山口公生が陣取り、隣の控え室では財務官の榊原英資《えいすけ》がじりじりしながら結果を待っていた。大蔵省金融部局の幹部全員が、固唾を呑んで見守っていた。

長野らが青くなったのにはわけがある。山一が抱える二六〇〇億円余の含み損のうち、海外分が一〇六五億円あり、この大半に中国の外為専門銀行「中国銀行」が関わっていたのだ。証券局幹部は後に「特融が出なかったら、アジアの主要国が大混乱に陥っていただろう」と打ち明けた。営業局もこの中国銀行問題に触れながら会議で特融を訴えた。場合によっては「日本発の世界金融危機」が起こりかねない、と懸念していたのである。

一一月二一日、金曜日。山一特融を出すべきか、松下に裁可を仰ぐ「御前会議」が八階の総裁室で開かれた。広い部屋の中央に十数人座れる会議卓があり、前日と同じメンバーが松下を取り囲むように腰かけた。

初日同様、福井らが反対に回った。証券会社と金融システムはどう関係しているのか。規模が大きいという理由で証券会社に特融を出せば、歯止めが利かなくなる。もし損失が出た場合、一体どうするつもりなのか――。反対派の指摘には一つ一つ理があった。

「特融慎重論」は、実はこれが初めてではない。一か月前に第二地方銀行の京都共栄銀行が破綻した際も、発動を見合わせる案が信用機構局で検討されたが、大蔵省の反対で覆されている。新日銀法の成立後、日銀では「ピュア・セントラルバンク論」がさらに強まり、企画局側が「なぜ信組にまで特融がいるのか」と疑問を呈することもあった。証券会社への特融などもってのほか、という空気が行内全体を覆っていた。

福井らが繰り出す反対意見に対し、営業局の吉澤らは特融を出さなければ海外市場が大混乱に陥る、山一は一〇〇九億円の資産超過であり、特融が焦げつくことは考えられないと応戦し、「万が一、損失が発生したときは証券局が責任を持つと言っている」とも補足した。

実は、大蔵省の小手川と吉澤は、もし特融に損失が出た場合は「寄託証券補償基金」を増額して補塡し、それでも足りなければ大蔵省所管の財団に資金を拠出させるという「密約」を交わしていた。だが、何の根回しもない「口約束」は結局、密約の体をなさなかった。事実、この二年後の九九年、日銀は特融の焦げつき問題に直面することになる。

営業局の説明を聞いた信用機構局長の増渕は、資産超過との見通しに疑問を呈しながらも、最後は総裁の判断に委ねる姿勢を示した。松下は最悪のケースを想定し、「どのくらい(日銀が)かぶりますか」と尋ねたが、吉澤は「悪くても三〇〇億、おそらく一〇〇億でしょう」と答えたという。

御前会議は延々と続き、賛成、反対両論が最後まで拮抗していた。静かに議論を聞いていた松下が、緊迫した空気を和らげるように最後に口を開いた。

「皆さんの意見はよく分かりました。しかし、危機を目の前にして実験はできません。私の責任で特融は出します」

総裁の決断で、すべてが決した。松下にはこの朝、三塚から要請の電話が入っていた。会議のあと作成された日銀の稟議書には、特融発動の理由が次のように記されている。

――山一証券（中略）が廃業および解散を円滑に行い得ない事態が生じた場合には、他の証券会社の顧客の不安心理の連鎖、市場取引の混乱等を通じ、わが国金融システムおよび海外金融市場の安定が脅かされるおそれが強く、ひいては実体経済にも大きな影響が及ぶおそれがある。

――山一証券は（中略）今回の簿外債務の存在の疑いを考慮しても、債務超過の状況にはないと考えられること（中略）に鑑みると、本件にかかる本行供与資金の回収に懸念が生じるような事態はないものと考えられる。(44)

稟議書の添付資料には、山一グループの清算バランスについて「四八〇億円の資産超過」と記されていた。松下は退任後の史談録で「いろんな問題はあるけれども、誰かが悪者になって決着をつけなければ、今の事態はちょっと耐えられないという感じだったのではないか」と述懐した。

福井は後の取材で、当時をこう振り返っている。

「体を張って反対した覚えはないが、当然のように（出せと）言ってくるのはおかしいと思った。山一の場合は海外にも大きな影響を与えるということで、それは防ぎうる範囲で防ぐべきだと思ったが、（特融発動に）どんな問題があり、どうすれば海外への迷惑を減らせるのかといった議論や合意もないままに当然出すべきだという意見はおかしい」

巨大証券会社の自主廃業に向けた臨戦態勢は、さまざまな軋轢を残し、二一日夕刻までに整った。米格付け会社が山一債を「投資不適格」に格下げしたのもちょうどこのころである。三連休明けの二五日に資金繰りがショートするのは確実な情勢となった。

この日の深夜、長野は蔵相の三塚に電話を入れ、極秘情報を二つ伝えている(45)。

——明日の新聞に山一の自主廃業が出る。そこで簿外債務の存在を公表する。

——実際の破綻処理は、簿外債務公表から二日後の二四日に行う。


一九九七年一一月二二日、土曜日。長野の言った通り、日本経済新聞が朝刊で「山一証券　自主廃業へ」とすっぱ抜いた。同社系列の電子情報端末で記事を読んだニューヨークの関係者が東京に電話を入れ、午前三時には既に衝撃が広がっていた。

「全面否定。とにかく全面否定だ」

日銀証券課の吉澤は、思わず怒鳴った。この時間、欧米市場がまだ開いていたからだ。不十分な形で噂が先行した場合、金融証券市場がパニックに陥り、山一の海外資産を差し押さえる動きが出るのでは、と吉澤は焦ったのである。

結局、欧米市場は情報を消化できないうちに取引を終えた。午前八時から開かれた山一の取締役会は役員の猛反対で結論が出ないが、長野は動じる様子もなく単独で記者会見を開き、「簿外債務」の存在を淡々と公表した。と同時に、「マーケットが無理な経営を咎める形で動くことは、ビッグバンをやりたいと思った人間として、望ましい方向だと思っております」とも言った。

一一月二三日、勤労感謝の日。大蔵省証券局は再び九段下の合同庁舎に対策室を設置し、自主廃業の準備を進める。日銀は欧米の中央銀行に状況を説明し、協力を仰いだ。海外の金融当局が山一の海外現地法人に対して一つでも「破綻認定」をすると、すべての信用が崩壊しかねない。信用機構課長の中曽や欧米の駐在参事らは「海外の債権者が損失を被ることはない」と何度も説明した。[46]オランダ当局が日銀特融の仕組みをなかなか理解できず、担当者が困惑する場面もあった、と当局者は回想する。

一方、証券課長の吉澤は富士銀行の担当者に内外への送金を細かく指示し、特融の実務を取り仕切った。山一側から海外の銀行子会社や現地法人を中心とする資金の流れを聞き取り、あらかじめ綿密な送金計画を編み上げていた。[47]

明けて振替休日の一一月二四日午前六時。山一証券の取締役会はわずか三〇分で自主廃業に向けた営業休止を決議する。大蔵省に溢れかえるマスコミを避けようと、営業休止届は地下鉄霞ケ関駅の改札口で手渡され、この瞬間、巨大証券会社は瓦解した。連結負債総額六兆七〇〇〇億円、預かり資産二四兆円。当局者すら予想できないマグニチュードと猛スピードの巨大破綻だった。

三塚の記者会見は午前一〇時半、野澤の会見は午前一一時に始まった。三塚は苦渋の表情で大臣談話を読み上げ、野澤は「私たちが悪いのであって、社員は悪くありませんから」と涙で謝罪した。長野はこの夜、親しい部下に「これは結果責任だ。俺は辞める」と漏らした。[48]首相の橋本は「簿外債務があるなど分かるはずがない。これは叱られるかもしれないが、(首相が)個別問題の中身をあまり聞いてはいけないと本当に思っていた」と話し、山一破綻が最大の誤算だったと後に打ち明けている。

一一・二六事件の恐怖

三洋、拓銀、そして山一と続いた金融破綻に、国民の不安はピークに達していた。そんな極度の緊張状態の中、和歌山の地方銀行で「事件」が起きた。

山一が営業休止した振替休日の一一月二四日、和歌山市を拠点とする紀陽銀行の大阪府南部の支店を中心に、ＡＴＭ（現金自動預払機）からの現金引き出しが急増したのである。

紀陽銀行は前の週の金曜日に九月中間決算を発表し、通期で三〇〇億円の赤字に陥るという見通しを発表していた。思い切った不良債権処理によって、経営不安を払拭しようという狙いだったが、山一破綻で騒ぎとなった三連休の間に奇妙な噂が流れ始める。

「紀陽さんが重大発表をするらしい」「どうも週明けに店を閉じるらしい」

根も葉もない話は、本店のある和歌山市中心部から南海電鉄沿いに北に広がり、大阪府下の支店のＡＴＭに預金者が殺到した。「このままだと連休明けは大変なことになります」と大蔵省の近畿財務局に情報がもたらされ、日銀大阪支店に緊張が走る。

三連休明けの一一月二五日、火曜日。恐れていた行列が早朝からできていた。紀陽銀行の頭取は銀行局に電話で「現金の手当てが必要です」と危機を訴え、近畿財務局は現場に次々と指示を出す。「店の外に客を並ばせないように」「何時までかかってもいいから必ず払い戻すように」――。

紀陽銀行の本支店は預金者で溢れ返った。待たされている間に「今のうちに早めに下ろした方がいい」と携帯電話で知人に呼びかける客もいて、騒ぎはさらに広がっていく。

紀陽銀行からの預金流出額は、この日だけで一〇〇〇億円を超えた。それでも現金が不足しなかったのは、紀州方面への現金供給を円滑に行うために日銀が銀行券を寄託していた先が偶然にも紀陽銀行本店だったからである。さらに日銀側でも内規を柔軟解釈し、紀陽の当座預金残高と翌朝のコール市場で調達可能な資金の合計額まで銀行券を出した。結局、この限度を超える寸前まで日銀からの供給額は膨らみ、顧客への払い戻しが終わったのは深夜一一時過ぎだった。

当時紀陽銀行の役員だった久山稔によると、ピーク時の引き出し額は総預金の四%近くに達し、「和歌山県下では、昭和初年の金融恐慌の時の記憶を持つ預金者も多く、混乱に歯止めをかける事ができなかった」と著書に記している(49)。

騒ぎから一夜明けた一一月二六日、列島は朝から冷たい雨に包まれた。西日本では時に雷を伴い、和歌山は瞬間最大風速三〇メートルを超える強風に見舞われた。

午前一〇時過ぎ、大蔵省銀行局長の山口公生に日銀理事の本間から至急の電話が入る。

「既にお聞きとは思いますが、大変なことが起きています。支店から入った連絡なんですが、全国で取り付けらしき行列ができているようです」

この日の早朝、宮城県の第二地銀、徳陽シティ銀行が経営破綻し、仙台銀行などに営業譲渡すると発表された。徳陽シティ銀行の公表不良債権比率は一〇・四%、「株価が下落するなかで、預金の流出等が生じ、資金繰りが行き詰る状況(50)」となったのである。

徳陽シティ銀行が営業譲渡を発表したのは午前八時前だった。お決まりとなった経営陣の謝罪が、繰り返しテレビで報じられる。一一月に入って四件目、この一〇日間で三回目の金融破綻である。預金者の不安は一気に爆発し、混乱は和歌山から全国に広がった。

「銀行の店の前に人が並んでいる」という一報は、まず日銀の支店から営業局にもたらされた。大蔵省にも紀陽銀行に続いて信託銀行や都銀の幹部から「大変なことになっている」「危機が迫っている」と悲鳴の電話が続々と入る。取り付けらしき騒ぎは和歌山を皮切りに、宇都宮、富山。さらに札幌、東京、名古屋、大阪、福岡の少なくとも八都市で同時多発的に起きた。

信用機構局長の増渕の記憶では、特にひどかったのは紀陽銀行と安田信託銀行、それに栃木の足利銀行だった。紀陽では二日目も七〇〇億円の預金が流出し、足利では現金が不足し、東京三菱銀行に支援を仰いだ。東京駅に近い安田信託本店は客で溢れかえり、札幌支店には午前だけで五〇〇人超、翌二七日までに二〇〇〇人超が殺到した。(51)

日本長期信用銀行でも札幌と名古屋の支店に金融債の解約を求める行列ができ、一日で過去最多の四〇〇億円が流出した。日本債券信用銀行もこの日を境に資金繰り難に直面し、大蔵省銀行局と日銀の担当者は決済時刻前の定期連絡が欠かせなくなる。

騒ぎの原因を調べたところ、地元のライバル銀行が内部に発した「警戒情報」が火元だったり、山一と関係のある銀行が危ないと名指しされたりと根拠のない噂が飛び交っていた。株式市場での「風説の流布」はさらにひどく、銀行・証券株は総崩れとなり、噂を否定する記者会見や頭取コメントが次々と出された。

短期金融市場も凍りついた。コールなど銀行間取引は全額保証するという異例の措置が当局から発表されたにもかかわらず、資金の出し手は「噂のある先」への供給を絞り込む。市場全体では七七〇〇億円も資金が余っているのに、コールレートは午前九時の取引開始直後から上昇し、その後さらに切り上がった。

日銀営業局は二年半ぶりとなる大幅な緩めの金融調節を行い、資金の追加供給でコールレートをおさえ込もうとしたが、上昇圧力は収まらない。「噂のある先」はコール資金を取り急ぎ、資金の出し手は出し渋った。

日銀の担当者は「長くこの仕事をやっているが、本当に恐ろしいと思ったのは一一月二六日が初めてだった」と話す。大蔵省幹部も「地獄の淵をのぞき込んだ」と首をすくめるほどの危機だった。市場の不安はその後も続き、一一月二八日には一兆二〇〇〇億円の資金供給にもかかわらず金利が上昇したため、営業局がさらに三兆七〇〇〇億円を供給し、金利が急低下したところで今度は二兆円を吸収するという「荒業」まで見せた。東京三菱や住友など大手銀行が思うように資金を取れず、悲鳴を上げた日もあったという。

大蔵省銀行局長の山口に対し、本間は電話で「ここまで来ると、とにかく強い措置が必要です」と、遠回しに公的資金の検討を表明するよう促した。だが、山口はこの進言を公的資金とは受け止めず、蔵相と総裁による緊急共同談話をまとめるよう局内に指示し、国会に向かった。

衆院大蔵委員会に出席していた三塚は、どの銀行に何人並んでいると書かれたメモを手渡され、「取り付け騒ぎか？」と一瞬身震いしたのを覚えている。隣に座っていた山口は「絶対に並ばせないようにしろ」と電話で懸命の指示を出し続けた。

だが、この日の委員会は緊張感に乏しく、与党側の出席数が不足して午後の審議を五時半まで開けなかった。この「待ち時間」を使って、三塚と松下、山口の三人は当面の対応を協議し、総裁に同行した中曽が電話で日銀本店に三者会談の結果を伝え続けた。信用機構課の調査役は銀行課と電話をつなぎっぱなしにして共同談話の作成を急ぎ、その経過は福井と本間、増渕による会議の場に刻々とメモで入る。まさに時間との闘いだった。

危機を食い止めるための共同談話はこうして午後六時、大蔵省と日銀で同時発表された。

——金融機関の預金その他の資金の払い戻しが滞ることのないよう、大蔵省、日本銀行としては、潤沢かつ躊躇なく資金を供給する考えであり、国民の皆様におかれては、いたずらな風評に惑わされることなく、冷静な行動を取られるよう強く要望するものである。

共同談話の発出に際し、大蔵省は、蔵相とともに松下も同時刻に記者会見を開くよう促したが、松下は「その必要はない」と頑として受け入れなかった。大蔵省からは「なぜ総裁は記者会見をやらないのか」と不満の声が上がった。

日銀側の関係者によると、松下はここまで事態が悪化したにもかかわらず、未だに「公的資金」を決断できない古巣の大蔵省がもどかしくて仕方なかった。総裁談話は既に何回も読み上げており、中身に大差のないものを繰り返し読む必要はない。日銀特融の次は、大蔵省が汗をかく番だ、と考えていたという。

松下が苛立つのも無理はない。空前の連鎖破綻を受けて、一〇月末に三七二五億円だった特融の残高は一一月末には三兆八二一五億円という記録的水準に達していた。このうち拓銀向けが二兆二二〇〇億円、山一向けが一兆一〇〇〇億円、徳陽シティ向けが一一一五億円を占めていた。

特融はあくまでも最終処理までの「つなぎ融資」であり、破綻に伴う損失を引き受けるわけにはいかない。このため日銀は「危機の収束には公的資金が不可欠」と説得に走り回る。信用機構局の職員が手分けして自民党議員を回り、さまざまなアイデアを提供し続けた。それでも渋る大蔵省を横目に、元首相の宮澤喜一や梶山静六らが重い腰を上げ、三〇兆円に上る公的資金枠の導入を決めるのは、この二〇日後のことである(52)。

当時、アジア通貨危機が台湾、香港、韓国にも伝播し、各地で通貨と株価の暴落が続いていた。これに日本の危機が重なってジャパン・プレミアム（邦銀向け上乗せ金利）が急拡大し、一部大手銀行がドル資金を調達できない緊急事態に陥った。ドルの短期の借りつなぎができない銀行は円で外貨を調達せざるを得なくなり、それが円の資金繰りにも影響を及ぼし始める。資金ショートのリスクに怯える銀行は、自己防衛のために貸出を抑えようと取引先企業に圧力をかけ、これが「貸し渋り・貸しはがし」につながっていく(53)。日銀の大量資金供給にもかかわらず、「意図せざる金融引き締め」がこうして全国に広がっていった。

信用不安がピークに達したこの時期を、信用機構局長の増渕は「金融システム崩壊の危機」と表し、中曽は国際決済銀行（BIS）に寄せた論文に「おそらくこの日が金融システム崩壊に最も近づいた日だったのだろう」と記した。松下は史談録で、危機に臨んだ当時の心境を「誰がここにいようとこれはもうやらざるを得ないことだと、私はそう思い込んでいた」と語っている。

取り付けらしき騒ぎは、その後も沖縄や関西でくすぶり続けたが、やがて潮が引くように鎮まっていく。カミソリの刃を渡るような危機を、日本は何とかしのぎ切った。

第2章

「速水時代」

──独立性という陥穽

1998~2003

「独立」を前に発覚した接待汚職事件により、
中央銀行の威信は地に落ちる。
その後も大型金融破綻の影響で不況が広がり、
日銀は前例なきゼロ金利の世界へと追いやられる。
独立性を過剰に意識する新総裁は、その早期解除に躍起となり、
やがて政府との全面対決を迎える。

速水時代

1998 年(平成 10 年)

4 月	新日銀法施行
7 月	参院選で自民党大敗。和歌山カレー事件
8 月	ロシア経済危機
10 月	日本長期信用銀行を一時国有化
12 月	日本債券信用銀行を一時国有化

1999 年(平成 11 年)

1 月	欧州単一通貨「ユーロ」導入
2 月	日銀、ゼロ金利政策導入決定
3 月	日産自動車と仏ルノーが提携合意
10 月	自自公連立政権発足

2000 年(平成 12 年)

3 月	北海道の有珠山噴火
4 月	小渕恵三首相倒れる。森喜朗内閣発足
9 月	シドニー夏季オリンピック
11 月	米大統領選でジョージ・ブッシュ勝利

2001 年(平成 13 年)

1 月	中央省庁再編、1 府 12 省庁体制に
3 月	日銀が量的緩和政策の採用を決定
4 月	小泉純一郎内閣発足
9 月	米同時多発テロ事件

2002 年(平成 14 年)

5 月	サッカーワールドカップ日韓大会
9 月	小泉首相訪朝、初の日朝首脳会談
10 月	「金融再生プログラム(竹中プラン)」決定

I

瓦解した「権威」

一九九八年、東京は穏やかな正月を迎えた。

仕事始めの日、日銀証券課長の吉澤保幸は同期の中曽宏に「静かな正月を迎えたのは久しぶりだ」と声をかけた。山一証券向け特融残高もようやく減り始め、政治主導で公的資金の導入も固まった。危機克服への手応えを日銀マンたちは少しずつ感じていた。

新日銀法の施行準備も加速していた。一月一六日から新法を先取りする形で「金融政策決定会合」を開催し、副総裁の福井俊彦は新たな審議委員の人選に走り回る。元東燃社長の中原伸之やお茶の水女子大学教授の篠塚英子らを候補とする非公式の打診が始まっていた。

そんな年の初めに、一つだけ気がかりなことがあった。

前年夏に始まった東京地検特捜部による接待汚職事件の捜査の行方である。ある幹部は部下から「日銀も無関係ではないようだ」と耳打ちされ、嫌な予感がした、と回想する。念のため対策チームを作った方がいいと福井に進言する者もいた。

野村証券や第一勧銀による総会屋への利益供与事件に端を発した捜査は、その後、大蔵官僚への接待汚職疑惑へと発展していた。銀行からの過剰接待という「賄賂」によって金融行政が歪められ、その結果、不良債権問題が深刻化したのではないか、という筋立てだった。

特捜部は野村証券や第一勧銀から押収した資料を基に、大蔵官僚たちが銀行や証券会社の「MOF担（大蔵省担当の略）」職員から過剰な接待を受けていた事実をつかみ、九月には大手銀行の担当者を呼び、関係資料を任意提出させる。露骨な現金や金品の授受は認められなかったが、たとえ接待だけでも金額が一定額以上で、それが職務行使に絡んでいれば贈収賄の構成要件たりうる。過去の判例もあり、特捜部は接待に的を絞って捜査を進めていた。

長い準備期間を経て、年明け一月一八日、特捜部は大蔵省から天下りした日本道路公団の理事を野村証券からの収賄容疑で逮捕し、八日後の二六日、約五〇人の捜査官を大蔵省に送り込む。七三年の殖産住宅相互事件以来、二五年ぶりの大蔵省への強制捜査は、金融検査部と銀行局を対象に九時間近く行われ、ノンキャリアの金融検査官二人が第一勧銀など四行から過剰な接待を受けた収賄の容疑で逮捕された。

蔵相の三塚博は辞表を提出し、事務次官の小村武も翌日辞任した。このあとノンキャリアの金融取引管理官が自殺する悲劇も起き、大蔵省の威信は音をたてて崩れていく。

——日銀幹部に接待攻勢——二人へ四〇〇〇万円超

こんな大見出しが読売新聞の一面を飾ったのは二月七日だった。日銀の現職幹部が過去五年間に少なくとも都銀など五行から総額四〇〇〇万円を超える飲食やゴルフの接待を受けていたという内容で、翌日には毎日新聞も「日銀では高級料亭などでの接待を「どぼん」という隠語で呼び、多くの幹部が抵抗なく接待を受けていた」と続いた。

特捜部は大蔵省や道路公団、国会議員と並行して、日銀への接待も調べていた。日銀職員は「みなし公務員」であり、賄賂を受け取れば収賄罪が成立する。職務に絡む過剰接待があれば、大蔵官僚と同じく摘発すべしという「検察特有のバランス感覚」（捜査関係者）が特捜部を突き動かした。

報道を受けて、日銀は調査役以上の幹部六〇〇人を対象に接待に関するヒヤリングを開始する。その後、捜査対象とされる幹部の実名が週刊誌に出たり、「逮捕者リスト」なる怪文書が出回ったりした。三月に入ると大蔵省や日銀の出入り口に多くの報道カメラマンが脚立を立て、「Xデー」を待ち構えるようになる。

肌寒い曇天の三月五日。大蔵省証券局キャリアの総務課補佐とノンキャリアの証券取引検査官が東京地検に呼び出され、単純収賄の疑いで逮捕された。

そして、この六日後、同じく単純収賄の疑いで逮捕されたのが、証券課長の吉澤である。強制捜査は日銀本店に及び、一〇〇人近い捜査官が北門から本店の家宅捜索に入っていく。一八八二年の日銀設立以来、初めての出来事だった。

四二歳の吉澤は、将来を嘱望された幹部候補の一人だった。大蔵省や金融界と太いパイプを持ち、証券課長になってからは三洋証券や山一証券の処理を一手に取り仕切った。だが、その実力ゆえに金融機関は競うように接触を求め、上層部も吉澤を営業局から動かそうとしなかった。吉澤自身の脇の甘さも災いし、営業局で調査役を務めた三年間に日本興業銀行と三和銀行から総額四三一万円相当の接待を受けたとされた。

もっとも、当時の日銀に倫理規定はなく、接待も禁止されていなかった。むしろ金融界の生きた情報を集めるため、外部との接触を督励する空気が覆っていた。ある営業局経験者は「おかしいとは感じたが、これも銀行の本音を聞き出すための業務なのかと割り切っていた」と話す(1)。

実際、接待の総額では吉澤に匹敵する職員がほかにも複数いた。営業局幹部は「吉澤が組織の犠牲になった」と人目をはばからず涙を流し、またある者は「自分が捜査対象になっても不思議はなかった」と後に打ち明けた。

中央銀行の権威は失墜し、総裁の松下康雄はこの日の夕刻、橋本に電話で辞意を伝える。

次期総裁への就任が確実とみられていた福井も、当初は続投の意向を周囲に漏らしていたが、同じ接待汚職事件で蔵相と次官が同時辞任した前例を大蔵省などに指摘されたことから、日銀プロパーとして監督責任は免れないと判断し、三月一三日、官邸に辞意を伝えた。この結果、新日銀法の施行を目前に正副総裁が任期を九か月残し、そろって引責辞任する異常事態となった。

これを受けて首相の橋本は、接待事件への反省も踏まえ、大蔵省や日銀ではなく民間から後継総裁を選ぼうと慌ただしく動く。側近らによれば、橋本の「意中の人」は東京電力会長の那須翔だったがすぐに断られ、経団連会長の今井敬《たかし》にも固辞された。その後、三人目の候補として元総裁の三重野康の推挙により浮上したのが、日商岩井相談役の速水優《まさる》だった。

七二歳の速水は三重野と同期の日銀OBだが、一九八一年に国際担当理事を退任したあと日商岩井の経営に長く携わり、経済同友会の代表幹事も務めていた。三重野の説得を速水は受諾し、三月二〇日付での電撃就任が固まる。副総裁には日銀法改正に関わったジャーナリストの藤原作弥と、四月一日発令で企画担当理事の山口泰が選ばれた。

三月一九日夕、本店九階の大会議室で松下と福井が職員に退任の挨拶をした。松下は「行員の中に親しく入り込み、その内情を肌身で感じる機会は少なかった」と言い、無念さを押し殺すように別れを告げた。続いて挨拶に立った福井は、目に涙を浮かべ、声を詰まらせながらこう話した。

「これまで金融市場改革をはじめ日銀を世の中のスタンダード（基準）に合わせようとやってきたが、間に合わなかった」

悲願の法改正を成し遂げ、その施行を目前にしながら、福井は「世に迷い出る」と言って日銀を去った。一方、総裁室を離れる松下の手には、事務方が作成した新日銀法の手引き書が握られていたという。

組織の沈滞、理事の自殺

吉澤の逮捕を受けて、日銀の職員は次々と特捜部に呼ばれ、事情を聞かれるようになる。ある職員は、担当検事から「すべてを明らかにしないなら、証人として裁判に呼ぶ。お前の名が世間に出ることになるがいいのか」と高圧的に迫られた。吉澤以外にも「標的」がいることは検事の言葉の端々に感じられた、と職員は話す。

東京地検での聴取が終わると、今度は日銀の経営管理局によるヒヤリングが待っていた。「何を聞かれ、どう答えたのか」を報告するよう求められ、これを拒んでまっすぐ帰宅した職員もいた。上層部は「捜査がどこまで広がるか」を調べようと躍起になり、職員の間には捜査への恐怖感と疑心暗鬼が広がっていく。

その傍らで、拘置所の吉澤に対しては、一日も早く罪を認めるよう懸命の「説得」が続けられた。

吉澤は当初、接待先への情報漏洩など便宜供与はないとして、起訴内容について争う姿勢を仄めかしていた。だが、経営管理局の幹部や弁護士は「特捜部が起訴すれば九九％以上の確率で有罪になる。ここで頑張るより、早く認めて再スタートを切った方がいい」と説得する。捜査を長引かせたくない日銀の意向を察した吉澤が、罪を認める方向に転じたのは四月三日。日銀は直ちに吉澤を懲戒免職処分とした(2)。

新日銀法は、そんな沈滞ムードの中で施行された。改正チームのメンバーを含め、誰ひとり「独立の夜明け」を祝う気分にはなれなかった。

通信社記者から副総裁に転じた藤原は、この時期を「消火作業の日々」と称し、「いま燃えている火を消すのに精いっぱいで、福井さんが目指した新生中央銀行は凍結された夢のままだった」と回顧する。捜査の出口は未だ見えていなかったが、新執行部は早くこの問題にけじめをつけ、再スタートを切らなければならないと思い詰めていた。

二月に始まった内部調査は最終局面に入っていたが、接待を受けた幹部は多数に上り、誰をどう処分するかという基準も存在しなかった。ただ、大蔵省で一〇〇人近い処分が検討されていると聞き(3)、日銀としても厳しく対応すべきだとの声が首脳部で強まっていく。

四月一〇日の政策委員会で九八人の処分が決まり、その概要が直ちに発表された。吉澤の元上司五人が譴責と減俸、幹部職員三六人が譴責、三九人が戒告、一八人が厳重注意処分となった。中には内部情報を取引先に漏らしたと答えた職員も数人いたという。

処分対象者の氏名は、吉澤の元上司を除き全員伏せられたが、この発表を前に相当数の局長が処分を不服として内部管理担当理事の鴨志田孝之を突き上げている。日銀では接待は禁止されておらず、むしろ「奨励」していたにもかかわらず、処分するのは不当であり承服できないというものだった。詰問された鴨志田らは説明に窮し、立ち往生した。また、これ以外にも涙を流して情状を訴えたり、「自分を処分するなら、あいつも同じ処分にしろ」と迫ったりする幹部もいて、人事当局はその扱いに苦しんだ。

前例のない事件と大量処分によって、日銀内部はみるみる萎縮していった。

銀行など外部との接触は断たれ、マスコミを遠ざけ、支店長は地元企業との交流を控えるようになる。政策委員の後藤康夫は退任後の史談録で、当時の様子をこう語った。

「この接待問題は文化大革命だと言ったんです。それまでの日銀では、民間の生きた情報を得るために、金融機関とのお付き合いとか接触というのをむしろ奨励する気風があった。そこに不祥事が生じたということで、やっぱり文化大革命的なショックがあったと思います」

さらに追い討ちをかけるように、処分発表の三日後にＴＢＳが「給与水増し疑惑」を報道した。高給の実態を覆い隠すために事実と異なるデータを大蔵省に伝え、予算認可を得ていたというもので、日銀法改正論議の際も内部で指摘された問題である。

接待に続き、給与問題でも矢面に立たされ、国会で答弁に窮した理事の鴨志田は五月二日未明、走り書きのメモを残し、縊死した。

「本当に嫌気がさしました。限界です。こういう形で終わるのは心苦しい限りですが、お許しください。日銀の皆様、知人・友人の方々には大変お世話になりました。深く感謝申し上げます」

大型連休の直前、国会から戻る車中で鴨志田は「連休が明けたらすっきりしますよ」と言ったあと突然口笛を吹き始め、同乗していた藤原を驚かせたという[4]。関係者は後に「給与について国会で追及されると辻褄の合わなくなる部分があった。鴨志田さんは給与問題の過去の経緯を詳しく知らず、行内でも孤立無援だった」と話した。

思わぬ事態に日銀は立ちすくみ、しばし思考停止状態に陥る。

一方、新日銀法の施行に伴い、政策委員会は劇的に「進化」していた。

審議委員には旧法時代から委員だった後藤と武富将、濃野滋（四月八日付で東大教授の植田和男に交代）に加えて、新たに中原伸之、篠塚英子、新日鉄副社長の三木利夫が選任された[5]。これに正副総裁三人を加えた九人が「ボード」と呼ばれる政策委員会を構成した。

政策委員会は月二回の金融政策決定会合のほか、それ以外の業務に関する事項を審議・決定する「通常会合」が毎週火曜日と金曜日に開かれる。審議委員たちはそのつど膨大な資料と事務局からの事前説明に追われ、会合以外にも数々の「勉強会」「懇談会」がセットされた。あまりの忙しさに、審議委員の一人は昼食の途中で「ああ、本が読みたい。忙しくて読む時間がない」と嘆声を上げたという。

旧法と新法の移行期に委員を務めた後藤は史談録でこう証言している。

「新法の前と後ではずいぶん変わりました。（中略）頻繁に説明会とか懇談会があり、毎日いろんな資料が回ってくるわけですが、一日中会議室を転々としたりしているので、読みたい資料が溜まり、自分の家に持って帰って読んだようなこともずいぶんあります」

政策委員会を支える事務当局の意識も変わった。

正副総裁と理事による「役員集会」が廃止され、政策委員会の権限が法的に強化されても、実態は事務方が方針を決めて、審議委員に押し付けるのではないか――。そんな疑念を持たれないよう、執行部はさまざまな手を打った。まず政策決定会合以外では金融政策についての議論をしないように申し合わせ、事務当局は政策の選択肢を提示するだけで、事前の根回しはしないことにした。企画担当理事になった黒田巌は企画局に「執行部案に誘導してはならない」と何度もクギを刺した。

政策委員会を構成する九人のうち、日銀票は正副総裁の三票しかない。つまり残る六人のうち二人以上の賛成を得られなければ、執行部案は否決されることになる。いわば社外取締役がボードの三分の二を占めるという異例の統治形態の下で、審議委員の力は格段に高まった。と同時に、毎回の会合で一定の合意を形成し、金融政策の運営方針を決める重責も担うことになった。

事前の根回しもなく、いかにして議事を進め、議決に持ち込むのか――。議長の速水には事務局から詳細な議事進行メモが渡され、委員たちもそれぞれ手探りで議事に臨んだ。やがて執行部が何を提案するのか分からないまま政策決定会合に入ることに委員たちも不安を感じるようになり、「執行部はどう考えますか」と事前に探りを入れる者も出てくる。また、執行部と異なる意見を持つ委員は自らの案について事前に事務局側の見解を求め、その上で議案作成を依頼するようになる。

当時企画第一課長を務めていた山本謙三は「委員たちは自分の意思決定が執行部によって歪められたとは思っていないと思う。その点だけは慎重に、事務局の意思としてやっていた」と話す。全会一致が続いていた政策決定会合で、執行部の提案に初めて反対票が出たのは六月一二日。出したのは三木と中原だった。緩和推進派の中原はここから反対票を投じ続け、執行部との対立が徐々に深まっていく。

幻の日米会談と政策発動

新たな金融危機の波が襲来したのは、まさにそんな手探りのころだった。

六月五日発売の月刊誌に「「長銀破綻」で戦慄の銀行淘汰が始まる」との記事が掲載され、これを追うように英紙フィナンシャル・タイムズが八日に日本長期信用銀行の経営問題を大きく報じたのだ。巨額の不良債権を抱える長銀の株価は、海外での猛烈な売りを契機に数日間で暴落し、金融債の解約が全国で相次いだ。

しかも悪いことに、「長銀危機」はそれまで頼みとしてきた大蔵省銀行局が消滅するタイミングとぴったり重なった。橋本内閣が進めた財政・金融分離の目玉として、大蔵省から銀行、証券、保険の検査・監督部門を切り離し、金融監督庁を六月二二日に新設することが決まっていた。まさに金融行政が移管するタイミングに、不良債権処理の甘さと財務体質の弱さを「海外の投機筋に狙われた」(大蔵省幹部)のである。

資金繰りが苦しくなった長銀は急遽、住友信託銀行に接触し、金融監督庁が発足した二二日、長銀頭取の大野木克信が電話で正式に合併を申し入れる。住信側は内部調整に手間取ったが、大蔵省や日銀信用機構局の強い後押しもあり、六月二六日、株主総会後の臨時経営会議で不良債権を引き取らないことを条件に合併協議入りを決めた。資金ショート寸前の際どいところで、長銀は当面の危機を脱した。

その後、七月の参議院選挙で自民党は大敗し、橋本龍太郎に代わり小渕恵三が「経済再生内閣」を発足させ、要となる蔵相に元首相の宮澤喜一を据える。七八歳の宮澤は、前年秋の大型連鎖破綻が信用収縮や倒産・失業の増大、さらに消費者心理の落ち込みを通じて日本経済に大きな打撃を与えた、と肌で感じていた。

このため総資産二六兆円もある巨大銀行を潰すべきではないと心に決め、長銀と住友信託との合併実現に並々ならぬエネルギーを注いでいく。

この宮澤を尊敬し、合併推進に共鳴した人物が新総裁の速水である。一七年ぶりに古巣に戻ってきた速水は、「伝統と権威」を重んじる古いタイプの日銀マンだった。総裁としての権威を保とうとする一方、蔵相である宮澤の威光に対しても畏怖の念を抱いていた。就任直後に宮澤から電話を受けた速水は「長銀を潰してはならない」との認識で一致し、その後も連日のように大臣室に電話をかけ、宮澤に助言を求めたり、自らの考えについて細かく報告したりした、と宮澤の側近は語る。

八月一七日の衆院予算委員会で、速水は長銀問題についてこんな答弁をした。

「内外で大規模に経営している金融機関が破綻した場合には、内外市場に非常に大きな混乱を来すであろうことは容易に想像できます。（中略）大銀行の破綻についてはよほど慎重に、なるべく早め早めに手を打っていく必要があろうかと考えております」

民主党代表の菅直人の質問に乗せられる形で、速水はさらに畳みかける。

「突如破綻というようなことが起こると、やはり海外への影響は非常に大きく、（中略）ブリッジバンクを必ずしも使わなくても、マーケットのベースで話し合いが行われ、合併が行われ、あるいは市場ベースでの経営の売買が行われていくといったようなことが（中略）望ましい」(6)

長銀を潰してはならないという宮澤を援護する狙いだったが、皮肉にもこの答弁で政府提案の「ブリッジバンク方式」(7)が大銀行に適用できないという見方が広まり、「一時国有化」を主張する民主党が勢いづいた。さらに破綻回避の必要性をあまりにも強く訴えたため、長銀問題への恐怖心を広げる結果となる。

実は、長く日銀を離れていた速水は、最新の破綻処理法制について十分理解できていなかった、と信用機構局の担当者たちは証言している。

一九九六年以降の預金保険法の改正により、破綻金融機関を営業譲渡する場合、預金保険機構は受け皿となる銀行に損失の全額を資金援助できるようになっていたが、この「特別資金援助」の仕組みを速水は知らなかった。長銀が破綻すればペイオフに移行すると直感的に思った速水が、過度に心配したのも当然だった。

その後、小渕と宮澤が住友信託銀行の社長を首相公邸に呼び、合併決断を促したが、交渉は不調に終わる。長銀処理をめぐる与野党対立は次第に激しくなっていった。

速水の国会答弁があった八月一七日、経済危機に喘いでいたロシア政府が突如、対外民間債務の九〇日間凍結と自国通貨ルーブルの切り下げを一方的に宣言した。

巨額の短期資本が安全な米国債に逆流し、通貨危機がアジアからロシアを経由して、メキシコ、ブラジルへと一気に拡散し、八月三一日にはニューヨーク株式市場が史上二番目の下げ幅を記録する。この影響で、米大手ヘッジファンドＬＴＣＭが破綻の危機に直面するなど、国際金融市場は大混乱に陥った。

そんな緊急事態を打開すべく、宮澤とロバート・ルービン財務長官による日米蔵相会談が、九月四日にサンフランシスコで開催されることになる。

世界の市場が注目する会談を前に、宮澤は一つの仕掛けを考えた。蔵相会談に中央銀行総裁を招くというアイデアである。ＦＲＢ議長のアラン・グリーンスパンは同じ日に講演のためサンフランシスコを訪れる予定になっていた。速水を連れて行けば、過去に例のない四者会談が実現する。危機回避に向けた財政当局と中央銀行の連携をアピールし、これを梃子に長銀処理をめぐる与野党協議も有利に運べるのではないか、と宮澤は算盤を弾く。

しかし、日銀の事務当局は速水の訪米案に強い難色を示した。宮澤蔵相の下での日米協調という構想が、八〇年代後半の「悪夢の再来」を想起させたからである。

宮澤が八六〜八八年に一回目の蔵相を務めていたころ、日銀はプラザ合意後の急激な円高を抑制するため、再三の協調利下げに追い込まれた。その後も国際協調路線を理由に金融引き締めへの転換が遅れ、バブルを膨らませる結果となった。日銀法改正で独立性を付与された直後に、協調の再演と誤解されるような行動はできれば避けたい。速水は丁重に断りの電話を入れ、代わりに副総裁の山口を派遣することになった(8)。

だが、速水がサンフランシスコ行きを断った本当の理由は、日銀自身がこのころ金融緩和の検討をひそかに進めていたからだった。その実、日米蔵相会談から五日後、九月九日に開かれた政策決定会合で、速水はコールレートを史上最低の年〇・二五％前後に引き下げる議長提案を出し、八対一の賛成多数で議決する。この決定に続く形で、ＦＲＢも九月二九日、一〇月一五日、一一月一七日と三か月連続で利下げを実施した。もし誘われるままに速水が訪米していたら、宮澤主導あるいは日米協調による金融緩和ととられかねないところだった。

新日銀法下で初めてのこの政策変更は、「デフレ・スパイラルに陥ることを未然に防止」するという名目で可決されたが(9)、日銀内では首をかしげる向きも少なくなかった。一つは一か月前の政策決定会合で中原が出した同じ内容の提案を八対一で否決していたこと、もう一つは「〇・五％下限説」をいとも簡単に乗り越えたことへの疑問だった。

松下時代の九五年九月に公定歩合を史上最低の〇・五％に引き下げた際、当時の執行部は「これで緩和は打ち止め」と判断し、九七年秋の金融危機の際にも〇・五％の「下限」を維持し続けてきた(10)。ここからの引き下げはゼロ金利という未踏の世界につながり、金融政策そのものの有効性が失われかねない、と警戒していたのである。

通常、金利はゼロ以下には低下しない。もしマイナス金利になると、家計や企業は預金を現金に換えようとし、金融システムが崩壊する恐れがある。さらに、ゼロ金利の下で物価が下がり続けると、名目金利から予想インフレ率を差し引いた「実質金利」は上昇し、金融政策による景気刺激効果は失われる。こうした「ゼロ金利制約」への接近は、日銀にとってできれば避けたいリスクだった。

にもかかわらず、速水体制の下でのコールレート引き下げは「ここで手を打たないとまずいという感じで、するっと決まった」と、企画室の関係者は回想する。また、「当時の政策変更は〇・二五％刻みだったので、もう次はゼロ金利だなと思った」と打ち明けた。

企画担当理事の黒田も「〇・五％下限」を強く意識し、追加緩和に違和感を抱いた一人だった。あるとき審議委員との意見交換でそれを口にしたところ「(緩和に反対なら)ちゃんと紙に書いて、データも出してほしい」と反論された。黒田自身が「政策誘導」を控えるよう部下に指示していたこともあり、それ以上の議論は差し控えたという。

黒田の下で企画室参事を務めていた稲葉延雄は、当時、金融政策の今後の展開について金融市場課長の雨宮正佳と議論したことを覚えている。

「ここまで来れば次はゼロになる。そうなった場合、ゼロをずっと続けるか、あるいは国債を大量に買うかという選択になるんじゃないだろうか。自分としては前者の方でしのぎたいと言った」

黒田や稲葉が漠然と抱いた不安は、ほどなく的中することになる。

苦肉のゼロ金利政策

速水を突き動かした長銀危機は、結局、参議院で過半数割れした自民党が野党案を丸呑みすることで九月末に決着し、長銀は一〇月二三日、金融再生法に基づく「特別公的管理(一時国有化)」の開始決定を受けた。さらに日本債券信用銀行も金融監督庁の検査結果を受けて一二月一三日に一時国有化が決まる。長銀、日債銀という大手銀行が相次ぎ破綻処理された衝撃は大きく、自己防衛のため資産圧縮を急ぐ銀行の貸し渋りが全国規模で広がった。デフレ圧力は強まり、景気は一段と冷え込んでいく。審議委員の中原は金融緩和が不十分だとして、一一月二七日の政策決定会合に初めて「インフレーション・ターゲット(インフレ目標)」を提案し[11]、大差で否決されたが、その後も延々と同種の提案を続けた。

そんな暗い年の瀬に、長期金利が急上昇するという想定外の事態が起きた。発端は一一月に米格付け会社ムーディーズが日本国債を最上級のＡａａから格下げしたことだった。その衝撃が尾を引くなか、小渕内閣の積極財政で国債がさらに増発されるという観測が広がり、一方で大蔵省理財局が資金運用部での国債買い入れを年明けから中止することを決定する。結果として、国債の需給悪化懸念から長期金利が急上昇(国債価格は下落)したのである。

後に「資金運用部ショック」と呼ばれたこの市場の反乱には、いくつかのミスが絡んでいる。まず、国債買い入れ停止の情報が事前に市場に漏れたこと。これを察知した理財局は慌てて想定問答を作成したが、宮澤が一二月二二日の記者会見で想定問答を読まず、「大したことじゃない。大変なニュースかと言えば、そうではない」と口走ったこと。さらに午後に講演した速水も「あまり心配はいらない」と駄目を押したことである。折しも国債の大量発行計画が公表され、需給悪化への警戒感を強めていた市場は、当局がそろって金利上昇を容認したと受け止め、国債先物は一〇年ぶりのストップ安をつける暴落を演じた。

市場の動揺は年明け九九年一月に入っても続き、長期金利は一時二％を突破する。さらに日米の金利差縮小で円高・ドル安が加速し、併せて株価も急落するトリプル安に発展したことから、何とかしてほしいという悲鳴が、当然のように日銀へと向かった。需給悪化が長期金利上昇の原因なら、日銀が国債を直接引き受けるか、あるいは市場からの買い切りオペを増額すればいいという主張が、永田町から出てきたのだ。

日銀は慌てて反論した。「（国債の引き受けは）財政節度が失われ悪性インフレを招く」「内外からの信認が失われる」「財政節度を失わせる恐れが生じるという意味で（国債買い切りオペの増額も）引き受けと大差ない」などと記した資料を自民党議員に配って回った。

新日銀法で独立性を手にした日銀は、その代償として政治家と直接向き合わなければならなくなっていた。それまで大蔵省に任せきりだった国会対策も重要な任務となり、国会内に連絡室が急遽設置された。院内や議員会館の廊下を走る日銀職員の姿が目立つようになっていく。

ただ、元農水省事務次官だった審議委員の後藤は、そんな動きを「見ていてハラハラした」と言う。後藤は、政策決定から法案や予算に至るプロセスにおいて行政と国会議員との間には「一種のバーゲニング関係のようなものが多少ともある」と指摘し、そのうえで「良きにつけ悪しきにつけギブ・アンド・テイクの余地のある行政よりも、中央銀行には難しい面がある」と話す(12)。

事実、懸命の説得工作にもかかわらず、国債引き受けを求める自民党の声は高まるばかりで、日銀はじりじり追い詰められていった。

一九九九年二月八日、当時政権最大の実力者と言われた官房長官の野中広務が、「中央銀行として自ら市場の国債を買い取るなどいろいろな方途を通じて、現在の深刻な経済状況を打開する責任がある」と発言する。速水は翌日の衆院大蔵委員会で直ちに反論した。

「国債を新規に引き受けるという考えは全く持っておりません。(中略)中央銀行が一国の国債を引き受けますとその国の財政節度が失われてしまう、そしてまた悪性のインフレを招くということは、今までの内外の諸経験でも明らかなのでございます」

そう言って速水は戦時中の国債引き受けが超インフレにつながったこと、さらに第一次大戦後のドイツの教訓も紹介し、「一回これを始めますと途中でやめられないということを歴史が証明している(中略)。日本銀行としては、国債の引き受けということを選択肢として全く考えておりません。あり得ないということをはっきり申し上げておきたい」と、新日銀法を盾に啖呵を切った(13)。

するとその翌日、野中は「日銀はいたずらに自分たちの職掌や法規にしがみつくのではなく、この国の経済がどうなるかを最優先して緊急事態に対応すべきだ」と激しい言葉で応酬し、さらに速水を追い詰める。日銀執行部は、野中の背後に国債買い切りオペの増額を期待する大蔵省理財局や追加緩和を主張する経済企画庁の存在を感じ取っていた。

この当時、既存の枠組みを超えた大胆な金融緩和を求める声が、米国でも高まっていた。経済学者ポール・クルーグマンが九八年に論文を発表し、デフレ下で金利がゼロに近づくと伝統的な金融政策では効果がなくなるため、日銀はインフレ期待を生み出すよう「無責任であることを確信させる約束(credibly promise to be irresponsible)」をすべきだと主張し、大きな反響を呼んだ。名目金利がゼロになっても人々のインフレ期待が高まれば実質金利が低下し、景気は回復するという指摘であり、その切り札として日銀が高めのインフレ目標を設定し、国債を買ってマネーを大量供給すべきだという問題提起は、日本の政治家や経済学者の一部に浸透し始めていた(14)。

みるみる追い詰められた速水だったが、国会で啖呵を切ったように長期国債の引き受けはもちろん、買い切りオペの増額についても絶対反対の姿勢を崩さない。困った企画ラインが当面の政治的圧力をかわす、いわば窮余の策として考え出したのが、「ゼロ金利政策」だった(15)。

このころ副総裁の山口が「さっさとゼロ金利にしてしまえば、もうあれこれ言われなくなるんじゃないか」と誘い水を向けたのを、企画室の幹部が記憶している。これに対し、企画室側は「ゼロにしたらしたで、また新たな要求が来る。これで終わりということはありませんよ」と山口に返した。

一方、金融市場課長の雨宮は「ゼロ金利制約」を乗り越えるため、国債の買い入れを増やす案に早くから関心を持っていた。企画課の調査役だった九五、九六年には通貨量管理の可能性をペーパーにまとめ、上司に提出したこともある。雨宮は金利重視の理念を尊重しつつも、外部の意見にも謙虚に耳を傾けるべきだと主張した。長期国債についても、「買ってみなければ効果があるかないか分からないじゃないですか」と言い、参事役の稲葉延雄らに何度か議論を挑んだ。

検討の結果、企画ラインは「長期金利を抑制するために必要なのは国債の買い増しではなく、コールレートの引き下げである」との結論をまとめ、速水に具申する。ただ、「いきなりゼロ金利にすると、コール市場から資金の出し手がいなくなり、市場が混乱する」との懸念が金融市場局から出されたため、コールレートの誘導目標をとりあえず〇・二五％から〇・一五％に引き下げ、「市場の状況を踏まえながら、徐々に一層の低下を促す」ことにした。企画ラインの一人は「そんな無責任なことができるかと金融市場局が騒ぐので、仕方なく〇・一五％のステップをかませることにした」と後に証言している。

とはいえ、政治に押され、答えを探していた速水にとっては、格好の「助け船」となった。政策決定会合を前に、速水は企画第一課長の山本に聞いた。「これは通るか？」――。

山本は少し考え、「私の読みではぎりぎりでしょうか」と答えたという。

一九九九年二月一二日。八時間にも及ぶ政策決定会合での議論を経て、速水の提案は八対一の賛成多数で可決される。国債の買い切りオペ額については現状維持とした。

〇・一五％というステップが入ったため、これがゼロ金利政策なのかどうか対外的には曖昧にされたが、(16)審議委員たちは執行部がゼロを目指していることを明確に認識していた。その是非をめぐって全員が悩み、かつ不安を抱いていたことが、後に公開された議事録に記されている。

後藤委員「童話の世界のアリスの国のようなワンダーランドへ本行が足を踏み込むことになる。その際のワンダーランドの世界が良く見えない」

武富委員「限りなくゼロに近い金利というのは、どういうことになるのか予測がつかない」

副総裁の藤原も「ここまで来るとマーケットの未知の探検ということになる」と不安を口にし、速水自身も「十分な効果を持つかは正直に申し上げて自信がない」「やはり経験のないことであるし、何が起きるか若干不安がある」と言った。理論派で鳴る山口も「この先いかなる進み方が出来るかといったことは、やはり走りながら考えるより仕方がないのではないか」と話した。

この場にいた一人は「金利ゼロの世界が本当に実現するのか、問題は起きないのか、誰もが不安を感じながら議論していた」と、手探りで決まったことを後に打ち明けている。

この四日後、市場に混乱がないことを見極めた速水は「ゼロでやれるならゼロでいい」とさらに一歩踏み込む。宮澤もこの日、資金運用部による国債買い入れの再開を表明し、長期金利は急低下した。

三月三日、日銀による連日の大規模な資金供給を受けて、コールレートは一時〇・〇二%まで低下。取引にかかる手数料を差し引くと実質的にゼロとなり、先進国では前例のないゼロ金利政策がついに実現する。国債管理政策で起きたいくつかのミスが「資金運用部ショック」を引き起こし、巡り巡ってゼロ金利の世界へと日本経済を導いたのである。

この一か月後、ゼロ金利の効果を最大限に高めるという目的で、「デフレ懸念が払拭されるまでゼロ金利を継続する」ことを対外的に公約し、市場の期待に働きかける新たな手が打たれた。後に「時間軸効果」と呼ばれるアイデアを出したのは審議委員の植田和男だった。

三月二五日の決定会合で、植田は「(ゼロ金利の)コミットメントの度合いを今少し強く市場に対して発表するという行き方がある」と提唱、次の会合で副総裁の山口が同様の見解を示し、速水がこれをまとめて記者会見で公表することにした。

植田は、東大教授のころから日銀の金融研究所や調査統計局と交流があり、日銀の内部を知る審議委員の一人だった。植田は現場との議論で、ゼロ金利政策の「解除条件」を示し、それが長く続くことを明確にすれば、短期とともに比較的長めの金利も下がり、政策効果を極大化できるという考えを早くから示していた。関係者によれば、当初この構想は審議委員にはなかなか理解されなかったが、後に「時間軸効果」という名称がつけられ、追加的な政策手段として確立していく。FRBも九年後のリーマン・ショックの際、「フォワードガイダンス」として採用した。

ちなみに「時間軸」と命名したのは、企画第一課長に就任した雨宮である。雨宮は早くから量的緩和の可能性について上層部にさまざまな進言をし、「あの経験を機にゼロ金利制約の先にどんな政策展開ができるのかを常に考えるようになった」と後に述懐した。

もっとも、ゼロ金利政策をめぐっては、新法の下で政治の圧力に屈したとの批判が日銀内部からも出たほか、「デフレ懸念が払拭されるまで」との定義が曖昧だったため、一年後に大きな混乱をもたらすことになる。

返り討ちと「青春のペーパー」

ゼロ金利導入に向けた議論が進んでいたころ、長期国債の引き受けではなく、政府短期証券（FB）[17]という もう一つの引き受け問題が決着に向けて動いていた。新日銀法が成立した直後に元総裁の三重野が稲葉を呼んで叱責したあの一件である。

FBとは国の一般会計や特別会計の一時的な資金不足を補うために発行される短期の割引債で、日銀がその全額を引き受けてきた。

戦後の四七年に制定された財政法は第五条で「すべて、公債の発行については、日本銀行にこれを引き受けさせ、又、借入金の借入については、日本銀行からこれを借り入れてはならない[18]」と定め、第七条で「国は、国庫金の出納上必要があるときは、大蔵省証券を発行し又は日本銀行から一時借入金をなすことができる」と規定している。つまり、財政ファイナンスに道を開く「長期信用供与」は原則禁止だが、歳入と歳出のずれから生じる一時的な資金不足を補うための「短期信用供与」は認められている形だ。

さらに財政上の都合でＦＢの発行金利が市場実勢より低く設定され、市中での消化が見込まれないことから、日銀は仕方なくその全額を引き受けてきた。一時的な資金繰りであり、財政ファイナンスではないというのが大蔵省の説明だが、有識者たちは「財政ファイナンスと基本的に変わらない」と批判していた[19]。

なかでも焦点となったのが、大蔵省が外国為替市場で外貨を購入するための資金、つまり介入原資の調達に充てられるＦＢ（通称「為券」）である。八〇年代半ば以降の円売り・ドル買い介入の過程で、日銀の引き受け額は根雪のように積み上がり、法改正論議の時点でＦＢ発行総額二六兆円の大半を為券が占めていた。

このため日銀は、ＦＢを一般公募入札に切り替えてほしいと訴えたが、介入資金の機動的な調達とＦＢの低利発行を狙う大蔵省と折り合いがつかず、長年の懸案となっていた。

それだけに、降って湧いた日銀法改正は制度見直しの好機となる。改正に際して企画局が作成した内部文書には「本行が実質的には巨額の長期ファイナンスを行っているとみられること。（中略）こうした資金供与は、財政法等の趣旨と整合的でないのではないか」と書かれ、そのうえで為券の「市場金利による発行」を求めていくと対処方針が明記されていた[20]。

これに従い、稲葉ら法改正チームも当初、FB問題の全面解決を目指していた。しかし、大蔵省では国際金融局が介入資金を市場で調達すると情報が漏れる恐れがあると難色を示し、理財局も国庫管理の観点から反対の姿勢を崩さない。これに主計局も加わって議論を始めると、肝心の日銀法改正が着地できなくなる恐れがあった。このため稲葉らはFB問題を法改正の枠内で扱うことを断念せざるを得なくなる。改正後に三重野が稲葉を叱ったのも、「絶好の機会を逸した」と思ったからだった。

だが、稲葉らは全く別の手を考えていた。新法が成立すれば大蔵大臣に業務命令権はなくなるため、その時点で日銀から「FBは原則として引き受けない」と宣言すれば、大蔵省は嫌でも一般公募入札に切り替えざるを得なくなる、と踏んでいたのだ。

事実、新法が施行された後、日銀は大蔵省理財局との折衝で市場金利による発行を求め、「公募入札で調達できない場合のみ引き受けに応じる」ことで最終合意にこぎつける。日銀法とともに悲願の一つとされたFBの一般公募入札は、九九年四月にスタートした。法改正後も大蔵省に押され続けた日銀にとって、独立性を高める手堅い一歩となった(21)。

ゼロ金利導入から半年。前日まで三〇度を超える厳しい残暑が続いていた九九年九月一六日朝、蔵相の宮澤が速水に電話をかけ、直接会談をやろうと持ちかけた。

六月まで一ドル＝一二〇円近辺で安定していた為替相場が円高に振れ、九月半ばには一ドル＝一〇三円を切る水準にまで上昇、株価も大きく下落したからである。景気の先行きを心配する首相の小渕に宮澤は「私に任せてください」と言い、日銀に照準を定めた。追加の金融緩和を実施させ、それを材料に米財務省に為替市場への協調介入を働きかけようと考えたのだ。折しもパリに出張していた財務官の黒田東彦《はるひこ》から「協調介入の前提は日銀が金融緩和を実施すること」との感触が国際局経由で宮澤に伝えられていた。

そして、この円高に付随して「非不胎化」なる聞きなれない言葉が出回るようになる。

円売り・ドル買い介入によって短期金融市場に供給された円資金が、資金需給に及ぼす影響を中立化するため、通常、中央銀行は介入額に見合う資金を日々の金融調節で吸収する。これを「不胎化」という。これに対し、介入による余剰資金を吸収せずに放置すれば、その分だけ緩和が進んだのと同じ効果を持つ。これを「非不胎化」と呼び、米財務省や大蔵省国際局が追加的な緩和策として行うよう日銀に働きかけていた(22)。

金本位制が採られていた時代、国内に金が過剰流入して「インフレの種」を身籠ることのないよう介入することを「不胎化政策」と呼んでいた。日銀は「金本位制ならともかく、管理通貨制のしかもゼロ金利の下で非不胎化など意味がない」と言い、こうした主張を相手にしなかった。宮澤自身も「非不胎化なんて本当に効くんですか」と首をかしげてはいたが、円高阻止につながるなら何でもいいから日銀に動いてほしい、と考えていた。

宮澤と速水の直接会談は、午後四時からパレスホテル九階の会議室で開かれた。出席者によると、「今の円高は行き過ぎ」との認識では一致したが、宮澤が「何か考えていただけませんか」と水を向けた途端、同行してきた企画第一課長の雨宮たちが「非不胎化介入は論理的におかしい」と論陣を張り、特に合意もないまま五〇分程度で終わった。

蔵相と総裁が会い、危機感を共有していることを内外にアピールすることが宮澤の狙いなのか、と蔵相側近は首をかしげた。だが、宮澤本人は「わざわざ外出し、衆人環視の中で会談まで行った以上、あとは事務方が追加緩和の実現に向けて動くに違いない」と思い込んでいた。次の政策決定会合は五日後の九月二一日にセットされている。大蔵官僚たちは大慌てで日銀の説得に動き出した。

宮澤はその後も速水への「陳情」を続ける。会談の翌日には、首相官邸での月例経済閣僚会議で同席した際に追加緩和を打診し、政策決定会合の前夜には直筆の手紙を秘書官経由で日銀本店に送り届けた。「金融緩和に踏み切れば協調介入の環境が整うと米財務省は言っている。考えていただけないか」――。最後の最後まで宮澤は訴え続けた。

頼み込まれた速水の心も大揺れに揺れた。かねてから宮澤を敬愛し、政策決定のたびに真っ先に電話で報告するほどの仲である。円高に苦しむ蔵相の思いは痛いほど分かる。

「何かやれる手はないのか」――。速水は企画ラインに繰り返し問いかけた。

しかし、企画ラインは「ここは現状維持しかありません」と懸命の説得を続けた。ある幹部は、緩和に傾く速水を「必死で羽交い締めにした」と話し、当時をこう振り返る。

「新日銀法が施行され、接待事件で傷つきながらも、いかにして政府との間合いを取るかという大事なときに、大蔵省が追加緩和を仕掛けてきた。ここでやられたら日銀の独立性などなくなってしまうと思った」

水面下の熾烈な攻防が続くなか、いくつかの大手紙が「日銀、追加緩和へ(23)」と大々的に報道する。市場の緩和期待は際限なく膨らんでいった。

九月二一日、注目の政策決定会合。経済紙の一面には「量的緩和を決定へ」の見出しが躍ったが、速水は悩みに悩みぬいた末、企画ラインのぎりぎりの説得に折れ、現状維持を選択する。追加緩和を織り込んでいた市場には驚きが広がった。速水は終了後すぐに大蔵省に電話し、宮澤に伝えた。

「お手紙までいただきましたが、熟慮に熟慮を重ねた結果、こういうことにいたしました」

宮澤は肩を落とし、この夜、首相の小渕に電話でこう詫びたという。

「頼りない大蔵大臣で申し訳ありません。今夜は布団をかぶって寝ます」

片や、大蔵省を返り討ちにした日銀は、決定後に「当面の金融政策運営に関する考え方」と題する異例の文書を公表する。現状維持だったにもかかわらず、あえてその理由を説明しようとしたのは、新日銀法の「開かれた独立性」を意識したものだが、同時に市場や世論の反応を気にしている証左でもあった。

文書には、これ以上の量的緩和を行っても「金利はもちろん、金融機関や企業行動、あるいは為替相場などの資産価格に目に見える効果を与えるとは考えられません」と記され、さらにこんな考えが示されている。

——実体的な効果がなくとも、市場が「追加的資金供給」に何らかの期待を持っていれば、それを利用してみてはどうかとの考え方もあります。しかし、そうした方法の効果は、あったとしても一回限りで、永続きしませんし、中央銀行として、目的と政策効果についてきちんと説明できない政策をとることはできません。

——日本銀行は、為替相場そのものを金融政策の目的とはしていません。金融政策運営を為替相場のコントロールということに直接結び付けると、誤った政策判断につながるリスクが高いことは、バブル期の政策運営から得られる貴重な教訓になっています。(24)

丁寧ではあるが、断定的な書きぶりには、独立性に対する強い自負と、金融政策を為替に割り当てるべきでないというバブル期の反省がにじむ。日銀法改正論議で真っ先に為替介入権を放棄したのも、今回の大蔵省のような「企て」をはね返すのが狙いだった。

この文書を徹夜で書き上げたのは、企画第一課長の雨宮である。その平易で簡潔な書きぶりに行内では称賛の声も上がったが、雨宮自身は後にこれを「青春のペーパー」と呼ぶようになる。独立性を意識するあまり肩に力が入り、大蔵省とぶつかった「青春期」を想起させる文書であり、同時に「青臭い原則論」にこだわり、市場とのコミュニケーションのあり方に課題を残したペーパーでもあった、と考えているからである。

事実、泥を塗られた大蔵省はこの文書に激しく反発し、首相官邸や自民党からも批判の声が上がる。ある大蔵省幹部は「統治機構の一員とは思えない書生のような対応」と言った。なかでも国際局は「為替安定を目指そうとする政府を後ろから撃った」と憤怒し、頑な日銀への不信感を募らせていく。その中心にいたのが、財務官に就任したばかりの黒田だった[25]。

速水も実は日銀で国際畑を歩み、かつて「ミスター・ロンドン」[26]の異名を取ったことがある。ただ、大蔵省の国際畑とは違って、筋金入りの円高論者だった。

速水はよく六〇年代の英国のポンド危機を例に挙げ、自国の通貨が強いことは良いことだ、円安期待は国を売るようなものだ、と言ってはばからなかった。退任後に出版した『強い円　強い経済』に、その信念が記されている。

「通貨は強くて安定し、使い勝手のよいことによって信認を得る（中略）。そして、その国の通貨の強いことがその国の国力や発言力に直接、間接に影響を持つのである」

これに対し、日銀の事務方は「円高がいいとか、悪いとか一概には言えません」と何度も苦言を呈し、速水に近い幹部も「外需主導で景気回復を模索しているこの時期に、円高がいいなどと言うべきではありません」と直言したが、速水は「お前たちは何も分かっていない」と一歩も引かなかった。

そんな速水の頑固さが、政策決定会合の四日後、ワシントンで開かれた七か国蔵相・中央銀行総裁会議（G7）でトラブルを引き起こす。

財務官の黒田らの事前折衝により、G7声明には「円高懸念を共有する」との文言が盛り込まれ、さらに「我々（G7）はこの潜在的な影響を考慮しつつ政策が適切に運営されるという日本当局によるインディケーション（示唆）を歓迎した」と記された。各国の理解を取り付ける見返りに、将来の金融緩和に「含み」を持たせた表現であり、実際、欧米各国では日本側が追加緩和を示唆したものと受け止めていた。

ところがG7後の記者会見で、この部分について質問された速水は、四日前に日銀が出した説明文書と「言っていることは同じだ」とつい答えてしまう。愚直とも言えるこのメッセージは即座に報道され、これに米財務長官のローレンス・サマーズがかみついた。

「合意事項と違う。もう一度、G7をやり直してもいい」

猛抗議を受けた大蔵省側からの連絡に驚いた速水は「サマーズさんに謝ろうか」とまで言い出し、結局、その日のうちに再度会見せざるを得なくなる。同行した日銀幹部でさえ「屈辱的会見」と評した前代未聞の釈明劇は、速水の総裁としての威厳に大きな傷をつけた。(27)

「日銀理論」への異論

雨宮正佳が徹夜で書き上げた「当面の金融政策運営に関する考え方」は、当然ながら個人的見解ではなく、日銀内で培われた政策思想のいわば結晶である。

元総裁の前川春雄や三重野康、さらに福井俊彦らを含め、日銀では「東大法学部卒」が長く幅を利かせてきた。当人の力量はもちろんだが、それ以外にも交渉相手の大蔵省が東大法学部卒で固められていること、理論よりも政治的な調整力が求められたことが背景にあると考えられてきた。しかし、時代の変遷とともに欧米の標準的な理論を駆使して金融経済を分析し、自らの言葉で説明できる力も求められるようになる。やがて経済学部出身の俊英にも注目が集まり、副総裁の山口泰をはじめ、初代信用機構課長の白川方明、金融研究所所長となる翁邦雄、そして雨宮らが理論構築の中枢を占めるようになっていく。

なかでも翁は、調査統計局の課長だった九〇年代前半に、上智大学教授の岩田規久男と大論争を繰り広げ、早くから耳目を集めていた。

先に論争を仕掛けたのは岩田で、九二年九月一二日号の『週刊東洋経済』に「「日銀理論」を放棄せよ」と題する論文を寄稿する。(28)岩田は短期金利の操作を重視する日銀の伝統的な理論を批判し、民間金融機関に供給するベースマネーを減らしたため、金融機関から市中に回るマネーサプライ（通貨供給量）が急減し、資産デフレに陥ったと指摘した。インフレもデフレも「貨幣的現象」であり、金利ではなく、ベースマネーを直接管理する「量的金融政策」に転換すべきだという主張だった。

これに対し、日銀の翁は翌月発売の同誌に「「日銀理論」は間違っていない」との論文を寄せ、岩田の主張は非現実的であり、ハイパワードマネー（現金と準備預金）を日銀がコントロールすることはできないと反論。

すると岩田がこれに再反論し、その後しばらく議論が続く。「翁・岩田論争」の名で知られる日本では珍しい経済論争であり、結果的に新日銀法下で延々と繰り広げられる金融政策論争の「起点」となった。

このとき岩田の論文を興味深く読んでいた人物が、翌九三年の衆院選で初当選する山本幸三である。元大蔵官僚の山本は、東大経済学部で小宮隆太郎ゼミに所属し、六〇年代の過剰流動性についてマネーサプライ・コントロールの観点から日銀批判を展開した小宮の論文に感銘を受けていた(29)。

新生党の新人代議士となった山本は、九四年二月一八日の衆院予算委員会で、行き過ぎたバブル退治により日本経済は深刻なマネー不足に陥った、と当時総裁の三重野にかみついた。

「日銀はハイパワードマネーを急速に落とし、その結果マネーサプライを落としてきた。表向きは(公定歩合を下げて)金融緩和と言いながら、実際は全く緩和していない」

急激な金融引き締めにより、マネーサプライの伸びは九〇年秋から急低下し、九二年秋にはマイナスに落ち込んだ。「岩田理論」に沿って量の重要性を強調する山本に対し、三重野は「ハイパワードマネーというものは、もうこれは釈迦に説法ですが、(中略)日銀のコントロールできないものだと思っております」と応酬した。バブル崩壊後の国会で、いわゆる量的緩和の是非が論じられたのはこれが初めてだった。

山本はさらにこの四か月後、予算委員会の公聴会に岩田を参考人として呼び、こんなやり取りをした。

岩田「マネーサプライを軽視して、日本銀行が適切だと思う名目金利に固執し過ぎていることが(中略)うまくいっていない原因ではないかと判断しております」

山本「日銀が日銀信用をふやすなり、あるいは買いオペをするなりしてマネーサプライをふやすべきだ(30)」

岩田や山本の主張は、日銀が金融市場での公開市場操作(オペレーション)で手形や国債の買い入れを増やし、量の拡大を図るべきだというものだが、日銀はこれを「異端」扱いし、まともには取り合わなかった。岩田も山本も徐々に孤立していった。

だが、それから数年後、皮肉にも新日銀法の施行後にデフレが発生し、さらに九八年に発表された「クルーグマン論文」で情勢は一変する。

異端とされた岩田の量的金融政策に再び脚光が集まり、ベースマネーの増加によって景気回復を図るべきだとする「リフレ派(31)」の学者が岩田の周囲に集うようになる。

山本も「クルーグマン論文に勇気づけられ、息を吹き返した」と振り返る。山本が発信する情報は、日銀執行部と対立していた審議委員の中原伸之の目にも留まった。中原は偶然にも、山本が大学時代に所属していた英語サークルの先輩だった。中原の呼びかけに山本は快く応じ、日銀執行部に疑問を抱く勉強会の輪が広がっていく。

さらにこれ以外にも、米国の主流派経済学を学んだ経済学者が、このころ次々と表舞台に登場し、痛烈な日銀批判を始めていた。一人は九九年七月に大蔵省副財務官となった一橋大学教授の伊藤隆敏、もう一人は小渕政権で経済戦略会議の委員となった慶應大学教授の竹中平蔵である。

米ハーバード大学大学院でサマーズと同級生だった伊藤は、物価上昇率に目標値を設ける「インフレーション・ターゲット」の導入を早くから提唱し、これに着目した財務官の黒田の招聘により、副財務官に就任した。黒田は後にこんな原稿を月刊誌に寄せている。

「何よりも私が伊藤教授から影響を受けたのは、インフレターゲット論でした。(中略)彼から度々インフレターゲットを勧められ、彼が副財務官になってからは、中央銀行の責任を明確にして独立性を確保するとともに、インフレ期待を安定化させる上でそれがいかに有益かについて、詳細な説明を受けました」[32]

一方、竹中もハーバード大学留学の際、「デフレは貨幣的な現象であり、解決するにはマネーの量が重要だ」という議論をサマーズらと交わしていたという。さらに、経済学者ベンジャミン・フリードマンの講義で「中央銀行は政府から独立していなければならない。ただし、そこには二種類の独立性がある」という話を聞き、ハッとさせられたと語る。

「どういう政策手段を使うかは専門性が高いため、この点で中央銀行は独立していなければならないが、政策目標については民主主義の下で政府や議会が決めるべきだ、というごく自然な結論に至った」

イングランド銀行で実際に採用されていたインフレ目標と「手段の独立性」理論を掲げ、竹中はここから政権の中枢に駆け上っていく。

米国から放たれた批判の矢を、当初、日銀はそう重く受け止めてはいなかった。「無責任であることを確信させる約束(credibly promise to be irresponsible)」というクルーグマン一流のトゲのある言い回しが、まじめな政策提言として響かなかったのである。企画ラインにいた幹部は「具体的なやり方や効果について書かれていないし、検証もされていない。毒にも薬にもならないと思った」と振り返る。

ただ、クルーグマン論文を機に日銀批判が一斉に噴出したのは事実であり、日銀はこのころから主流派経済学の影響力に漸次押されるようになる。[33] 経済のグローバル化とデジタル化が急ピッチで進む一方、日本経済の低迷が際立ったこともあり、「グローバル・スタンダード」という名の米国理論をはね返すだけのパワーがなくなっていたのだ。

危機感を覚えた副総裁の山口は九九年三月、金融研究所所長の翁に「日銀として説明責任を果たし、理論と金融政策の距離をさらに近づける方策を考えてほしい」と依頼する。

翁は金融政策について提言している国内外の経済学者の主張を整理・分析し、さまざまな角度から検討を加えたうえで、同年七月に「ゼロ・インフレ下の金融政策について」と題する論文を発表した。①インフレ目標は数値設定が難しく、その達成も難しい、②超過準備を積み上げてもマネーの増加には容易につながらない、③量的緩和を際限なく進めれば、効果へのかすかな期待と裏腹に、大きな副作用が遅れて顕現化する──など、「日銀理論」のほぼすべての構成要素を盛り込んだ論文となっている。これに山口や雨宮らの意見も加わり、二か月後の「当面の金融政策運営に関する考え方」は作られていった。

一方で、物価に関する「日銀理論」も議論を呼んだ。物価下落には需要の落ち込みによる「悪い下落」と、技術革新や流通革命がもたらす「良い下落」があり、統計上マイナスだからといってデフレと呼ぶのは不適当な場合もある、と日銀は繰り返し主張した。だが、「良い下落などない」と考える経企庁のエコノミストらが反発し、後に政府の「デフレ宣言」を招く結果となる。

さらに物価の安定について「インフレでもデフレでもない状態(34)」と定義したことも、一定の物価上昇を期待する成長志向の政府・与党から不興を買った。日銀幹部の一人は、「インフレでもデフレでもない、つまりゼロ%という考えはグローバルな認識と距離があり、そこを出発点にしたことが問題だった」と後に総括している。

Ⅱ

ゼロ金利解除と日銀批判のうねり

速水優は敬虔なクリスチャンである。

接待事件の火中に総裁を引き受けたのも「苦境の日銀を背負いながら新法を盛りたててゆくという仕事を私にやらせようとするのは、神の召命（Calling）かもしれない」と考えたからだった。週末の礼拝はもちろん、総裁室でも祈りを欠かさず、奥の小部屋に二枚の掛け軸をかけていた。一枚に「平安は主にあり」、もう一枚には「恐れるな、わたしはあなたと共にいる」と書かれ、困難に直面するたびにこの聖句を思い出したという。(35)

速水はまた、何よりも独立生を重んじる伝統的なセントラルバンカーでもあった。「中央銀行家の任務は「通貨の尊厳さの番人」としての職責を全うすることである」といった古い格言をたびたび紹介し、(36)職員から「タイムカプセルで送り込まれたインフレ・ファイター」などと揶揄されることもあった。

円高論をはじめ、揺るがぬ信念に基づく発言はしばしば政府や国会との軋轢を起こし、側近らは釈明と陳謝に追われた。また、金融政策の司令塔となっていた山口泰とも肌が合わず、正副総裁の「不仲」は次第に多くの職員が知るところとなる。速水の側近は「一七年ぶりに古巣に戻ってきて、何もかも変わってしまたことへの不安を感じていた。行内に相談する相手もなく、速水さんはずっと孤独だった」と回顧する。

そんな速水がゼロ金利解除に意欲を見せ始めたのは、二〇〇〇年の年明けである。一年近いゼロ金利と米国のＩＴ（情報技術）バブルの恩恵により、日本経済は回復の歩みを強めていた。新興ＩＴ企業を中心に株価は上昇し、コンピューターの誤作動で社会生活が混乱すると懸念された「二〇〇〇年問題」も軽微なトラブルで乗り越えることができた。

久々に明るい正月に、国際畑の同窓会に出た速水は、年金生活を送る仲間たちから「ゼロ金利をいつ解除するのか」とけしかけられる。この翌日、早速「そろそろ（解除を）考えなきゃいけないね」と言い出し、周囲を慌てさせた。

だが、速水の心を突き動かしたのは、同期の仲間たちではなく、一〇年後輩の福井俊彦だったようだ。接待事件で副総裁を辞任し、富士通総研の理事長に転じた福井は、速水が最も頼りにする「アドバイザー」となっていた。かつて速水がロンドンに赴任していたころ、福井はパリに駐在し、ニクソン・ショックをともに体験した仲である。総裁となった速水は、政策判断に迷いや疑問が生じると、迷わず福井のオフィスに電話をかけるようになる。

大蔵省との「非不胎化論争」の際も、福井は「非不胎化など全く意味がない。日本銀行としてちゃんと言うべきです」と速水を叱咤した。ゼロ金利についても、福井はこんな助言をした。

「ゼロ金利を長く続けると中央銀行が自ら金利機能を封殺し、経済の新陳代謝のメカニズムを崩してしまう。この欠点を生じさせないよう、タイムリーに解除すべきです」

速水も同感だった。ゼロ金利は異常であり、そもそも長期金利上昇を抑えるための「緊急避難措置」に過ぎなかった。福井の進言を受けて、早く正常化しなければならないとの思いが速水の中で膨らんでいく。

二〇〇〇年四月一二日の定例記者会見。速水の意欲は、言葉となって溢れ出た。

記者「ゼロ金利政策解除の条件は整いつつあるとお考えか」

速水「おっしゃるとおりである」

記者「マーケットは日銀が年内どこかのタイミングでゼロ金利の解除を視野に入れていくという受け止め方になるかもしれないが、それは別に誤りではないと考えるか」

速水「今のような受け止め方をされる方も多いと思う。それが間違っているとは思わない」[37]

会見に同席した企画ラインの面々は仰天した。想定問答にはない「決意表明」だったからである。メディアは色めき立ち、「いつ解除するか」が焦点となっていく。

金融政策の舵取り役である企画ラインが一新されたのは、そんな最中のことだった。企画担当理事に元信用機構局長の増渕稔、審議役(現在の局長)に白川方明が就いた。経験豊富な二人の投入により、「解除近し」のムードが一段と高まったが、増渕も白川もそうした行内の空気には違和感を覚えたという。

増渕は「タイミングとして遅い。やるならもっと早く解除すべきだった」と周囲に漏らし、白川も金融機関の不良債権が景気回復の重しになっている、と部下たちに指摘した。

ただ、二人が着任した段階で、既に解除のレールは敷かれていた。速水だけでなく、副総裁の藤原作弥や審議委員にも解除支持の輪が広がり、企画第一課も前のめりになっていた。副総裁の山口は、白川と同じく慎重論だったが、もはや速水とさしで議論することもなくなっていた(38)。

蔵相の宮澤喜一もゼロ金利解除には否定的だった。景気回復の動きはあるものの、消費者物価指数（CPI）の伸びはマイナスが続き、デフレ懸念も消えていない。事務方との議論で、宮澤は「速水さんの気持ちは分かる」と言いながらも、「うまくいっているのだから、なにも平地に乱を起こす必要はない」と繰り返した。

「デフレ懸念の払拭が展望できるまで」というゼロ金利の解除条件が曖昧だったため、当局者たちの判断にギャップが生じ始めていた。

シャンパンは独立の味

二〇〇〇年七月、速水は月内の解除を目指し、宮澤に直筆の手紙を送る。

ゼロ金利がいかに異常で恥ずかしいことなのかを切々と訴える文面で、解除への決意に満ち溢れていた。しかし、七月一二日、大手百貨店そごうが民事再生法の適用を申請し、環境が急変する。この翌日、市場の動揺と株価の急落を見た宮澤が今度は速水に電話を入れ、沖縄サミットを控えており、森喜朗首相の顔を立てて、今回は見合わせてほしいと要請した。

予期せぬそごうショックは、増渕や白川にも巻き返しの好機を与えた。増渕はすぐさま総裁室に飛び込み、しばらく様子を見るよう説得する。速水は渋々これに応じたが、意欲そのものはいささかも衰えていなかった。宮澤との電話で「七月は駄目だが、八月以降の決定には了解を取り付けた」と一方的に解釈していたのだ。宮澤はもちろん、八月以降も認める気はなかった。

新日銀法は、「日本銀行の通貨及び金融の調節における自主性は、尊重されなければならない」(第三条)と独立性を謳う一方、政府と緊密に連携するよう次のように定めている。

第四条　日本銀行は、その行う通貨及び金融の調節が経済政策の一環をなすものであることを踏まえ、それが政府の経済政策の基本方針と整合的なものとなるよう、常に政府と連絡を密にし、十分な意思疎通を図らなければならない

そのうえで、政府には政策決定会合への常時出席と議決延期請求権が与えられ、これを梃子に無言の圧力をかける仕組みが用意された[39]。改正論議で最大の焦点となった「政府と中央銀行の意見が食い違った場合」が、前年の非不胎化論争を前哨戦として、いよいよ現実のものとなったのである。

宮澤は「八月にやるつもりだ。国会内で僕を見つめる速水さんの目がそう訴えている」と周囲に話し、対抗措置の検討を指示した。大蔵省では解除反対が大勢だったが、議決延期請求権まで使う必要はないとの意見も当初は強かった。改正法案の国会審議で、大蔵省側は、議決延期を求めるケースとして、①予期せぬ提案が出され、政府の見解が明らかでない場合、②政府側が説明を求められ、その準備ができていない場合、と答弁していた[40]。今回はゼロ金利という論点が既に明確になっており、いずれのケースにも該当しない。

だが、非不胎化論争で煮え湯を飲まされた財務官の黒田東彦は強硬だった。黒田は総務審議官の原口恒和を自室に呼び、円高是正に非協力的な速水を批判しつつ、「ゼロ金利解除は間違っている。迷わず議決延期請求すべきだ。自分にはこの件では権限がない。だから、こうして君に言っている」と繰り返したという。

八月四日、早期解除に慎重な山口は講演で「市場の不安心理に弾みがつくリスクがないかどうか注意深くモニターしていく必要がある」と発言。これが解除見送りを示唆したと報道されるや速水は強く反発し、七日の参院予算委員会で「デフレ懸念の払拭が展望できたと私は見ております」と言い切る。この発言により山口らも腹をくくらざるを得なくなった。

速水の決意表明は政府・与党の反発を招き、翌朝の月例経済閣僚会議で政調会長の亀井静香らから異論が噴き出したが、速水は「どうするかはこれから議論をして決める」とまったく相手にしない。九日にはインフレ目標を求める山本幸三、渡辺喜美両議員がエコノミストらとともに解除反対の緊急声明を出し、日銀に出向いて提出する事態にまで発展した。

また、首相の森も解除に絶対反対の構えだったが、宮澤から「私に任せてほしい」とやんわりクギを刺されていた。宮澤は森の意向を再確認した八月のある日、大臣室に幹部を集めて言った。

「総理大臣の意向は重い。（解除を）やめろという総理の方針に反して、日銀総裁がやるということはあってはならない。議決延期請求権を発動しなさい」

宮澤は政府と中央銀行の連携の必要性を強調し、「これで同意したら政府も誤りを共有することになる」とまで言った。原口はそんな厳しい空気を日銀側に伝えたが、理事の増渕は「議決延期請求だけは勘弁してほしい」と言うばかりで、速水の一念に困り果てた様子だったという。

東京の最高気温が三三度を超えた八月一一日。金融政策決定会合で速水はゼロ金利を解除し、コールレートの誘導目標を〇・二五％に引き上げることを提案する。村田吉隆大蔵総括政務次官ら政府側が議決延期を請求したが、反対多数で否決され、このあと速水の提案が賛成多数で可決された。

否決はされたものの、最大級の反対表明である議決延期請求権が発動されたことを聞いた黒田は、「よくやった」と手放しで喜んだという。黒田は後にこう回顧している。

「(宮澤大臣は)日銀と対立したりすることは普通しない人なのですけれども、この点については歴史の判断を仰ごうということで(中略)反対の意見を言いましょうと言われた。(中略)デフレが続いて物価が下がっている中で、なぜゼロ金利政策の解除をやるのか、というのは全く理解を超えていましたから」(41)

一方、政府や与党の反対を押し切り、ゼロ金利解除を成し遂げた速水はすこぶる上機嫌だった。三重野時代以来、実に一〇年ぶりの利上げである。満面の笑みで記者会見を終えた速水は、夕刻になって「打ち上げだ」と言い出し、八階の総裁室に執行部の主要メンバーに集まるよう声をかける。藤原、増渕、白川、雨宮正佳らが上がってくると、あらかじめ用意していたシャンパンを抜き「祝杯」をあげた。

グラスを手に喜ぶその姿は、「独立」の手ごたえを感じているようでもあった(42)。

ただ、出席者の多くは速水の高揚した話しぶりに違和感を覚え、賛成票を投じるべきか当日まで悩んだ山口は、「不謹慎だ」と怒ってこの場に顔を出さなかった、と複数の出席者が証言している。

量的緩和への「詰め将棋」

老いの一徹ともいえる速水の決断はしかし、裏目に出た。

米国でＩＴバブルが破裂し、日本でも九月以降、株価の下落が続き、景気に変調を来したのだ。速水はしばし途方に暮れ、次第に口が重くなっていく。「あんなに自信満々にやっていたのに、グリーンスパンってその程度だったのか」とぼやいてみたり、「いや、グリーンスパンを恨んでもしようがない」と自らに言い聞かせたりするのを周辺は何度か聞いた。

だが、永田町の怒りはＦＲＢ議長ではなく、当然、速水本人に向けられた。首相の意を無視した「独断」への批判はすさまじく、九月二八日の衆院予算委員会で山本幸三は「内閣総理大臣がこれほどばかにされた政策決定というのは見たことがない」「日銀総裁、退任される意向はございませんか」と速水に詰め寄り、自民党内でも速水責任論が強まっていく。

政府サイドでも、経企庁長官の堺屋太一が一二月一日の記者会見で「政府が（解除は）時期尚早だと言ったのは現在のような状況を想定していたからだ」と指摘した。[43] 事実、議決延期請求を出した際、経企庁出席者が米国株価の先行き不透明感を理由に挙げていたこともあり、「それ見たことか」と日銀批判が噴き出す。

日銀は追い詰められ、焦燥感を募らせた。茫然自失気味の速水をよそに、副総裁の山口は一一月ごろから「逆向きの一手」を考え始める。企画担当理事の増渕も、政策委員会の判断を待つというより、自ら案を出して積極的に仕掛けていくタイプだった。増渕もまた独自に作戦を練り始めた。

日銀にとって進むべき道は大きく二つあった。一つはゼロ金利への回帰。もう一つは金利操作と決別し、資金の量を操作目標とする「量的緩和」に移行することである。[44]

ゼロ金利復帰はシンプルで分かりやすいが、緩和はそこで打ち止めとなる。解除に賛成票を投じた審議委員たちが難色を示す可能性は高く、速水の責任論に発展することも予想された。これに対し、量的緩和はその効果こそ判然としないが、必要に応じて拡大できる「政策拡張性」という利点があった。同時に、総裁や審議委員のメンツも守られる――。山口や審議役の白川は量そのものの効果に懐疑的だったが、企画第一課長の雨宮は「政策拡張性」という概念を発案し、増渕とともに量的緩和を主張する。企画ラインは議論を重ね、じっくり針路を探った。

年が明けて二〇〇一年正月。金融機関同士が日銀ネット上[45]で行う膨大な数の資金決済が、世界標準である「即時グロス決済(RTGS)方式」に移行した。

それまでは金融機関から日銀への振替指図を一定時間蓄積し、受け払いの差額分だけを時点ごとに決済していた。この「時点ネット決済」を改め、振替指図ごとに一件ずつ即時決済するようにした。金融破綻による一つの決済不履行が他の金融機関に連鎖していくシステミック・リスクを削減するのが狙いで、地味ではあるが重要なインフラ整備だった。

このシステムが本格稼働した一月三日、ニューヨークで株価が急落し、FRBが緊急利下げに動く。六日には一府一二省庁への中央省庁再編が実施され、大蔵省は「財務省」に名称変更された。国内の景気はみるみる悪化し、政府・与党を中心に量的緩和の待望論が高まるなか、増渕らは「詰め将棋」のような緩和計画を練り上げ、実行に移していく。

すべての起点は、一月一九日の政策決定会合だった。企画ラインは議長の速水に「市場への流動性供給方法の面で改善を図りうる余地がないかを検討し、次回会合までに報告する」ことを指示させた。これにより「提案権」を得た企画ラインは、二月九日の次の会合でロンバート型貸出(補完貸付)制度の導入を具申し、了承を得る。さらにそのロンバートの適用金利である公定歩合の〇・一五%引き下げを実現させたのである。

ロンバート型貸出とは、金融機関があらかじめ差し入れた適格担保の範囲内で日銀から随時融資を受けられる制度である。(46) 表向きは三月期末越えの資金繰り対策と市場の安定化が目的だったが、もう一つ重要な狙いが隠されていた。

複数の担当者は「ロンバートは量的緩和への第一歩だった」と証言する。金融政策の操作目標を金利から量に変更すると、年度末などの特殊要因でコールレートが乱高下する恐れがある。だが、ロンバート制度を使えば公定歩合で資金調達できるため、この金利水準が実質的な上限となる。将来、量的緩和に移行した場合に予想される金利の急変動をおさえ込むため、あらかじめ「蓋」をしておいたのである。

だが、ロンバート制度が量的緩和の前提であることを企画ラインは速水にも審議委員にも伝えなかった。その意図を察知されると警戒され、却下される恐れがあったからだ。

日銀の政策金利がコールレートに変更された九〇年代後半以降、公定歩合は徐々に有名無実化していたが、ロンバート制度の導入によりコールレートの上限を画すという新たな役割が与えられた。その引き下げは、小幅とはいえ、一定の緩和効果があり、「日銀が一生懸命やっているイメージ」を出すこともできる、と企画ラインは考えた。

ただ、いかに策を弄しようとも、ゼロ金利解除から半年で方向転換を余儀なくされたことは紛れもない事実で、これにより日銀は「解除は誤りだった」と総括せざるを得なくなっていく。宮澤はこの日、「日銀は判断ミスを責められるでしょうねえ」と周囲に漏らしたという。

続く二月二八日の政策決定会合。ここで波乱が起きた。

経済指標の悪化を受けて、午前の審議で大多数の委員が追加緩和を求めたのに対し、速水一人が「今日のところは現状維持がいい」と発言したのだ。このままでは議長提案が反対多数で覆されかねない。慌てた企画ラインが昼休みに速水を説得し、午後の審議で公定歩合とコールレートを〇・一％引き下げる議案を速水に出させ、辛うじてメンツを保ったのである。

表向き議長提案という形をとっているが、実態は、総裁の意見が午前と午後で一変する「朝令暮改」だった。日銀幹部は「執行部は必死に説得した。総裁の意向に従い、組織そのものが崩壊してはたまらないと思った」と証言する。

この日の会合で、速水は完全に指導力を喪失した。しかし、ゼロ金利への単純な復帰だけは嫌だとその後も頑強に抵抗を続けた。他方で、量的緩和を求める政府・自民党の声は一段と強まっていく。企画ラインは、速水と政府・自民党という「双方にとって受け入れ可能なパッケージ」の策定を急ぎ、渋る速水の説得に全力を挙げた。作業に関わった一人は「すべては総裁を説得するためのプロセスだった」と話す。

パッケージ作りでは、まずコールレートをゼロ％近辺まで引き下げることを基本に、ＣＰＩ上昇率が安定的にゼロ％以上になるまで緩和を続けるという「時間軸政策」、それに長期国債オペの増加という新たなパーツを積み上げていき、最後に「量」を追加することにした。担当した幹部は「量を入れないと総裁も世間も納得しないので、その部品を最後に入れた」と打ち明ける。誘導目標については、現金と日銀当座預金の合計額であるベースマネーではなく、日銀が直接コントロールできる当座預金残高とした。

量というコーティングを施しながらも、実質的にはゼロ金利への回帰だった。だが、速水に対しては最後までそう説明せず、あくまでも量的緩和だとの説明を貫いた。速水がしぶしぶ納得したのは三月一〇日ごろだったという(47)。一方、行内きっての理論家である山口は、量の拡張効果に疑問を抱き、あくまでもゼロ金利への復帰が筋だとの主張を崩さなかった。政策決定会合の当日もぎりぎりまで審議委員への説得を試みた、と関係者は証言している。

三月一六日、経企庁が戦後初の「デフレ宣言」を出し、日銀は決定的に追い詰められた。当座預金残高を五兆円程度に引き上げる歴史的な量的緩和が決まったのは、この三日後のことである。

三月一九日の政策決定会合で、山口は執行部の一員として賛成票を投じつつも、こんな発言を残した。

「イリュージョン(幻想)を利用しようとして、そういう説明をすればする程リスクも同時に大きくなってくる。(中略)そのリスクを我々は十分頭に置いておく必要がある」

市場の期待に働きかけるという、その後の政策運営に対する最大限の警告だった。

事実、決定後に開かれた行内の局長会議では、ゼロ金利と量的緩和が混在する「不整合で分かりにくい政策」だと批判の声が上がり、「保身のためゼロ金利に戻さなかった判断は間違っている」と企画ラインの幹部に直接抗議する猛者まで現れた。

また、後日開かれた企画ラインへの慰労会で、前副総裁の福井が「量的緩和には意味がない」と批判し、同席した企画担当幹部との間で激しい言い合いになったという。

一方、大胆な量的緩和を訴え続けてきた「リフレ派」は、この決定で俄然勢いづいた。早くからインフレ目標の設定と量的緩和を提案し続け、二年近く政策決定会合で孤立してきた審議委員の中原伸之は、この日の日記に喜びをこう記している。

――一二〇年の伝統を持つ金融政策を放棄し、量を操作対象とする決定を行った。満二年にわたる余の提案が、ほぼ悉く実現したことになる。我が事成れり。速水氏以下、増渕氏ら企画が量のレジームに臆面もなく転向[48]。

速水辞任騒動の真相

量的緩和を決断した速水は、その翌々週、宮澤に面会を申し入れた。

国会開会中でなかなか宮澤の都合がつかず、三度目の日程調整を経て実現した会談は四月一〇日ごろ、速水が贔屓にする赤坂の鰻料理店「重箱」で開かれた。

「体力的にきつい。申し訳ないが、総裁を辞めさせていただきたい」

速水は辞任を申し出た。旧日銀法では大蔵大臣に罷免権があり、五年の任期途中でも総裁を解任することができたが、新法では本人の意に反して解任されることはない[49]。速水の任期はまだ二年近く残っていた。

それでも速水は途中退任したいと言い、同時に「後任はどうしても福井君でお願いしたい」と頼み込んだ。さらに、経済同友会の代表幹事を務めていたころから森喜朗とぶつかり、その前の首相だった小渕恵三の時代も含めて、首相官邸とうまくいかなかったことを嘆じたという。

これは二〇年後に確認されたことだが、速水は一九九八年三月に総裁に就任する際、「二年経ったら福井に譲る」という意向を同期の三重野康に伝えていた。突然の辞意表明にも見えるが、実は早くから用意されていたシナリオだった。

速水にとって、総裁就任は接待事件が招いたいわば「ハプニング」であり、本来なら福井が就くべきだ、と思っていた。政策運営をめぐって速水がしばしば福井に相談を持ちかけたのも、そうした信頼感の表れであり、速水の思いを知った副総裁の藤原も毎月のように福井を訪ね、日銀の近況を報告し続けていた。「任期途中で退任、次は福井」というのは速水、三重野、藤原の三人の間で暗黙の合意事項となっていたのだ。

ただ、二〇〇〇年八月のゼロ金利解除後、政府・自民党から速水責任論が噴き出し、日銀内部からも「総裁に退陣を勧告してほしい」という訴えが三重野に寄せられるようになる。弱った三重野は、速水に手紙を書き、時には直接会って行内の不満を速水に伝え、辞任のタイミングについても話し合っていたという。

速水の途中退任説はやがて日銀上層部にじわりと広がっていく。量的緩和をめぐって藤原が「これは速水さんにとって花道になる」と口走ったり、緩和決定の直後に企画ラインの一人が大蔵省サイドに早期辞任の可能性を漏らしたりしたこともあった。

片や宮澤も、速水の胸の内を察していたようだ。鰻料理店での申し入れに対し、宮澤は「分かった。ここで決めようか」と応じ、一両日中にも首相官邸を訪問し、辞意を伝えるという具体的な段取りまでこの場で詳細に話し合った。

ところが、財務省に戻って秘書官にこのプランを囁いたところ、「大臣、速水さんが辞めることはできます。しかし、次を決めることはできません。森政権の末期に、総裁人事で国会同意を求めるなど不可能です」とぴしゃりと返される。支持率が低下した森は、自民党内の声に押される形で退陣を決意し、党総裁選挙がまさに始まろうとしていた。

宮澤自身、日銀法改正によって正副総裁の任命に国会同意が必要となったことをうかつにも失念していたのだ。微妙な政治状況に考えを巡らせた宮澤は、慌てて速水に電話で告げる。

「申し訳ない。あれはなかったことにしてくれ」

宮澤は福井の選任に力を尽くすことを速水に約束し、このあと政界の実力者である自民党の青木幹雄参院幹事長の同意を取り付ける。そのうえで、小泉純一郎内閣で官房長官となった福田康夫に「次期総裁は福井で」と申し送りし、閣外に去った。(50)

一方、小泉政権の誕生を見た速水は、いったん表明した辞意をうやむやにし、残る満期を全うすることになる。小泉が掲げる新自由主義的な「構造改革路線」に期待したこと、さらに宮澤の後任となった塩川正十郎に「わしより若いのに辞めたいなんて言うな」と説得された(51)ことが影響したと言われるが、何より後継指名した福井本人に途中退任を諫められたことが効いたようだ。

福井が退任後の史談録でこんなエピソードを語っている。

「二〇〇一年の春ごろになると、自分が途中でやめるようなことになったらお前が引き継げなんて何回も言っておられた。私からは(中略)新法による日銀総裁は完全身分保障の存在、つまり政府によって罷免されないということなので、それを裏解釈すれば、自分の方からも絶対に辞めてはならない。その職責は死んでも全うするという意味なので、途中で疲れたから辞めるということは(中略)許されませんよと申し上げていたのです」

速水は五月の政策委員会で「心配をかけたが、元気になったので頑張る」と言い、周囲を驚かせた。「密約」を交わすほど速水が切望した福井総裁構想が実を結ぶのは、この二年後のことである。

不良債権処理に「禁じ手」を

二〇〇一年春。国民の高い支持を受けた小泉政権の発足に伴い、経済財政諮問会議を核とする官邸主導の政策決定プロセスが徐々に形作られていった。だが、肝心の経済は悪化の一途をたどり、株価の下落が続く。

国債発行三〇兆円枠の設定をはじめ、小泉が財政規律に重点を置いたことから、景気対策として金融政策に期待する声は否応なく高まった。

とりわけ経済財政政策担当大臣に抜擢された竹中平蔵は、自ら政策決定会合に出て「構造改革と金融政策のハーモナイゼーション（調和）」を訴えたり、一橋大学の先輩である速水を如水会館に呼び、インフレ目標の必要性を説得したりした。他方、参院選後の八月九日には自民党の山本幸三が「日銀法改正研究会」を立ち上げ、インフレ目標の設定や総裁解任権の復活を求める活動を開始する。

対する速水は、「土地や肥料や日当たりなど植物が育つようにしない限り、いくら水をかけてもジャブジャブになるだけだ[52]」と言い、追加緩和よりも不良債権の処理など構造改革が先決だと繰り返し主張した。ただ、辞任騒ぎが報じられて以降、その指導力は一段と衰えていた。執行部は政治サイドと中原ら緩和派委員の意向を両にらみし、八月一四日の会合で当座預金残高を六兆円に引き上げる追加緩和に踏み切る。

九月一一日、米同時多発テロ事件が発生、内外の景気はますます冷え込み、不良債権が再び膨張し始める。それまで累計で八〇兆円以上処理してきたにもかかわらず、景気後退による新規発生分に加え、ゼネコン、不動産、流通、ノンバンクなど大口融資先の延命を図ろうと金融機関が「追い貸し」に走り、それが景気悪化とともに不良債権化したのだ。

銀行株を中心に日本株は売り込まれ、デフレ・スパイラルが懸念されるなか、一二月一九日、当座預金残高は一〇兆～一五兆円に引き上げられた。企画ラインは当初、何とか「大台」を回避したいと考えたが、緩和派委員の勢いを見て議長案を作り直し、政策決定会合の休憩時間中に速水を口説いた、と関係者は証言する。

当初から量の効果に疑問を抱いてきた副総裁の山口は、この一〇兆〜一五兆円を当座預金目標の「上限」にすべきだと考えていた、と後に打ち明けている。山口の意向を受けて量的緩和を検証するプロジェクトがその後立ち上がり、「金融機関の流動性不安を払拭する点で大きな効果を発揮したが、マネタリーベースの増加が経済活動の活発化には必ずしもつながっていない」とする報告書が一年後にまとめられた(53)。

累増する不良債権の最終処理は、財政構造改革と並ぶ小泉政権の重要政策に位置づけられるようになり、その切り札として金融担当大臣に柳澤伯夫が再登板した。金融監督庁は二〇〇〇年七月に金融庁に変更され、〇一年一月からは金融部門の規制から破綻処理まですべてを担う組織に変わっていた。

一九九九年に金融機関への公的資本注入を主導した柳澤は、不良債権を一定期間内にバランスシートから落とすことを金融機関に義務付けたり、大口融資先への引当状況を調べる「特別検査」も実施したりとさまざまな手を打ったが、肝心の結果がなかなか出ない。経済政策を担当する竹中はそんな柳澤を批判し、予防的、強制的に公的資金を再注入し、金融機関を一時国有化してでも処理を断行すべきだと主張する。金融政策への批判をかわしたい速水も、竹中とともに公的資金の再投入が必要だと声高に訴えた。

だが、柳澤は再投入反対の構えを崩さない。双方の意見対立が続くなか、株価はさらに下落し、決算期末ごとに大量の株式を保有する銀行の経営不安が囁かれるようになる。銀行融資もメガバンクを中心に大幅に減少し、信用仲介機能の低下で中小・零細企業から怨嗟の声が上がり、各地で自殺者が続出した。

二〇〇二年に入っても経済は停滞し、日経平均株価は七月二四日、ついに一万円の大台を割った。日銀法改正を担当した稲葉延雄と、企画第一課長の雨宮がそろって考査局に異動したのはちょうどこの一か月前だった。考査局長となった稲葉は、参事役の雨宮とともにインパクトのある不良債権対策を考え始める。

大手銀行が保有する株式を日銀が買い入れるという驚きの構想が稲葉の中で浮かんだのは、八月のお盆休み明けだった。

稲葉はかつて営業局で金融調節を担当していたころ、手形や国債、社債、譲渡性預金、コマーシャルペーパー（CP）などあらゆる金融商品を実際に売買し、その経験を踏まえて「株式を買うオペレーションはできないのか」と考え続けていた。中央銀行は金融機関から金融商品を買い入れ、その見返りに銀行券を発行する。この銀行券の信用を保つため、買い入れ資産は安全性の高い国債が望ましいと言われている。だが、稲葉は「リスクを最小化しつつ、株式を買い入れるオペによって経済情勢を好転させるうまい方法があるはずだ」と考え、雨宮に具体案の検討を指示した。

構想を聞かされた雨宮もまた「国債だけに限らず、日本国内で保有されている金融商品の割合を参考に、日銀の資産も構成されるべきではないのか」と以前から考えていた。何より、「中央銀行で初めてのオペ」という響きが新鮮で、魅力的だった。

二〇〇二年九月四日、世界的な株安に巻き込まれるように平均株価は一時九〇〇〇円を割り込み、自民党内でETF（上場投資信託）の買い入れを求める声が湧き上がる。九日午後、首相官邸で開かれた経済財政諮問会議で速水は必死で火消しに走った。

「株式を日銀が銀行券の資産見合いとして買うというのは、これは中央銀行としては例もございませんし、やはり、これはやるべきことではないと思っております(54)」

その速水が稲葉から株式買い入れ構想を打ち明けられたのは、まさにこの諮問会議の直後だった。速水は開口一番、「株を買うなんて駄目だよ。株は駄目だとさっき言ってきたばかりだ」と顔をしかめた。中央銀行による株式保有は速水の目に「禁じ手」と映った。

それでも稲葉はあきらめない。九月一三日、スイス出張から帰国した山口に伝えると、山口は「何を考えているんだ、君は」と驚きながらも、説明するうちに理解と興味を示した。量的緩和は「天井」に近づいており、追加策が乏しくなっていたからである。

山口のところには、期せずして金融システム担当理事の三谷隆博からも同種のアイデアが持ち込まれた。三谷もまた、大量の株式保有が銀行経営を不安定にしているとして、株式の価格変動リスクを本体から切り離すべきだと言い続けていた。「株価が下がったために自己資本比率が悪化し、それでまた株を売るという悪循環をどこかで断ち切るべきだとずっと考えていた」と三谷は言う[55]。稲葉の構想に、三谷は一も二もなく賛同した。

九月一四日から一六日にかけて、氷川寮に考査、企画[56]、信用機構各局の担当者が集結し、詰めの作業が行われる。そして九月一七日、朝一番で稲葉は速水と向き合った。

「総裁がおっしゃっている不良債権処理の加速にもつながりますし、株価の安定を通じて実体経済に良い影響を及ぼすこともできます」

だが、速水は頑として受け付けない。ETF購入を求める政治的圧力が出たタイミングで動くべきでない、財務の健全性という中央銀行の原則に反する、と譲らなかった[57]。

稲葉は「金融調節のため、あるいはオペレーションとして買うというのはやらない、ということでいいんじゃないですか。これは金融政策ではなく、金融システムの安定を通じて実体経済に良い影響を与える策なんです」と繰り返し、最後にこう迫った。

「日銀には二兆円も自己資本があります。リスク管理を行ったうえで、その一部でも使いながら金融機関のリスクを肩代わりすれば、それは公的資金による資本注入と同じ効果があります。これを使って彼らに不良債権の処理を迫ればいいいじゃないですか」

構造改革論者の速水は、金融機関の資本不足が不良債権処理の遅れにつながっているとして、金融担当相の柳澤に公的資本注入を再三迫っていた。稲葉の進言は「そこまで言うなら、まず自らが範を垂れるべきだ」というものだった。目をつぶってじっと考え込んだ末、速水がこの言葉で納得したのを側近の一人が記憶している。

速水の裁可が下りてからの動きは迅速だった。この日午後開催の政策決定会合が終わったあと、通常の政策委員会が開かれ、稲葉は「本行による株価変動リスク軽減策」と題する報告を行った。決定会合ではなく、通常会合に諮ったのは、株式買い入れが金融政策の一環ではないためだが、同時に政府サイドへの情報漏れを防ぐ狙いもあった。新日銀法は政府に政策決定会合への出席を認めているが、通常会合に政府関係者は出られない。株式の買い入れという機密を要する政策だけに、取り扱いには細心の注意が必要だった。

会議では審議委員の間から「銀行が株式を売ってくるかどうか」と疑問が噴き出し、ＰＫＯ（株価維持政策）のようにも見える政策に異論も出た。

これに対し、副総裁の藤原は「金融システム問題に関して日銀として何ができるのか常々悩んできたが、執行部から独自の施策が出てきたときにはある意味感動した」と評価した。日銀法改正で信用秩序は政府の責任と定義され、日銀内にも「ピュア・セントラルバンク論」が根強くあった。それだけに、藤原は「信用秩序への貢献策」を正当に評価すべきだと考えた。速水も「日本銀行もやれることはやるので、不良債権処理を進めてほしいと受け取ってもらうことが重要である。そう持っていければ成功だと思う(58)」と言った。

翌九月一八日。政策決定会合後の通常会合で対外公表文を確認し、「金融システムの安定に向けた新たな取り組みについて」が決定する。買い入れ対象は、保有株式額が自己資本を上回る銀行一五行。買い入れ枠は二兆円。信託方式で買った株式は最長一〇年間保有し、原則として議決権は行使しないというスキームである。買い入れには財務省の認可が必要になるため、この日の朝一番で報告したが、財務大臣の塩川も事務次官の武藤敏郎も驚きを隠さず、即座に歓迎の意向を示した。

「非常事態宣言」とも言える日銀の決定は、政府サイドを追い込んでいく。公的資金の再投入をめぐる竹中と柳澤の論争はますます激しくなり、米国からも不良債権の早期処理を迫られた小泉は九月三〇日、柳澤を解任し、竹中に金融担当相を兼務させるサプライズ人事に踏み切った。金融界を震え上がらせた「金融再生プログラム(竹中プラン)」がまとまるのは、この一か月後のことである。

驚きの策をまとめた稲葉らは、次に「ディスカウント・キャッシュフロー(DCF)」と呼ばれる米国流の引当方式を日銀考査に取り入れる方向で奔走した。不良債権を大雑把に分類するのではなく、個別の債権ごとに「割引現在価値」を弾き出し、それに見合った引当金が積まれているかどうかを査定する手法は、竹中プランにもそっくり採用され、その後の不良債権処理を促進させる一つの原動力となった。

第3章

「福井時代」

――反転攻勢、量の膨張と収縮

2003~2008

積もり積もった「不評」を挽回しようと、新総裁は政府との連携を重視し、思い切った量の拡張に舵を切る。

折からの世界経済の回復も重なり、日銀の反転攻勢は成功したかに見えた。

しかしその後、量的緩和策の解除をめぐり再び時の権力と対峙することになる。

福井時代

2003年(平成15年)

3月	イラク戦争開戦
4月	日本郵政公社発足
5月	りそな銀行への公的資金注入決定
11月	足利銀行を一時国有化

2004年(平成16年)

1月	陸上自衛隊イラク派遣
7月	参院選で自民敗北、民主躍進
8月	アテネ夏季オリンピック
10月	新潟県中越地震

2005年(平成17年)

2月	ライブドア、ニッポン放送株の大量取得判明
4月	ペイオフ本格解禁。JR福知山線脱線事故
9月	衆院選(郵政解散)で自民党圧勝
10月	郵政民営化関連6法成立

2006年(平成18年)

1月	日本郵政発足。ライブドア粉飾決算事件
2月	トリノ冬季オリンピック
3月	量的緩和解除
6月	村上ファンドの村上世彰代表逮捕

2007年(平成19年)

7月	参院選で民主党が勝利し、「ねじれ国会」に
10月	郵政民営化による「日本郵政グループ」発足

2008年(平成20年)

3月	戦後初めて日銀総裁空席に

I

宮澤の「口頭試問」

二〇〇三年に入り、米国は大量破壊兵器拡散のリスクを口実にイラクへの圧力を強め、一触即発の緊迫感が漂う。中国ではSARS（重症急性呼吸器症候群）ウイルスによる新型肺炎が広東省から各地に広がり、警戒感が高まる。一方、日本経済の低空飛行はその後も続き、平均株価は八〇〇〇円台で凍りついたままだった。「ポスト速水」の人選は、そんな厳しい環境下で進められた。

速水優は旧日銀法の下で選任されたため、新法に基づく総裁選びは今回が初めてだった。人事権者は首相の小泉純一郎だが、官房長官の福田康夫、財務大臣の塩川正十郎、それに経済財政政策担当大臣の竹中平蔵も影響力を持つとみられていた。また、旧法の時代には現職総裁の意向が尊重された例(1)もあったが、新法下でどうなるかは未知数だった。

二年前の辞任騒動が象徴するように、速水は終始一貫、富士通総研の理事長である日銀の「元プリンス」、福井俊彦を推し続けていた。宮澤喜一への「直訴」だけでなく、塩川にも手紙を書き、「福井君をよろしくと頼み込んだ」と側近に明かしている。

福井を推したのは速水だけではない。経済財政諮問会議の民間議員を務める財界人の牛尾治朗と副総裁の藤原作弥は、官房長官の福田と定期的に会合を持ち、「この難局を乗り切るには金融のプロフェッショナルが必要だ。それは福井さん以外に考えられない」と繰り返し訴えていた。

接待汚職事件で引責辞任を余儀なくされた福井だが、その後は経済同友会の副代表幹事として活動の場を広げ、活発な情報発信を続けていた。同時に、藤原を通じて日銀内部の動きも把握し、いつでも登板できる「スタンバイ状態」にあった。

だが、政府部内の調整は一筋縄ではいかなかった。

屈指のインフレ目標論者である竹中は、早くから小泉に総裁人事の重要性を伝え、「本当の金融の専門家を選ぶべきです」と進言し続けていた。振り返って竹中は言う。

「中央銀行が政府から独立しているのは、金融は難しく、専門家が必要だからだ。そして国会の手続きを経ないクイック・ディシジョン（迅速な決定）が必要な分野だからでもある。それなのに、日銀の役員や審議委員に金融で博士号を持っている人はほとんどいない」

竹中は金融担当相の兼務辞令を受けたあと日銀氷川寮で速水と会い、インフレ目標を織り込んだ「アコード（政策協定）」の締結を持ちかけたが、即座に拒否された。また、福井とも頻繁に会って議論したが、「インフレ目標も一つの手段だが、今の政策効果を見てから考えればいい、などと官僚的に逃げられた」と話す。

竹中は米国で半ば常識となっている政策思想を日銀が受け入れないのは、欧米の主流派経済学に対する感度が鈍いからだと思い、小泉にことあるごとに進言する。

「本当の金融の専門家を選ぶべきです」

竹中が推したのは、内閣府政策統括官の岩田一政だった。岩田は政府を代表する官庁エコノミストであり、早くからインフレ目標の必要性を指摘し、〇一年三月の「デフレ宣言」でも主導的役割を果たした。

これに対し、自民党内ではデフレ克服と構造改革を両立するために、従来の常識を超えた「非伝統的金融政策」を展開すべきだとの意見が急速に高まり、リフレ派の前審議委員、中原伸之を推す声が出始めていた。

また財務省は財務省で、別の動きをしていた。「日銀プロパーの次は我が方から」との思いから、幾人かの事務次官経験者がリストアップされ、筆頭候補に現職事務次官の武藤敏郎が挙がった。が、大蔵省時代からのバッシングはなお続いており、官邸主導の小泉政権下で財務省と日銀との「たすき掛け人事」を復活させるのは至難の業と思われた。

そんな中、小泉に直接働きかけようと動いたのが、前財務相の宮澤だった。

二〇〇三年一月二一日朝、宮澤は自ら首相官邸に電話で面会を申し入れ、午後四時二五分、新築された官邸の執務室で小泉と向き合った。

「このごろインフレ・ターゲットみたいな話が出ていますが、かなり注意深くやった方がいい」「学者は観念論で、よく分かっていない人は思いつきでいろいろと言いますがね。観念だけで飲み込んじまうと、大変な副作用が出る。国債は暴落し、金利が急上昇しかねない。よくよくお考えになった方がいいですよ」

宮澤が小泉に伝えたかったのは、政府・与党内で高まる「リフレ論」に与するべきでないということだった。事実、一か月前に開かれた経済財政諮問会議で、元イェール大学教授の浜田宏一は「デフレはすぐれて貨幣的現象なので、対策の第一次手段は金融政策であって、構造改革や財政政策ではない」と指摘し、①日銀当座預金ではなく、広義のマネーサプライを操作目標にすべき、②為替介入の不胎化を猶予すべき、③二

年後に二〜三％のインフレ目標を達成すると宣言すべき――などと小泉に進言していた。(2)

真剣に耳を傾ける小泉に対し、宮澤は話を続けた。

「インフレ・ターゲットなどやらなくても、日銀の当座預金残高や国債の買い入れ額を増やしたり、あるいは社債や外債を買うこともできる。今の延長線上でやれることはあるし、何も物価上昇率をいくらにするなどと言う必要はない」

一拍置いて、宮澤は意味深長なことを口にする。

「当の日銀も、その気になっています」

実は、宮澤はこの前日、福井とひそかに会っていた。この席で宮澤は「伝統的な金融政策の枠組みで何が実施できるか」を問い、福井から得た回答をそっくり小泉に伝えたのである。宮澤はインフレ目標についてもこの場で聞いたが、福井は「自分で自分を縛るのは嫌ですが、公的な仕事をするときは自分の行動は人からきちんと見えている方がいいとは思っています」と含みのあることを言ったという。

「口頭試問」の内容を伝えたうえで、宮澤は最後に総裁人事について一言だけ触れた。

「総理、正統派がよろしいですよ」

具体名こそ挙げなかったものの、福井が最適だと宮澤は進言し、官邸を後にした。(3)

総裁選びの山は二月五日だった。

この日の午後七時、小泉は経済財政諮問会議の民間議員との夕食会を名目に、牛尾とトヨタ自動車会長の奥田碩《ひろし》、そして竹中を官邸に呼ぶ。福田も同席し、一〇分ほど遅れて塩川が加わった。

全員が顔をそろえたところで、小泉がワインを片手に切り出した。

「次の日銀総裁にどなたがふさわしいか、皆さんの率直なご意見を伺いたい」

会食という名の「人事検討会議」だったのである。

まず牛尾が「福井さんがいい」と先陣を切り、奥田も「財界は福井さん支持です」と続いた。常々「民間人がいい」と言っていた小泉の意向を気にしたのか、二人とも「福井さんは日銀出身だが、経済同友会で積極的に活動されており、民間の経済人です」と強調した。

これに対し、竹中は「総裁には本当の専門家が必要です」と言って岩田一政を推し、最後に塩川が、財務次官を退任したばかりの武藤が適任ではないかと発言した。小泉は黙って耳を傾けていたという(4)。

数日後、官房長官から夕食会の出席者に電話が入る。福田は穏やかな口調で言った。

「いろいろと考え、総理とも相談しましたが、総裁は福井さん、副総裁に岩田氏と武藤氏のお二人を充てることにいたします」

電話を聞いた竹中は、「見事に足して三で割る、福田さんらしい判断だ」と苦笑した。

首相側近によれば、小泉は当初「サプライズ人事」を求め、別の民間人を充てようと構想していた。意中の人は自身が最も信頼を寄せる評論家の田中直毅だったが、田中もまた「福井氏が適任」と進言する。さらに福田も塩川も、宮澤からの申し送りを尊重して福井を推したため、小泉も最終的にこれに同意したという(5)。

二月二四日、持ち回りの人事検討会議で人事案が内定し、初の国会同意手続きへと移行する。小泉は「政府の考え方を理解してくれる人という基準を最も重視した」と言い、政府と日銀との「連携強化」が狙いだと強調した。

福井内定を聞いた速水は、「ああ良かったと声を上げ、まるで我がことのように喜んだ」(側近)という。(6)

「プリンス」のスタートダッシュ

福井はそれまで、総裁人事について問われると「自分は不祥事の責任を取って辞めたので、また元の職場に戻るということはいささかも考えてはならない」と言い続けていた。

内定後に初めて小泉と会った際には「総裁になった途端にいろんな方面から責められて立ち往生するかもしれない。だからと言って投げ捨てないでください」と頼み込んだ。(7) さらに国会に最初に呼ばれたときも「不祥事件の責任をとりまして辞任した身でございます。今なお、その責任を非常に重く感じ続けている」と平身低頭で話を始めている。

そんな控えめな物言いをしながらも、しかし福井の心中には期するものがあった。

内定後の三月上旬、事前のレクチャーに出向いた日銀の企画ライン幹部に対し、福井はいきなりこんな質問をぶつけている。

「おい、臨時会合ってやったことないのか」

臨時会合とは金融政策決定会合の緊急開催のことである。新日銀法の下で会合は開催日を事前に公表したうえで、原則月二回ほど開催することになっている。(8) 必要なら臨時開催も可能だが、金融市場に過度なショックを与えたり、無用な憶測を招いたりする恐れがあるため、これまで一度も開かれたことがない。

「やったことはありません」と幹部が答えると、福井は「やっちゃ具合悪いか」と切り返す。このあとも「外債を買っちゃ駄目か」「株の買い増しはやるぞ」と畳みかけた。

企画ラインはピンときた。

——新総裁は、速水さんと全く違うことをやろうと考えている。これは速水時代との断絶だ。

米英によるイラク爆撃が既に秒読み段階に入り、平均株価は三月一〇日、二〇年ぶりに八〇〇〇円を割り込んだ。国会同意を得た福井は、満を持して衆議院で決意表明した。

「独立性は新日銀法によってしっかりと担保されている(中略)。守りの姿勢に入ろうという気持ちは私にはございません。むしろ、積極的に政策行動をすることによって、それが評価を得られれば、独立性のよさが国民の皆さんにわかっていただける(9)」

この場で福井は、与党が求めるインフレ目標の重要性にも理解を示し、政界が求めるETF(上場投資信託)やREIT(不動産投資信託)などの買い入れにも含みを残した。原理原則に固執しない新総裁の柔軟性としたたかさを感じさせる所信表明だった(10)。

三月二〇日、世界が固唾を呑んで見守るなか、米英がイラクへの軍事作戦を開始する。

閣議のあと小泉から辞令を受けた福井は、迷わずスタートダッシュした。福井の頭にあったのは、政策決定会合の臨時開催、銀行保有株式の買い入れ枠拡大、そして中堅・中小企業の資産を裏付けとする「資産担保証券(ABS)」の買い入れの三点セットである。臨時会合の招集によって新体制の機動力を示し、その余勢を駆って株の買い増しと企業金融の円滑化策を一気に決めようと考えていた。

ただ、前例のない臨時決定会合には複数の審議委員が抵抗する。福井の「独走」を警戒した面もあったが、会合の定期開催は日銀の透明性を確保するためであり、そのルールを自ら破るべきでないという委員の主張には理があった。史談録によると、福井は「スターティング・ブロックから飛び出して、総裁だけが走っているというのは変だから、一回だけ許してほしい」と泣きを入れ、何とか説き伏せたという。(11)

銀行保有株の買い増しについては、現場の信用機構局ラインが異を唱えた。福井は就任前から買い増しの意向を示し、担当理事の三谷隆博が「枠をこれ以上増やしても売ってくるところはない。意味がありません」と反対したが、福井は取り合わない。三谷ら事務局は氷川寮に集まって反対の方針を再度確認し、福井に説得を試みたが、こう言って巻き返された。

「俺は銀行保有株を全部買ってもいいと思っている。でも、お前たちがそれほど言うのなら三兆円で我慢するから、それだけはやらせろ」

返す言葉もなく、困惑した表情の幹部らに対し、福井は笑いながら言った。

「たとえ意味がなくても、日本経済のために日銀も一肌脱いでいるところをみせる。まあ、景気づけのようなものだ」

株の買い増し案をめぐっては政策委員会・通常会合でも審議委員から反対意見が出た。

中原眞委員「よほど緊急でやむを得ない場合でなければ引き上げるべきではない」

田谷禎三委員「株価対策と受け取られかねない政策には賛成できない」

結局、七対二で議決されるが、福井は反対票をまったく意に介さなかった。そして第三弾となる四月八日の政策決定会合では、不良債権による金融仲介機能の低下で企業金融に「目詰まり」が起きているとして、中堅・中小企業の売掛債権を裏付けとするＡＢＳを買い入れることを決定した。銀行保有株に続き、民間債務の買い取りという「質的金融緩和」の世界にも足を踏み入れたのだ。

ただ、この提案に対しても須田美矢子が反対票を投じ、中原伸之が退任した〇二年三月以来、一六回続いていた政策決定会合の「満場一致」が再び崩れることになった。

福井のダッシュはさらに続く。四月三〇日の政策決定会合で当座預金残高の目標を五兆円引き上げ、二二兆～二七兆円とする案を今度は全会一致で議決した。就任からわずか四〇日ほどで株式買い入れ、ABSの買い取り、量的緩和拡大と立て続けに決めたのである。

独立性を意識するあまり、時に激しく政府と対立した速水時代とは異なり、福井は政治や市場の意向を先読みし、先手先手と動く。ぎくしゃくした関係を正常化し、連携を強化したい官邸サイドの提案を受け、首相と総裁との「定期会談」に応じたのも福井ならではの判断だった。

退任後の史談録で福井は、「政策は先手必勝」を心に決め、イラク戦争をスタートダッシュに利用したことを率直に認めている。

「これは新体制としてはある意味で絶好のチャンスかもしれない。まず戦時体制を敷こう。しっかり前向きにやっていくという一つの大きなきっかけにこれを利用すればいい。（中略）陸上競技で言えば、一〇〇メートル競走で用意ドンのスターティング・ブロックに弾みがついたような感じでできるんじゃないのということです」

豪奢な六本木ヒルズが開業し、首都圏に再開発の波が到来するのもこのころの話である。

りそな救済をジャンプ台に

二〇〇三年の大型連休は曇りがちで、気温も上がらなかった。平均株価は連休入り直前に七六〇七円八八銭のバブル後最安値を更新し、冷え冷えとした危機感が列島を覆っていた。

そんなゴールデンウィーク明けのことである。金融システムを担当する日銀幹部に一本の電話が入る。相手は金融庁の事務方トップだった。

「りそなが危ない。一緒に新日本監査法人を説得してくれないか」

メガバンクの一角であるりそな銀行は、大和銀行とあさひ銀行が合併してこの年の三月に発足したばかりだった。ただ、両行とも多額の不良債権を抱え、経営体力に乏しい「弱者連合」とみられていた。金融庁も日銀も「いずれ危機対応が必要になる銀行」として監視を続けていた。

そのりそなから五月六日、三月期決算で過少資本に陥ったとの一報が金融庁に入る。りそなを会計監査する新日本監査法人が、繰延税金資産(12)の圧縮を通告し、りそなの自己資本比率が四%の国内基準を下回る見通しになったという衝撃の報告だった。慌てた金融庁事務方は新日本監査法人に「再考」を促そうと考え、日銀に協力を求めたのである。

新日本監査法人の判断は、りそな側が見込んだ五年分の繰延税金資産のうち、三年分しか認められないというものだった。りそなの今後の収益計画に新日本側が疑問を抱いたためで、この監査方針に従えば〇三年三月末の自己資本比率は二%台に急落し、国内基準の四%を下回る。逆に五年分が認められれば四%を達成できる。りそなにとって、まさに生死の分かれ目だった。

監査法人を監督・指導する権限は日銀にはない。ただ、日銀は大手監査法人から会計士を受け入れ、研修の場を提供しており、新日本ともそれなりのパイプはある。金融庁はそこに目を付け、協力を求めた。だが、日銀幹部はこう言ってたしなめる。

「監査法人を説得するのは筋が違う。そんなことしても駄目ですよ。ここで見逃してもりそなは早晩行き詰まる。かえって問題を先送りすることになる」

結局、日銀は動かなかった。協力を頼まれた幹部は「それでも何とか新日本を落とせないかということで金融庁はいろいろ手を回そうとした。相当プレッシャーをかけた」と証言する。

また、金融庁サイドの関係者も「トップが（りそなの処理に）消極的だったため、五味廣文監督局長以外は、最初は非常に腰が重かった」と打ち明け、別の担当者は「穏便に済ますことができないかと（上層部は）考えたが、そういう発想でやったら駄目だと現場は思っていた」と口をそろえた。

こうした腰の引けた対応の背景には、金融庁事務方トップへの「猛烈な政治的風圧」があった、との証言がある。旧大和銀行は国会内に支店を持ち、「国会のメーンバンク」と呼ばれていた。その「政治銘柄」の行く末を案じる声が、永田町の一部で早くからくすぶっていたというのだ。

ただ、事務方とは対照的に、金融担当相の竹中は、「隠さない」「原則を曲げない」「ルール通りにやる」との姿勢を崩さなかった。前年秋の金融再生プログラム策定で自民党の抵抗をしのぎ切った実績[13]をバックに、監督局と監査法人を叱咤し続ける。

カギを握る新日本監査法人は、一時譲歩の兆しを見せながらも、結局、監査方針を変えることはなく、五月一五日、りそな側に繰延税金資産の圧縮を通告した。

この二日後、小泉は預金保険法第一〇二条[14]に基づく「金融危機対応会議」を初めて招集し、史上最多となる二兆円規模の公的資金の注入を決定する。繰延税金資産の圧縮によって自己資本比率が二・〇七％まで低下したりそな銀行は、政府の管理下に入り、史上初の「特別支援行」に認定された。

大型連休明けのわずか一〇日でまとまった空前の「救済劇」について、首相側近は、資本注入の必要性を訴えながらそれまで実現できなかった竹中が「降って湧いたりそな危機に飛びついた」と解説し、小泉政権にとっても伸るか反るかの大勝負になった、と述懐する。

とはいえ、債務超過ではなく、資金繰り難に陥ったわけでもない銀行が「危機認定」されたことに疑問の声も出た。竹中は「いま危機ということではない。破綻ではなく再生だ」と強調し、福井も「危機を未然に防止するための対応」と説明したが、「危機でないと言いながら公的資金を出せるのか」「実態は債務超過だったのではないか」との疑念はその後もつきまとった。

さらに、りそなの株主責任をめぐっても、当局間でちょっとした論争が起きた。公的資金を導入する以上、りそなの株主にも一定の責任を負わせるべきだと考える福井らと、これを見送るべきだとする金融庁側との意見の食い違いである。

金融危機対応会議を受けて、日銀政策委員会は日銀法第三八条に基づく特融発動の方針を決めた。特融を発動するには「モラルハザード（倫理の荒廃）防止の観点から、関係者の責任の明確化が図られるなど適切な対応が講じられる」ことが条件の一つになっている。これを踏まえ、福井は記者会見でこう言った。

「モラルハザードが生じないようにすることは一つの大きな条件になる（中略）。株主の責任をどのように全うしていくのかという点については、いずれ何らかのかたちで答えが出されていくのではないか」[15]

金融再生法の下で一時国有化された長銀や日債銀のケースでは一〇〇%減資が行われ、既存の株主の権利がゼロになった。経営者や株主の責任を問わなければ、経営倫理の荒廃が蔓延し、経済の活力が損なわれる、と福井は考えていた。

これに対し、金融庁の事務方は「このような環境で減資などしたら株式市場が暴落する」と主張し[16]、当初減資に傾いた竹中を必死で押さえ込んだ。そもそも破綻した債務超過銀行でもないのに強制減資を求めることはできないという判断で、関係者は「何割減資すれば株主責任を果たせるのか、そもそも答えの出ない問題だった」と話す。

最終的にりそなは資本金を減少させたが、公的資金による増資も同時に行われたため、株数を減らさない「帳簿上の減資」にとどまった。

日銀の信用機構ラインもこの案に理解を示したが、福井に説明したところ、「長銀や日債銀の株は国有化で紙屑になったのに、りそなだけしないのはおかしい」と不満を示し、審議委員からも疑問の声が出た。このあと福井は竹中に電話をかけ、モラルハザードの問題点を訴えた、という。

ただ、善し悪しはともかく、減資の見送りが海外の機関投資家を中心に日本株に対する「買い安心感」を高めたのは事実である。りそな救済を機に平均株価は反転上昇に転じ、日本経済はまたも危機を脱することになった。

また、モラルハザードを懸念する福井の訴えは、半年後の足利銀行の処理に影響を及ぼした。地銀上位の足利銀行は一一月、りそな同様、繰延税金資産の厳格監査により追い詰められるが、金融庁がまとめた処理策は資本注入による救済ではなく、破綻認定したうえで国が全株式を強制取得する「一時国有化」だった。

この対応について、当局者の一人は「明らかにりそな救済の反動だった」と評し、日銀幹部も「モラルハザードが広がらないよう、次は厳しくやるべきだという助言が竹中大臣に寄せられ、それが足利銀行の厳しい検査につながった」と解説している。

一方、五月のりそな騒動は、福井に「スタートダッシュ第二弾」のチャンスを与えた。

金融危機対応会議が開催された翌週の月曜日に、偶然にも政策決定会合がセットされていたのである。福井が総裁に就任した時点で、政策目標である当座預金残高の目標額は一五兆〜二〇兆円[17]だった。福井は月曜日から始まった会議でこの目標額の引き上げ、つまり量的緩和の拡大に向けて巧妙な議事運営を見せる。イラク戦争が短期間で終結し、多くの審議委員が現状維持に傾きかけたと見るや、福井はコーヒーブレークを提案して流れを遮る。そして議論が再開すると、議長であるにもかかわらず、量の拡大に動きたいとの意向を示唆し、審議委員を緩和方向に引き寄せたうえで、七対二の議決を勝ち取ったのだ。

福井は日銀法改正の中心人物である。金融政策について白熱した議論を展開し、なおかつ一定の合意に導くために何が必要なのかよく分かっていた。総裁就任後、福井は審議委員たちとの酒席でこんな話をしたことを史談録で明らかにしている。

「(政策)決定会合は国会とは違う。国会は与野党があり、あらかじめ決まった主義主張をぶつけ合う。私たちの場合は何が何でも最後まで(主張を)押し通すのではなく、一つの結論を見出すために貢献するという意識を捨てないでくれ。一つの結論を出すための討議の場にしたい」

まさしくこの日の会合がそうだった。当初の議論の流れでは、五対四の票決も予想される際どい展開だったが、議事録によると、コーヒーブレークを挟んで審議委員の間から「ここで採決を採れば六対三か五対四に割れてしまう。大事な時にそれほど割れたケースはなかった」「割れたことがマーケットあるいは信認の問題にどう影響するのか、やや心配な面がある」との声が出て、賛成派が徐々に増えていった。

振り返って福井は、コーヒーブレークの間に説得に回ったわけではないとしたうえで、「皆さんの意見が分かれたままで最後に私に決めさせるの、という顔を一人一人に向けるわけです。それが本当にいい決め方なのかという暗黙の問いかけをする」と史談録で〝種明かし〟をした。

まさしく思い描いた通りの展開だった。

大介入との奇妙なハーモニー

速水体制下で量的緩和が導入された二〇〇一年春、当時民間人だった福井は企画ラインを慰労する席で「量的緩和には意味がない」と批判し、当時の担当幹部と激しい口論になったことがある。福井自身、伝統的な「日銀理論」の中枢に座り、量の効果には一貫して懐疑的だったが[18]、自ら総裁に就任するや、迷わず量の拡大へと舵を切った。

福井主導の量的緩和拡大は四、五月に続き、一〇月と翌〇四年一月にも実施され、その結果、当座預金残高の目標額は就任時の「一五兆~二〇兆円」から「三〇兆~三五兆円」と二倍近くに膨れ上がった。速水時代に揺らいだ中央銀行への信認を取り戻すには、思い切った政策転換が不可欠と判断したためだが、その割り切りように部下たちは舌を巻いた。

とりわけ後半の二回は、企画ラインや審議委員の一部にあった異論を半ば押し切る形で決めており、いずれも福井の決意が際立つ政策決定会合となった。

イラク戦争やりそな問題など「緩和の大義」があった最初の二回と異なり、一〇月の会合では、経済の情勢判断を上方修正しながらも、「景気回復を後押しする」という異例の理由で追加策を提案。福井は「(景気の)下方リスクへの対応という意味での追加緩和措置ではない」と念押ししてまで委員らの説得を試みた。

さらに翌〇四年一月の会合では、景気の上振れリスクを認識しつつ、こう言って追加緩和の必要性を訴えたことが議事録に記されている。

「経済が(中略)場合によってはさらに上振れていく可能性すら含んでいるということであれば、この芽を大事に、できる限り金融政策の面からもバックアップしていくというのがとるべき姿勢ではないか」

これに対し、委員からは景気回復を認識しながら追加緩和をすべきではないとの反対意見が出され、一〇月の会合では三人、〇四年一月も二人が反対票を投じた。また、企画担当理事の白川方明が決定の前に「これ以上の量の拡大は見送るべきだ」と強く進言したが、福井はまったく受け付けなかった。

強引とも言える量的緩和拡張は、時間の経過とともに、市場にある憶測を広げていく。

――単に政府の為替政策を後押しするために緩和しているのではないか。

福井が就任したころ、外為市場ではイラク戦争に伴う米国の財政悪化への懸念に加え、りそな救済を機に大量の外国資金が株式市場に流入したことから、円高・ドル安基調が強まっていた。このため財務省は円高阻止に向けて五月から本格的な円売り・ドル買い介入を開始する。介入はほぼ二日に一度のペースで続き、翌〇四年三月までの介入額は三三兆円という空前の規模に達した。

この「大介入」[19]と福井流緩和には、「共同歩調」をうかがわせる奇妙な足跡が残っている。月別の介入額が多かったのは〇三年五月(三・八兆円)、九月(五兆円)、〇四年一月(六・八兆円)と三月(四・五兆円)だが、これを後追いするかのように、当座預金の目標額引き上げも〇三年五月、一〇月、〇四年一月とほぼ同時期に行われている。

さらに細かく突合してみると、累積の介入額が三兆〜五兆円に達し、そのクライマックスとして一日一兆円を超える巨額介入が実施されると、その一〜二週間後に、決まって追加緩和が実施されているのである。

五月一九日	一兆　四〇一億円の介入	→ 五月二〇日	第二次追加緩和
九月三〇日	一兆　六六七億円の介入	→ 一〇月一〇日	第三次追加緩和
一月九日	一兆六六六四億円の介入	→ 一月二〇日	第四次追加緩和

円売り・ドル買い介入が実施されると、二営業日後に政府から民間銀行に円が振り込まれ、日銀当座預金はその分膨張する。半面、介入資金を調達するために政府短期証券(FB)が発行されれば、当座預金残高は同じ額だけ減少するため、為替介入は金融調節に対して中立的であり、したがって財務省が提唱する「非不胎化介入」はナンセンスだ、というのが速水時代からの日銀の一貫した主張だった[20]。

だが、日銀法改正論議で財務省側が「介入資金の市場調達は情報管理の点で問題がある」と主張し、日銀はFBを一時的に引き受けることを容認した。このルールに沿って日銀がFBを引き受け、政府によるFBの市中発行を「先送り」することができれば、その間は当座預金残高を大きく膨らませることができる。

加えて、FBの発行期限までに追加緩和が行われると、市場に放出された円を吸収せず、そのまま「放置」することが可能になる。副総裁の岩田は、自著にこう書いている。

「短期証券〔FB〕は満期3カ月で毎週ごとに発行されているので、短期証券の発行が行われるまで一時的に政府に対する日本銀行からの与信が行われる。したがって、時間的なズレをもって介入資金は不胎化される。ところが、（中略）仮に日本銀行が、介入政策実施中に量的緩和政策を強化して、目標とする当座預金残高を増加させる場合には、日本銀行は新たな目標を達成する上で市場に流入した介入資金を回収する必要はない(21)」

実際、大規模介入が〇四年一〜三月期に集中実施されたこともあり、FB発行に伴う資金吸収の多くが〇四年度以降に先送りされている(22)。このため福井式緩和は、かつて宮澤が速水に持ちかけた「非不胎化政策」そのものだとの見方が広がっていった。

かつて非不胎化論争で一敗地にまみれた黒田東彦は、この対応について「介入資金を積極的に活用して金融の量的緩和を拡大していったのは鮮やか」「この間の「非不胎化介入」は政府・日銀による協調の成功例といえる(23)」と自著で絶賛した。

また、黒田らに非不胎化の必要性を説いた米財務次官、ジョン・テイラーも退任後の回顧録で、円安誘導のための介入にもかかわらず、米政府が「寛容な立場」をとったのは「量的緩和を支援するアメリカ政府の取り組みの一環だった。（中略）強い反対を申し入れるのではなく、事実上容認し、日本が容易に通貨供給量を増やせるようにした」と明かしている。[24] 副総裁の岩田も、量的緩和の拡大と介入政策が同じ時期に行われたのは「偶然の一致」と後に述べたが、自著ではこの二つを同時に行った場合、「非不胎化介入」が実施されたのと同じ効果が発生することになる、と解説した。

この記録的な大介入を直接指揮したのは財務官の溝口善兵衛だが、全体構想を練り上げたのはほかならぬ黒田だった、と政府高官は証言する。黒田は〇三年一月に財務官を溝口に譲ったあと、同年三月から内閣官房参与として首相官邸に席を得た。そこで小泉首相や安倍晋三官房副長官らに「どんなに介入しても日銀が不胎化するため効果がないと、非不胎化介入の必要性を熱心に説いて回っていた」(同高官)という。

黒田は金融緩和と為替介入、それに国債管理政策の協調が必要だと早くから訴えていた。〇二年暮れにはインフレ目標の設定と長期国債などの大量購入を日銀に求める共同論文を英紙フィナンシャル・タイムズに寄稿し、〇三年四月には政府の審議会で「一〇年国債のみならず幅広い資産について公開市場操作を思い切って行うことがデフレを克服するためには必要ではないか」と発言するなど、一貫して日銀批判を続けた。[25]

一方、介入の指揮官を務めた溝口は、後にまとめた手記にこう記している。

「福井総裁下の日銀は「非不胎化」論議はナンセンスだとかいった尽きない論議に没入しないで、いわば大人の対応で黙々とデフレ克服にまい進した。(中略)米当局はこれは部分的な「非不胎化介入」であり、ベースマネーの供給拡大に役立ったと評価した。(中略)政府・日銀が一つのパッケージとして明示的な合意をして採った措置ではなかったが、双方がデフレ克服のため、それぞれの立場で必要な措置を果断にとっていくという共通した考えがその背後に当然ありました」[26]

この間、日銀との政策調整に当たった財務省幹部は「財政も金融も出尽くした中で、唯一残っていたのが為替政策だった。日銀は「協力はするが、自主性に任せてほしい」と言っていた」と語り、両者の間に「緩やかな合意」があったことを認めている。

総裁選びでの宮澤の「口頭試問」が示すように、福井はデフレ脱却という小泉政権の目標に最大限協力することを早くから約束していた。また、円高論者だった速水とは対照的に、福井は「基本的には円高恐怖症」（側近）であり、財界の理解者でもあった。実際、国会でも「日銀が流動性をたくさん供給すると（中略）介入後の為替相場への影響の度合もより強くなる。結果的には双方の共鳴効果はある」と答弁するなど、円高阻止に向けた政府との連携をしばしばアピールしてみせた。円安政策に力を貸すから、あとは任せてほしい、というのが福井らの立てた戦略だったようだ。

確かに、この「暗黙の政策調和」は円高・ドル安を食い止め、外需主導・輸出依存型の景気回復を強力に後押しした、と多くが評価した。当時首相秘書官で、後に財務事務次官となった丹呉《たんご》泰健《やすたけ》は「小泉政権でいちばん効果のあった経済政策が、介入と緩和の協調だった」と話す。副総裁の岩田も「介入政策と平仄《ひょうそく》のとれた金融政策運営を行うことは、介入政策の効果を高めるものであるばかりでなく、金融政策の効果も高めるものであると考えていたので、歓迎すべき「偶然の一致」であった」と前述の自著に記している。異例づくめとも言えるこの政策調和こそが、福井に寄せる首相官邸の信頼を揺るがぬものにした。

もっとも、この戦略に対する日銀内部の受け止め方は複雑だった。

為替介入が続くと当座預金残高が累積し、目標額の上限が近づいてくる。金融調節は次第に窮屈になり、追い込まれるように目標引き上げに動く企画ラインを関係者たちは複雑な思いで見守っていた(27)。日銀が「対政府取引」の詳細を公表するようになったのは、大規模介入が終了し(28)、FBを大量に引き受ける必要がなくなった〇四年五月からである。「不透明な取引は今後は避けたいという意思表示」と日銀内では囁かれた(29)。

ある企画ラインの幹部は「政策協調したと財務省が言いたければ、言わせておけばいい、と総裁は考えていた。本音では、量を拡大しても意味はないと思っていたが、(忠臣蔵の)大石内蔵助ばりに本心を隠し通した」と述懐する。

遡れば、非不胎化論争が最初に盛り上がった一九九九年夏、速水から相談を受けた福井は「非不胎化など全く意味がない。日銀としてははっきり言うべきだ」と助言した。その四年後、デフレ克服にかける新生日銀の姿勢を広く世に訴えるため、あえて本心を押し隠し、政府との連携を演出してみせたというのだ。

この「為替のための金融緩和」について、福井本人は退任後に「そう言いたければどうぞと思っていた。何も力んで政府と対立する必要はない。私はあまり理屈にはこだわらないんです」と笑ってインタビューに答えた。ただ、福井が当時、何よりも景気回復を重視し、大規模緩和を相当期間続ける覚悟だったことは、史談録の次の証言からも明白である。

「仮にこの先景気が比較的順調にいったとしても、緩和は相当ゆっくりやる。というのはゼロ金利の時代に、本当はネガティブなレート(マイナス金利)でなければ実質金利が経済実態に合わない状況を経過してきているわけなので(中略)世の中から借りている積分の部分は、将来ビハインド・ザ・カーブでお返ししなければならない。(中略)追加緩和で、何でこんな緩和をするのというぐらいにやっておかないと、最初の切り口ができないのではないか。そこまで説明しなかったけれども、気持ちとしてはそうでした」

福井が使った「ビハインド・ザ・カーブ(behind the curve)」とは、「乗り遅れる、後手に回る」といった意味で、景気の過熱や物価の上昇に遅れる形で政策金利を引き上げることを指す。意図せずに遅れてしまう場合と戦略的に遅らせる場合があるが、福井は明らかに後者を意識して使っている。デフレによって十分に緩和できなかった「借金」を返し終わるまで緩和を継続する、というのが福井流緩和の政策思想だった。

金融市場では、景気の回復局面入りが確認された二〇〇三年夏以降、「量的緩和の出口」をめぐる論議が賑やかになり、長期金利が急上昇した。このため、福井は一〇月の政策決定会合後に「消費者物価指数(CPI)の前年比上昇率が基調的にゼロ%以上になり、先行き再びマイナスになると見込まれないこと」などを緩和解除の条件にすると公表し[30]、出口論を封じ込める。あくまでも「ビハインド・ザ・カーブ」で緩和を続けることが今は重要であり、それ以外に出口への道は拓けない、と見通していたのである。

II

日本銀行を「バンク」に

福井俊彦の「スタートダッシュ」は、金融政策だけではなかった。

組織に染み付いた「旧弊」を改め、時代の変化を先取りするには、日銀そのものを大胆に変革しなければならない、と自らに言い聞かせていた。

――日本銀行はバンクである。

日銀法改正論議が始まったころから、福井はこのフレーズを繰り返していた。金融市場のプレーヤーとして生きていくため、日銀は行政とは異なる柔軟な組織と人事体系が必要だというのが福井の持論であり、その思いを「バンク」という表現に込めていた。行政的な色合いを持つ営業局を廃止した一九九八年春の機構改革も、当時副総裁だった福井主導で取りまとめられている。

民間への転出を経て、福井のバンク論は一段と先鋭になる。富士通総研の理事長時代、経済同友会で人脈を広げ、いくつかの企業で非常勤取締役を務めたことで、持ち前の経営者マインドが刺激されたのである。

史談録で福井はこう話す。

「組織の硬直化、官庁ほどではないにしても縦割りの弊害、新しい仕事が出てきた時に既存の組織割りの中で仕事の割り振りをしようとするから、時々ターフバトル(縄張り争い)が起こる。(中略)本当に人間を有効に使うとか、新しいプロジェクトをどうやって見出すか、そのプロジェクトを実現するために組織を柔軟に変えていくかという点では、かなりへたくそな組織だなと思っていましたので、かなり大きな改革が必要という感じを持ち続けていました」

総裁就任から二か月後、福井は「組織活性化プロジェクト」を立ち上げ、日銀を「バンク」に変える制度設計に着手した。内部管理担当理事の小林英三を中心に、審議役の和田哲郎や衛藤公洋ら五人からなる事務局を設置し、二〇〇三年の秋口から全局横断的な検討が始まった。

プロジェクトがまず着目したのは、信用機構局だった。一九九〇年に三重野康主導の組織改革で新設されたこの局は、信用保持政策の企画立案を一手に担い、幾多の金融危機を乗り切る知恵袋の役目を果たしてきた。

不良債権がまだ広く認識されていなかった九三年春、「現下の金融システム問題への対応について」と題するペーパーが日銀の役員集会で報告されたことがある。危機の芽が膨らむなか、抜本策がいずれ必要になると考えた初代信用機構課長の白川方明が書き上げたものだ。

ペーパーには、大手銀行の不良債権総額が「三〇兆~五〇兆円」あり、うち三〇%が損失になる可能性があるという当時では驚きの予測値が示され、現状を放置すると金融機関の流動性不安、信用仲介機能の低下、マクロ経済の回復・拡大への制約、海外からの不信感の増大など数々の問題を招く、と記されていた。

そのうえで今後の解決策として「民間ベースでのリストラ・自己資本調達の努力」「預金保険の資金援助、

公的資本の注入」「受け皿金融機関の設立」の三つの方向性が示される。公的資金導入に慎重な大蔵省には当時ほとんど相手にされなかったが、その後の危機対応はこの「白川ペーパー」が礎となった。

その後、金融危機が表面化し始めた九五年夏以降、旧日銀法第二五条に基づく特融が次々と発動される。特融は「最後の貸し手」機能として同年七月から二〇〇三年一一月までに合計二一回発動され、このほか一九九四年一二月に経営破綻した東京協和、安全両信用組合の受け皿(東京共同銀行)への出資と、住専処理に絡んで新設された「新金融安定化基金」[31]への拠出を行った。特融を発動するための起案権限は信用機構局にあり、公的資金導入の遅れをカバーする形で金融システムを下支えしたが、たび重なる特融の発動には日銀内部から冷ややかな視線が向けられた。

とりわけ松下康雄総裁の決断で実行された山一証券向けの特融は、その後、山一が自己破産を申請し債務超過に陥ったことから、最終的に一一一一億円が焦げつくことになる。日銀は後の決算でこの損失を処理するが、特融発動時の判断をめぐって後継総裁の速水優が担当幹部を叱責する場面もあり、信用機構ラインはそのつど苦しい立場に立たされた。

この部門が長かった幹部の一人は「信用機構局はいわば鬼っ子のような存在だった。ピュア・セントラルバンクの価値観から見れば異端児と映ったのではないか。そこまでやるのか、とずいぶん言われた」と話す。

こうした「苦難の歴史」に加えて、金融システムをめぐる環境そのものも大きく変わろうとしていた。中国やロシアなどＢＲＩＣｓ[32]と呼ばれる新興国経済が〇三年ごろから「テイクオフ(離陸)」し、外需が急速に高まっていく。これに福井流緩和と為替介入との政策調和の効果が加わり、景気の足取りは月を追って確かなものとなっていた。

さらに、〇三年五月のりそな救済を機に平均株価も反転上昇に向かい、竹中平蔵主導の金融再生プログラムを機に大手銀行が大型増資や合併・再編へと動く。最大の懸案だった不良債権は、景気の回復とともにオセロゲームのように「正常化」し、終息への道筋が見え始めていた。

ちなみに、不良債権が問題視され始めた一九九三年三月期から二〇〇四年三月期までの間に、全国銀行が負った不良債権の処分損は、日銀などのデータによれば累計で九三・六兆円に達している。これに預金保険機構が負担した破綻金融機関向けの金銭贈与額一八・六兆円を加えた不良債権処理の総費用は一一二兆円、GDPの二割にも相当する額となった。

このうち国庫負担、つまり税金投入額は一〇・四兆円に上り、結果的に巨額の国民負担が発生したが[33]、不良債権処理が山を越え、危機のリスクが小さくなれば、信用機構局の役割も小さくなっていく。事実、〇三年一一月の足利銀行処理を最後に特融は発動されなくなり、〇五年一月末には融資残高はゼロになる。福井の発案により、理事クラスによる合宿が行われたが、行内の資源配分をどうすべきかをテーマに全員投票をしたところ、「金融システム分野を減らし、企画ラインに人材を集めるべきだ」との意見が大勢を占めた。

これに対し、巻き返しに動いたのがこの部門の担当理事となった稲葉延雄だった。稲葉は「後ろ向きの処理が終わったあと、日銀は金融サービスの高度化支援という新たな役割を果たすべきだ」と主張し、〇五年三月、「ペイオフ全面解禁[34]後の金融システム面への対応について」と題する指針を発表する。信用保持政策の軸足を「危機管理重視」から「金融高度化の支援」に移し、これを梃子に「金融高度化センター」を立ち上げた[35]。

結局、信用機構局は考査局と合体し、「金融機構局」が〇五年七月に発足することになる。局内に設置された金融高度化センターは、新たな取り組みの象徴的存在であると同時に、信用機構ラインの人員減を最小限に食い止める「防波堤」となった(36)。

ただ、局の再編以上に福井が入れ込んだのは、局や課といった固定的な組織自体を廃止し、プロジェクトごとにチームを自由自在に編成するアメーバのような組織作りだった。

福井は最初、局も課もまとめて廃止しようと考えていた。だが、せめて局だけは残してほしいという悲鳴が現場から上がり、課制だけが廃止されることになる。それでも、「課長」ポストの消滅は、若手職員たちのモチベーションに少なからぬ動揺を与えた。

課に代わる新たな組織をどう呼ぶかについても、幹部たちの議論は紛糾した。

プロジェクト事務局が最初に考えた案は「ビジネスユニット」、略して「ユニット」だった。大手商社の例に倣った呼称だが、カタカナ表記はおかしいと局長らから異論が噴き出し、結局、「担当」という何の変哲もない名称に落ち着く。これに伴い、課長は「担当総括」と呼ばれるようになるが、これまた若手の間では不評を極めた。

課制の廃止は、常に新たなプロジェクトを発見し、決められた時間軸の中でそれを実現していけるよう、「一部の現場を除き、なるべく軍隊組織を組まない。ルーズスクラムの形で誰でもボールが拾える」ような組織を目指す福井流の経営術だった。上意下達の軍隊組織と縦割りが貫かれた官僚機構とはまったく異なる組織を目指していたのである。

史談録で福井は、日銀の実体を「資本金一億円の零細企業。しかも政府がごくわずかマジョリティーを持っている変な組織」と評したうえで、こんな組織論を語っている。

「零細企業の運営の仕方は常に組織横断的でなければ勝てない。（中略）初めから組織をタテに細分化して、硬直的に動くのは勝ち戦にならない」

ただ、このユニークな発想の裏には、財務省のくびきから逃れたいという思いもあったようだ。

日銀法改正で金融政策の独立性は高まったが、法令・定款違反をチェックする名目で財務大臣の監督権が残り、組織変更や予算管理に向けられる監視の目は逆に厳しくなっていた。

日銀では局や課ごとに職務権限が細かく規定され、給与はポストと人事考課によって大きな差がつく仕組みとなっている。必然的に仕事は縦割りとなり、「企画畑」「営業畑」「外国畑」が生まれ、それぞれの間で人材の奪い合いが起きる。組織そのものをいじろうとすると、内部調整と財務省への説明に膨大なエネルギーが必要だった。課制だけでも廃止すれば、局長の判断で自由にチーム編成ができ、組織運営上の裁量が働くようになる。

さらに課長という職位が廃止されると、ポストに準じた給与体系も崩れるため、必然的に「年俸制」に移行せざるを得なくなる。これも職員たちにとっては一大事だが、給与問題は日銀法改正後も組織のアキレス腱となっていた。

一九八〇年以降の大量採用と、「天下り自粛」により、日銀では職員の平均年齢がじわじわと上がっていた。以前は霞が関や大手銀行と同じく、五〇歳前後の職員に「再就職先」を斡旋することで高齢化を防いできたが、日銀法改正と接待汚職事件が同時期に重なった結果、組織的な再就職斡旋が許されなくなった。

内部管理の担当者たちは、現行の給与制度のまま大量採用組を抱え込んでいると、給与総額が遠からず膨れ上がることに気づく。財務省の厳しい「監視の目」を考えたとき、給与総額の膨張だけは何としても避けたい——。こう考えた担当者たちは、降って湧いた課制の廃止に飛びつき、給与を減らすこともできる年俸制への切り替えに走ったのである。

年俸制は二〇〇五年度から導入され、上司と部下による「年俸交渉」が一斉にスタートする。ベテランの給与肥大化を抑えるのが本来の目的だったが、年俸アップを勝ち取った一部の中堅・若手職員にとっては士気の高揚につながった。速水体制下で給与が削減され、組織の沈滞ムードが広がって中途退職者が続出していただけに、成果主義の導入による活性化もまた急務だった(37)。

日銀を「バンク」に変えるもう一つの手法として、福井は「中期経営計画(38)」の策定も指示した。単年度予算主義の官僚機構ではおよそ出てこない発想で、この策定のために正副総裁と理事による検討会議を立ち上げ、やがてこの会合を定例化しようと動く。が、この提案が意外にも審議委員の「猜疑心」に火をつけた。旧日銀法では正副総裁と理事による「役員集会」が事実上の意思決定機関となり、政策委員会はスリーピング・ボードと化していた。このため法改正では政策委員会の活性化を求められ、役員集会の廃止が決まった。にもかかわらず福井は、役員集会を復活させようとしているのではないのか、と審議委員は訝ったのだ。

実は、執行部だけの役員会議は速水総裁時代にも検討されたことがある。審議委員は常勤ではあるが社外取締役に近い存在で、日銀の組織や業務を熟知しているわけではない。業務執行に関するすべての事項を事前の調整なしに政策委員会にかけるのは非効率であり、現場の負担が大きいとして、当時の内部管理チームが「業務執行会議」の創設を検討したが、審議委員の反発に遭い、事実上「お蔵入り」となっていた(39)。

福井自身は、民間のころに社外取締役を経験し、取締役会に諮る議案をふるいにかけ、事業計画をチェックする「前段階での会議」がどの会社にもあることを知る。「経営会議」と呼ばれるこうした事前調整の場に、自ら頼み込んで陪席したこともあった。福井は史談録でこう語る。

「政策委員会でメンバーをそろえ、審議を充実させただけでは本当に生きたものにならない可能性がある。政策にしても内部管理にしても、きちんとふるいにかけて、その段階から新しい提案が生きていけるような形にしなければならない」

しかし、審議委員らの目には「ツーボード制」の復活と映った。特に、須田美矢子は中央銀行研究会のメンバーだったこともあり、この問題へのこだわりは強かった。「ワンボードへの思い」について須田が行内でこんな話をしたことがある。

「ワンボードというガバナンス構造への思い入れは、人一倍強くあります。(中略)ボードが下す決定は非常に重いものです。そしてボードは自らの下した決定に全責任を負います。ボードがこうした重い決定を下すためには、そのために必要なあらゆる情報について、リスクも含めて十分説明を受けかつ理解している必要があります[40]」

委員らが疑念を抱いていると聞かされた福井は悩んだ。もとよりツーボードに戻す気はなかったが、福井が日銀出身だったことから誤解されるリスクは確かに小さくない。結局、業務執行会議は設置するが、総裁はその場に出席せず、副総裁以下で開くことで審議委員の了解を取り付けた。

福井は「そうじゃないかと思われてしまうという忠告も受けて、私は出ないことにした」と史談録で明らかにしている。

福井流の日銀改革は、さまざまな摩擦を生みながらも、こうして進んでいった。いずれも歴代の総裁が手を付けなかった「ガバナンス改革」だったが、福井が首相の信頼を得ていたことから、財務省が口を差し挟むことはなく、福井の描く「バンク」像が着々と形作られていった。

「大いなる安定」と隠密行動

二〇〇五年四月、懸案だったペイオフの全面解禁が、混乱なく実施された。大手銀行の不良債権比率は〇二年三月期の八・七％をピークに〇五年三月期には二・九％まで下がり、その後さらに低下へと向かう。景気も踊り場を脱し、再び回復しつつあった。

量的緩和の開始からすでに丸二年が経過していた。最初のころは、金融不安による流動性リスクに備え、準備預金の所要額を超える「超過準備」を大きく積み上げていた金融機関も、危機の後退とともにそれらが不要になり、結果としてオペの予定額に応募が満たない入札不調が頻発する。いわゆる「札割《ふだわ》れ」である。

ペイオフ解禁直後の金融政策決定会合では、審議委員の一部から「当座預金残高三〇～三五兆円が確保できるのかという懸念がある」「これは積んでと（金融機関に）お願いするものでもないので手の打ちようがない」と札割れを心配する声が出始め、これを受けて三井物産出身でマーケットに精通した福間年勝が、緩和修正論の先陣を切った。

「市場との対話を通じて目標値の減額を図り、金融政策の正常化に対するスタンスを明確にする必要がある」「今から（量的緩和の）効果が出るという考え方はリスキーだ。「まだ」は「もう」なのである。そういう転換点にある」[41]

かつては量的緩和拡大の方向で議論を引っ張っていた福間だが、一転、目標値を二七兆〜三二兆円に引き下げる提案を行った。さすがに時期尚早だとして八対一で否決されたが、次の会合からはクレディスイスファーストボストン証券出身の水野温《あつし》氏も福間に加勢し、しばらく七対二での現状維持が続くことになる。[42]ただ、福間が「リスキー」と評したように、長期に及ぶ量的緩和は「出口戦略」を難しくするとともに、内外の金融市場にひずみをもたらし、誰も気づかぬうちにバブルの芽を膨らませ始めていた。

二〇〇四年以降、国内では空前のカネ余りを背景に株式公開ラッシュとM&A(企業の合併・買収)ブームが起き、[43]敵対的買収による株式争奪戦が頻発した。また、欧米が景気回復とともに緩やかな引き締めに転じたため、超低金利を続けた日本との内外金利差が拡大し、円安に拍車がかかった。主要国通貨の実効為替レートを見ると、〇四年から〇七年にかけて円が最も下落し、実質ベースでプラザ合意前の水準まで下がっていく。

これに伴い、有利な運用先を求めて高金利国の債券や外貨建て投資信託を買う動きが広がり、低金利の円で資金調達して高金利通貨に投資する「円キャリートレード」と呼ばれる取引が活発に行われた。巨額の円キャリートレードは、円安を加速させ、輸出主導の景気回復を後押ししたが、一方で取引の巻き戻しによる急激な円高反転のリスクを生んだほか、海外の高金利通貨国において金融市場の攪乱要因となっていた。何より、グローバルな「過剰流動性」を生み出し、欧米における信用バブルの「孵卵器」の一つになった、と後に批判されるようになる。

史談録で福井は、豪州やニュージーランドが円キャリートレードで迷惑を被ったと言い、「せっかく適度に金融調節をやっているのに、必要以上に緩和の波が日本から押し寄せてくるというクレームを受けた。洪水に溺れてしまうという感じがしたようだ」と証言する。副総裁の岩田一政も、ニュージーランド準備銀行総裁からの苦情に加え、〇六年一月の夕食会ではEU高官が、円キャリートレードがいかにグローバルな不均衡を拡大しているか熱弁をふるった、と前述の自著『デフレとの闘い』に書いている。

この〇四年から〇七年という円安進行期は、世界同時好景気が出現した時期でもある。米国を中心に高成長と低インフレが併存し、株式や債券など資産価格の変動幅が小さくなり、市場は極めて安定的に推移した。「グレート・モデレーション（大いなる安定）」と呼ばれる黄金期のいわば頂点だった(44)。

この背景には、二〇〇〇年のITバブル崩壊後に思い切った金融緩和を進め、混乱を短期間で収束させたFRBの手腕があるとされ、アラン・グリーンスパン議長は「マエストロ（巨匠）」と称えられた。同時に、金融政策であらゆる経済問題を解決できるとする「金融政策万能論」が米国を中心に高まっていた。

FRBはバブル崩壊後の日銀の政策展開を子細に調査し、「一九九〇年代初頭の金融緩和は（中略）不適切であった。もし日銀が九一年から九五年前半のどこかで、短期金利をさらに二％引き下げていれば、デフレーションは確かに防ぐことができた」とする報告書を二〇〇二年にまとめ、公表する(45)。

この報告書はその後、バブルかどうかを早期に認定するのは困難だとして、予防的な引き締めでこれを防ぐよりも、バブルが潰れたあとにアグレッシブな金融緩和で対応する方が効果的だとする独自の政策思想につながっていった。これはセントラルバンカーの間で「Fedビュー」と呼ばれ、予防的引き締めの重要性を説く欧州の「BISビュー」(46)と対をなす考え方である。

グリーンスパンは講演で、「バブル崩壊によってバブルの存在を確認するまで、バブルを明確に特定することは非常に困難だった(47)」と述べている。ただ、市場になるべくショックを与えないように気遣うマエストロの小刻みな政策調整は、市場に異様な安心感を与え、それが過度な運用リスクを取ろうとする「甘やかされた環境」を生み出すことになるが、この時点でそれを問題視した者はほとんどいない。

米国の住宅価格は既に高騰していたが、グリーンスパンは〇五年六月時点で「全国的なバブルには思えない。若干の地域でフロスのような兆候がある」と述べていた。

フロス(froth)とはビールを注いだときに立つような、ごく小さな泡のことである。

福間の「警告」に耳を傾けながらも、福井はなお不動の構えを続けていた。しかし、量の圧縮を求める彼らの提案を内心では喜んでいた。と史談録で明かしている。

「ああいう意見が出てくることはうれしいなと思っていたのです。そういう意見が出ながら、しかし多数決ではいつもそれが少数派に回って実現しない。日銀がいかに粘り腰で緩和を続けていくかということが世間に見える方がいいと思った。逆にその方が、時が来たら自然に終止符を打つことができる。(中略)本当に粘っているという姿をよく見届けておいていただいた方が将来政策変更する時も唐突感がない」

実は福井は、福間の提案と同じころ、金融市場局長の中曽宏を総裁室に呼び、極秘の指令を出している。

それは公開市場操作におけるオペの期間を徐々に「短期化」せよというものだった。福井は「これは政策委員のメンバーとは議論しないけれども、量的緩和の打ち止めを決めたら自然とそうなるというふうにしておいてくれよ」と中曽に指示したことを史談録で明かし、中曽も福井から「できれば三か月、遅くとも半年以内」に手形の期落ちだけで量の正常化ができるよう準備するよう指示されたことを明確に覚えていた。

実際、大規模介入との政策調和に伴って最長六か月程度まで延びたオペの平均期間は、この極秘指令を受けて〇五年春から急速に短くなり、〇五年暮れには「平均三か月程度」にまで短期化する。この事前準備は後に大きな意味を持つことになる。

こうした隠密作戦を実行できたのは、福井が長期国債の買い増しに頼らず、手形買い入れなど「短期資金供給オペ」[48]によって量的緩和を進めたからである。

日銀による長期国債の買い入れをめぐって、前任の速水は増額を求める財務省の圧力に終始抵抗し、〇一年三月の量的緩和導入時には国債の保有残高を銀行券の流通残高の範囲内にとどめる「銀行券ルール」[49]まで作った。だが、結局、在任中の買い入れ額は月間四〇〇〇億円から一兆二〇〇〇億円まで三倍に増加する。量的緩和の開始後にオペ予定額に応札が満たない「札割れ」が頻発し、長期国債を買い増す以外に当座預金残高を大きく増やす方法がなかったのだ。

買い入れを増やし続ける速水に対し、福井は「やり過ぎではないか」と再三忠告したが、速水は「財務の健全性を保つ観点から信用度の高い国債を買うことは悪いことではない」と反論した。これに違和感を抱いていた福井は、史談録によれば着任時から「国債はもう買い増ししないとひそかに心に決め」「これを表に出して議論すると、その議論自身が変な波紋を世の中に及ぼすので議論はしたくない」と考えていたという。

実際、福井は国会でもしばしば銀行券ルールの重要性を説明し[50]、政策決定会合で財務省側出席者が国債の買い増しを議論すべきだと発言した際には「それは(日銀法に基づく)正式な提案か」と問い質し、「正式な提案ではない」と答えに窮すると、そこで議論を打ち切った。

当時の企画ライン幹部は「量を減らすための国債の売りオペは市場へのショックが大きく、現実的に難しい。総裁は残存期間の短いものを買っておくことが円滑な出口のために必要だと明確に考えていた」と解説する。別の幹部は「量は増やしても、国債の買い増しは一切やっていないというのが福井さんのプライドだった」と言い、日銀法改正をリードした福井が中央銀行の「原則」を守ろうとしていたと指摘した。

デフレ・ファイターとして政府に全面的に協力しながらも、一連の「隠密行動」の背後には、緩和の出口に向けた確固たるタイムスケジュールがあった。福井は史談録でこう明かす。

「イラク戦争でステッピングボードができて、ダッシュをかけて、最初のゴールはペイオフ解禁。そこをショック的でなくてスムーズに乗り切る。あと、たっぷり時間をかけて緩和効果を上げながら、次のステップに持っていく。もう一つの時間計算は、私の在任中には量的緩和はやめたい、併行して組織の活性化を進めたい。そういう計算の中で動こうということです」

思い切った量的緩和でデフレ脱却を果たし、五年の任期中に元の姿に戻すことを、福井はひそかに誓っていた。

量的緩和解除への険しい道

平成の市町村大合併がピークを迎えた二〇〇五年一〇月。首相が執念を燃やす郵政民営化法が、「小泉劇場」と呼ばれた壮絶な解散総選挙の末に成立し、第三次小泉改造内閣が発足した。景気は踊り場を脱し、再び回復基調に戻っていた。

日銀の企画ラインは、このころ政策担当理事の白川、企画局長の山口廣秀、企画総括の内田眞一らで編成され、秋口から財務省や内閣府との意見交換の場で量的緩和解除への「地ならし」に入っていた。

ある幹部は、「解除」という直截な言葉こそ使わなかったものの、「そろそろ方向性を考えなければならない局面」といった微妙な表現を使い、財務省にシグナルを送り続けた。彼らと向き合う財務省大臣官房の幹部も、早い時期から日銀が折に触れて緩和解除のチャンスをうかがっていたのをはっきりと覚えている。

出口への戦略として、白川らは二つのアプローチを検討していた。「オプション①」はいきなりコールレートを引き上げる方法。「オプション②」は超過準備を徐々に減らしたあとでコールレートを上げるという二段階方式である。

量的緩和を解除すべき情勢と判断した以上、本来ならオプション①を採るのが自然だが、膨大な超過準備を圧縮するために日銀は売出手形を発行し、一気に資金を吸収しなければならない。市場へのショックが大きく、現実的ではないとして、結局オプション②が選択された。ただ、「利上げまで時間がかかり、間に合わなくなるのではないか」という懸念は最後までつきまとった。この問題を解決するため、白川は後に準備預金への「付利制度」を導入するが、それは三年後の話である。

改造内閣の発足と同じ一〇月三一日、日銀は「経済・物価情勢の展望（展望レポート）」を公表する。この中で、消費者物価指数（CPI）のプラス基調がこの先定着していくとの見通しを示し、「現在の金融政策の枠組みを変更する可能性は、二〇〇六年度にかけて高まっていく」と、初めて解除の方向性を匂わせた。事実、暮れに発表された一一月のCPIは前年比でプラスに浮上する。五年間続いた量的緩和が終わりに近づいているのを、市場もメディアも敏感に察知し、福井の一挙手一投足に関心が集まるようになる。

ところが、一〇月の内閣改造で総務大臣に転じた竹中や自民党政調会長に就いた中川秀直らから、解除は時期尚早だとの声が上がり、インフレ目標を盛り込んだ政府と日銀との「政策協定（アコード）」を求める意見が日を追って強まっていく。

これに対し、経済財政担当相に就任した与謝野馨は日銀法改正時の官房副長官で、日銀の独立性に一定の理解を示していた。福井は、財務大臣の谷垣禎一とほぼ毎月、竹中や与謝野とも定期的に会って議論を重ねるが、五年ぶりの政策変更をめぐる政府と中央銀行との緊張は、否応なく高まっていった。

「三月解除」というタイムスケジュールが企画ラインに明確に浮かんだのは、〇六年の年明けだった。

速水時代のゼロ金利解除で政府と先鋭に対立し、議決延期請求を突き付けられた挙句、その半年後に量的緩和に追い込まれた苦い経験を踏まえ、企画ラインは当初は無理をせず、慎重に事を進めようと構えていた。だが、福井や副総裁の武藤敏郎らの考えは違った。企画ラインの一人はこう回想する。

「だらだら延ばすのではなく、条件を満たしたのなら素早く解除する。決めたら早くやろうというのが、ゼロ金利解除のときの反省点になっていた」

ゼロ金利解除の際の「もたつき」とその後の混乱を見た福井は、政府との意見調整に余計な時間をかけるべきでない、と考えている様子だった。

解除に向けて、まず動いたのは武藤である。二月二日の講演で「二〇〇六年度にかけて、「消費者物価の前年比が安定的にゼロ％以上」という「約束」の条件が満たされ、量的緩和政策の枠組みを変更する可能性は高まっていく」と述べ、早期解除へのアドバルーンを上げる。(51)

これを受けて翌週の政策決定会合では、解除後の金融政策の透明性をどう確保するかという議論が早々と執行部主導で展開された。福井は二月九日の記者会見で「一月分以降の消費者物価指数は比較的はっきりとしたプラスになると見込まれ、次回会合以降こうした経済全体を見据えた指数の判断は、より重要になっていく」と三月解除の可能性を初めて匂わせ、市場に織り込ませようとする。さらに間髪入れず、二三日の国会審議でこう宣言した。

「消費者物価指数の前年比が安定的にゼロ％以上となるまでというコミットメントをして、国民の皆様方と私どもが目線をそろえてこの異例な金融政策の運営を行ってきた。最後まで目線をそろえ、私どもが、本当にＣＰＩが安定的にゼロ％以上となるまでというこの条件が満たされたかどうかを客観的かつ冷静に判断し、判断に至れば直ちに解除したい[52]」

二年前に決めた量的緩和の解除条件は「ＣＰＩの前年比上昇率が基調的にゼロ％以上になり、先行き再びマイナスになると見込まれないこと」である。福井が答弁した時点で、ＣＰＩは既に三か月連続でゼロ％以上となっており、早期解除の観測が一気に高まった。

金融政策の独立を規定した新日銀法を踏まえ、福井は部下たちに「事前の調整は一切いらない」と繰り返し話していた。だが、現実はそうもいかず、企画ラインは政府や自民党の根回しに飛び回る。なかでも熱心に緩和解除の必要性を説いて回ったのが武藤だった、と複数の関係者は証言する。元財務事務次官で永田町に太いパイプを持つ武藤の影響力は大きく、その後景気判断が上方修正されたこともあって、与党内の反対論は全体として鎮まっていく。

このころ反対派の政調会長、中川が日銀批判の急先鋒である自民党の山本幸三らとともに理事の白川を紀尾井町のホテルニューオータニに呼び出し、早期解除の見送りとインフレ目標受け入れを迫ったことがある。

あった。

中川はまた、これとは別に日銀、財務省、内閣府の幹部を集め、緩和解除について激論を繰り広げたことも

この席で財務省幹部が「景気は良くなっている。今後の金融政策運営を考えると一定の「のり代」も必要ではないか」と日銀を援護射撃し、これに中川が「財務省まで容認するのか」と激しく詰め寄ったのを出席者の一人が覚えている。日銀は水面下の折衝で、解除後も当面はゼロ金利を続け、当座預金残高についても緩やかに減額していくことを財務省側に伝え、財務省側も解除に理解を示していたのである。

この幹部は後に、「財政に余裕がないため金融緩和をやってもらった。その代わり、景気が上向いたら早めにのり代を作ってやろうと思っていた」と打ち明けた。

企画ラインの説得と根回しを経て、三月解除への道はほぼ整ったかに思われた。

だが、最後に首相官邸が立ちはだかる。とりわけ強硬に反対したのは、官房長官の安倍晋三だった。

安倍は小泉内閣の官房副長官として頭角を現したあと、自民党幹事長、第三次改造内閣で官房長官に登用され、一気にポスト小泉に浮上した。経済政策では高めの成長による税収増で財政再建を図る「上げ潮派」の中川らに近いと見られていた。

安倍は三月三日朝、担当記者との懇談で「量的緩和の解除は慎重に判断してほしい。まだ早すぎるのではないか。なぜ今なのかが分からない」と語る。(53) 懇談の内容は、「政府高官」の発言として瞬時に報道され、日銀内に緊張が広がった。

安倍は官房副長官だった二〇〇〇年八月、ゼロ金利解除で急遽記者会見をやらされた「不愉快な思い出」

を持つ。首相の森も官房長官だった中川も夏季休暇で官邸を離れていたため、代役を任されたのだ。このとき政府の反対を無視する「日銀の独断」に振り回されたという思いが、安倍の日銀観を形成する一因になった、と周辺は指摘している。

安倍は強い口調で周囲にこう語っていた。「あのときと同じ間違いをしてはならない」。

三日の「高官発言」のあと、小泉、安倍と福井、武藤の四人による極秘の昼食会が開かれた。出席者によると、安倍はこの席で「速水時代のようなことを繰り返してはならない」と言い、「もうしばらく量的緩和を続けてもらえないだろうか」と打診した。[54]

だが、福井の決意はみじんも揺るがない。政府とはこれまで十分連携してきた、いま問われているのは独立性だ、という思いが言葉の端々に溢れていた。この数日後、安倍のところには、複数の財務省幹部が再度説明に訪れ、解除について「最終的な了承を取り付けた」という。

安倍に続き、首相の小泉も牽制球を投げた。三月六日の参院予算委員会である。

「仮に金融緩和解除した段階には、失敗したからまた元に戻すというようなことは二度とあってはならない」「まだデフレ脱却したとは言えない状況にある。賢明な福井日銀総裁ですから、賢明な判断をしていただけると思っております」[55]

小泉は「金融政策は日銀が独自の判断をすべきものだ」と付け加えることも忘れなかったが、首相側近は「三月解除は早すぎる、と誰もが思っていた」と振り返る。

この日の夜、小泉は官邸に福井、安倍、与謝野、奥田碩、牛尾治朗ら経済財政諮問会議のメンバーを招き、イタリア料理を振る舞った。福井に遠慮したのか誰も金融政策に触れずにいると、小泉が「せっかくだから福井総裁の話も聞こう」と切り出した。福井は国会答弁と同じ説明を繰り返したが、小泉はそのあとも「しぶとく食い下がった」と出席者は話す。「首相なりのメッセージを送ったのだろう」と出席者の一人は感じた。

実は極秘の四者会談があった日の夜、ほろ酔いで帰宅した福井が、待ち構えた記者たちを前に、こんな啖呵を切っている。

「駄目ならクビにしろ」

福井が相当な覚悟でいることは、官邸にも財務省にもすぐに伝わった。(56)

小泉の国会答弁から三日後の三月九日。注目の政策決定会合で、福井は金融調節の目標を当座預金残高からコールレートに戻したうえで、その水準が概ねゼロ％で推移するよう促す方針を提案、七対一（福間委員欠席）で議決した。速水時代に量的緩和政策を導入して以来、五年ぶりの路線転換が実現した。

政策決定会合では同時に、中長期的に見て物価が安定していると各委員が理解する物価上昇率の範囲を〇～二％程度（中心値一％）とし、これを踏まえて今後の金融政策を運営していく方針も決定、公表された。(57)

この「中長期的な物価安定の理解」は、解除を認める見返りにインフレ目標の設定を要求する自民党サイドの声に応えたものだった。ポイントは「目標」ではなく、「理解」という言葉を使ったことで、福井は「インフレ目標と違う。縛りのルールとして入れたわけではない」と記者会見で説明した。

この「理解」というキーワードをひねり出したのも、福井自身だった。

森永貞一郎総裁の下で福井が企画課長を務めていた一九七〇年代後半、マネーサプライ（通貨供給量）を政策目標にすべきだという議論が強まり、追い込まれた日銀は「マネーサプライ見通し」という名で公表に踏み切る。ターゲット（目標）ではないが、日銀が公表する「見通し」には高い規範性があり、政策の透明性にも資するという判断だった。[58]

福井は当時を思い起こし、「物価安定の理解」というアイデアを出す。副総裁の岩田は「ターゲット（目標）」にすべきだと主張したが、福井は譲らなかった。「数字で自縄自縛になり、経済情勢に合わなくなっても頑張るんだというような変なものは作りたくなかった」と、退任後のインタビューで福井は語っている。

速水時代の「物価安定についての考え方」が「インフレでもデフレでもないゼロインフレ」を基本にしていたのに対し、「物価安定の理解」は〇～二％のプラス領域を想定していた。再びマイナスに戻らないために「のり代」を確保し、デフレ克服にも配慮した形だが、明示的なインフレ目標を求める竹中や山本らの不満と批判はその後も収まらなかった。

一方、決定後の記者会見で、「量的緩和というオプションを中央銀行において今後採ることがあり得るか」という質問が出され、福井は「極めて異例な政策を採り続けてきたということから察してもらえば、通常想定し得る範囲内で、そういうことはオプションの中に入らないのが当然」と答えた。よほどのことが起きない限り、量的緩和を採用することはないという予言は、量の効果に疑問視する福井の本音が出たとも言えるが、結果的にこのあと大きく外れることになる。

福井は早くから量的緩和の出口をにらみ、オペ期間の短期化を指示していた。その後、現実に解除が近づいてきたタイミングで再び金融市場局長の中曽を呼び、「（解除後）三か月から半年で利上げに踏み切りたいので、その期間内に量を元に戻すように」と、量の削減に向けたオペ戦略を練るよう新たな指令を出す。企画ラインが練った「オプション②」である。

三月時点で当座預金残高は三〇兆円強あり、法定準備を二〇兆円以上も上回っていたが、福井の指示を受けてオペの平均残存期間は三か月強と短くなっていた。量的緩和の解除が決まったのを受けて、中曽は満期の来たオペを基本的に継続せず、しかし必要以上に減額しないよう、時には資金供給も交えながら、なだらかに「期落ち」させていくきめ細かい金融調節を展開する。そして政府側に約束した「当座預金残高の緩やかな減額」という方針に沿って、三か月間で超過準備をほぼ解消させた。

振り返って福井は、量の削減で市場が動揺しないよう「中曽局長と綿密に、そこはスムージング(円滑化)できるように前もって決めてあって、その通りやれると何回も確認してやった」「マーケットはあまり揺れなかった。中曽君のところで非常にうまくやってくれた」と史談録で述べ、金融市場局の手腕を評価した。

この量の正常化を待って福井は七月を目標にゼロ金利を解除し、コールレートの〇・二五%引き上げへと動く。解除から四か月で利上げに持ち込む鮮やかな手綱さばきに、福井の求心力はますます高まった。

痛恨の落とし穴

量的緩和を解除する二年前、英国の『エコノミスト』誌は、福井を「世界で最も優れたセントラルバンカー」に選んだ。福井の舵取りは日本の政界や財界でも高く評価され、困難とみられた量的緩和からの脱出も市場に混乱を招くことなく実現させた。日銀の組織改革も順調に進み、その名声が頂点に達したとき、予想もしない「事件」が起きる。

事の発端は、同じ『エコノミスト』の二〇〇五年一〇月八日号に「日はまた昇る」と題する小泉構造改革後の変化を分析する特集記事が掲載されたことだった。この中に旧通産官僚の村上世彰《よしあき》らが二〇〇〇年に立ち上げた投資会社「M&Aコンサルティング」を紹介するこんな一文が載った。

「M&Aコンサルティングを経営するのは二人の元官僚と野村証券の出身者である。この会社の初期の投資者であり、重要な取り持ち役だったのが日銀総裁に就任する前の福井俊彦だった」(59)

M&Aコンサルティングは「村上ファンド」の中核会社である。村上はいわゆる「物言う株主」として時代の寵児となっていたが、〇六年六月三日、ニッポン放送株の売買をめぐる証券取引法違反(インサイダー取引)の容疑で東京地検に逮捕される(60)。

その村上ファンドに福井が「投資」しているという驚きの記事は、しばらく注目されなかったが、量的緩和解除後の〇六年六月初め、朝日新聞の記者から事実確認を求める問い合わせが日銀に来る。どう答えるべきか広報課が指示を仰いだところ、福井は「答える必要はない」と説明を拒んだ。すると、数日後の六月一二日夜、政策委員会室の国会担当から本店に至急報が飛び込んできた。

「質問通告です。明日、村上ファンドの件について民主党議員から質問があるそうです」

質問通告とは、翌日の委員会で質問する議員がおおまかな内容を事前に伝える仕組みで、これを基に官庁や日銀の事務方は深夜まで想定問答を作成する。

ちょうどこの夜は、W杯サッカーの日本対豪州戦がドイツで行われていた。企画ラインの面々は、仕事の合間にテレビ中継を眺めながら日本代表の痛恨の逆転負けに肩を落とし、このあと経営企画局から上がってきた想定問答案を見て、愕然とする。

噂に過ぎないと思っていた村上ファンドへの出資が、事実だったのだ。

六月一三日の参院財政金融委員会。「高潔な福井総裁の名誉を守るために、あえて質問する」と遠慮がちに切り出した民主党の大久保勉に対し、福井は七分以上も時間をかけて村上との出会いを長々と語り、最後になってようやく「村上氏の独立を支援するため」一〇〇〇万円を拠出したと認める。さらに二月に出資の解約手続きをとったことも明らかにした。

驚いた議員から直近の残高を問われても福井は「巨額にもうかっているという感じはございません」「残高が幾らか把握しておりません」とのらりくらり長広舌をふるい、委員長に「端的に答弁するように」とたしなめられる。福井らしからぬ曖昧な答弁に、野党は「不正」の匂いを嗅ぎ取り、ここから本格追及が始まった。

六月一五日、参院予算委員会。野党側は福井が運用残高を明らかにしないこと、さらにファンドの解約手続きが量的緩和解除の前月だったことを取り上げ、「一種のインサイダー取引、売り抜けととらえられてもしょうがない」と批判のボルテージを上げる。

敬意も遠慮もない追及に福井は次第に熱くなり、答弁が荒っぽくなっていく。じっと聞いていた閣僚席の小泉は秘書官を呼び、耳打ちした。「怒りは敵だ。福井さんにそう伝えろ」。

秘書官はタイミングを見計らって一枚のメモを届けた。ペンで大きく丸のマークが描かれ、その下に「丸く、まあるく。怒りは敵」と綴られていた。熱くなるな、というメッセージだった。

小泉は当初から福井を守り抜くと決めていた。通常国会は閉会を目前にしており、小泉は会期延長せず、六月一八日で閉じる腹積もりだった。国会さえ閉じれば逃げ切れると考え、野党の挑発に乗らないよう福井に助言したのだ。

それでも、福井の迷走と狼狽ぶりは目に余った。「巨額にもうかっている感じはない」と言っていた説明が、「数十万円から数百万円の利益」に変わり、国会閉会後に一四七三万円という運用益の実態公表に追い込まれる。ファンド出資だけでなく、社外取締役時代に取得した複数企業の株式を信託しないまま保有している事実も明るみに出た。

「利殖が目的ではない」との当初の主張は「結果として非常に大変な利殖行為をしたような形になっている」と一変し、「おしかりを真正面から受けとめて深く反省申し上げる」と謝罪せざるを得なくなる。二二日の閉会中審査では、出資契約の内容について説明に窮し、日銀総裁とは思えない答弁までした。

「本当にど素人でございまして……(中略)大変分厚い契約書ですし、隅々まで一度も読んだことはございません。それは非常に恥ずかしいと言えば恥ずかしいんですけれども、本当に、これはよく認識をしておりませんでした。申しわけありませんでした(61)」

野党側はなおも追及の構えを見せたが、小泉の読み通り、国会閉幕によって福井は九死に一生を得る。閉会後、自民党の国対幹部が総理周辺にこんな話をした。

「福井さんは悪運が強い。もし会期延長していたら、間違いなく辞表を出してもらう展開になっていた」

確かに、福井への世論の風当たりは強かった。読売新聞の世論調査では七二%、朝日新聞と毎日新聞では六七％が「総裁は辞任すべきだ」と答え、金融政策への信認が「傷ついた」と思う人も七割に達した。

日銀マンたちも、かつて見たことのない「動転した福井」を鮮明に覚えている。洗いざらい説明するよう直言した幹部は、福井の逆鱗に触れた。行内では「民間に転出し、脇が甘くなった」「慌てて解約したのが最大の間違い」「情報を小出しにした危機管理上の判断ミス」などと批判の声が噴き出した。

日銀の服務規程では、内部で知り得た情報を基に利殖活動をすることは厳に禁じられている。その意味で、民間時代の出資や株式投資はルール違反ではないが、あらぬ疑いを持たれぬよう前任の速水は就任前に保有する株式をすべて処分し、審議委員たちも株式を信託銀行に預けるよう求められていた。公的な統制を嫌い、自由闊達な「民」の活動に重きを置く福井独特のキャラクターが、結果的に落とし穴を掘った。

批判に晒されながらも、福井は「反省すべきは反省し、職責を全うする」と言い続け、風圧をしのぎ切る。(62)

福井がゼロ金利を脱し、コールレートの〇・二五％上げに踏み切ったのは、この二週間後のことである。いざなぎ景気を超える戦後最長の景気拡大が実現するとの予測が強まるなか、市場は早期利上げを織り込み、当座預金残高の正常化も六月半ばまでに完了していた。このため七月一四日の政策決定会合では、委員が次々とコールレートの誘導水準引き上げを提唱した。村上ファンド問題は金融政策とは無関係、そう言わんばかりの全会一致の議決だった。

記者会見で福井は「経済・物価情勢の現状と先行きを十分点検した上で政策決定する、それ以外の要素が介在する余地はない」と語った。少し自信を取り戻したようにも見えた。

だが、福井への「逆風」はその後も続く。八月に発表されたＣＰＩ上昇率が、五年に一度の基準改定により大幅に下方修正されたのである。

ＣＰＩは、世帯の消費構造を基準に個別品目の価格指数を加重平均して算出する。ただ、新たな財やサービスの登場や消費者の嗜好の変化に合わせ、五年ごとに品目やウエートを見直す「基準改定」が行われている。

このルールに従い、八月二五日に実施された基準改定で、ＣＰＩ上昇率は旧基準に比べ〇・三〜〇・六％下方修正された。価格競争の激しい薄型テレビなどのデジタル家電が新たに採用され、携帯電話料金の値下げが効いた結果だが、これにより〇六年一月と四月の上昇率はマイナスに落ち込み、物価は依然ゼロ％近傍で推移していることが確認された。

福井や企画ラインは、基準改定に伴って下方修正されることは予期していたが、これほど大幅になるとは思っていなかった。福井は「何と悪いタイミングで（基準改定を）やってくれるんだ」と思っていたが、「それを待つとか、待った結果（利上げを）やるなんていうのはあまりプロのやることではないとも思った」と史談録で打ち明けている。

「ＣＰＩショック」のダメージは想像以上に大きかった。量的緩和解除の前提となった「基調的にゼロ％以上」という日銀の判断に疑問が向けられただけでなく、今後の判断基準となる「物価安定の理解」の中心値一％との開きが大きくなり、追加利上げへのハードルが高くなったからである。

実際、市場では再利上げ観測が急速にすぼみ、自民党からは山本らを中心に「三月の量的緩和解除は誤りだった」と批判の声が出る。リフレ論者たちは「早期に出口に向かった結果、再びデフレに陥った」と日銀を批判する新たな材料を手中にした。

インフレ目標を要求し続けた竹中は、後のインタビューでこう話している。

「日銀に対する不信感というのはすごくあった。最後の最後に二〇〇六年の解除、あれは間違っている。もし自分が経済財政政策担当大臣だったら決定会合に出て、迷わず延期請求していた」

量的緩和解除に最後まで反対した安倍晋三は、このときの実体験が「アベノミクス」と呼ばれる政策構想を生み出すきっかけになった、と後の国会で明らかにした。

「小泉総理もこの段階での解除は早過ぎるという判断であり、政府としての立場は何回も当時の福井総裁にお話をさせていただいたが、残念ながら(中略)そういう判断をされた。(中略)せっかくうまくいき始めた金融政策がだんだん、結果として雲散霧消していったということにつながっていったのではないか」

「二〇〇六年に量的緩和をやめてしまって、残念ながら十分にデフレから脱却をできなかった。金融政策的な支援はなかったということに私は着目をした[63]」

皮肉なことに、福井の決断は、総裁退任後に再燃するデフレと政治的に関連づけられる結果となる。CPIショックの翌月、安倍は「美しい国」を掲げて自民党総裁選に勝利し、戦後最年少で首相の座に就いた。

それから半年近くが経過した〇七年二月二一日、福井はコールレートの誘導目標をさらに〇・二五%引き上げ、〇・五%にした。

政治サイドからの激しい反発は見られなかったが、政策決定会合では副総裁の岩田が「物価上昇率の先行きに不透明感が極めて強い」として議長提案に唯一の反対票を投じ、新日銀法下で初めて執行部の判断が割れる結果となった。

新日銀法第二二条は副総裁の職責について「総裁を補佐する」と規定しており[64]、議長提案への反対行動はこの立法趣旨に反するのではないかとの意見も一部にあった。

だが、議事録によれば、岩田はＣＰＩショックを踏まえて「自己反省を込めてなのだが、(物価の)見通しが本当に甘かった。自分が少し間違っていたなと深く反省している」としたうえで、「投票段階では執行部も審議委員も同じ一票で、自らの意見に基づいて投票することだと思う。ただ、執行部なので今日決定されたことを全力をもって執行するという義務が一つ付け加わっている」との解釈を示し、反対票を投じた。

再利上げを実現したとはいえ、この「クーデター」は福井の求心力低下を内外に強く印象づけた。さらに後に「いざなみ景気[65]」と命名される史上最長の景気拡大にも陰りが見え始めたことから、利上げはここで打ち止めとなった。

福井の腹積もりとしては、コールレートの誘導目標を一％まで引き上げてから次にバトンタッチしたかった。だが、村上ファンド問題以降の逆風は予想以上に強く、結果的に「金利水準の正常化」には届かなかった。福井はこう話す。

「引き継ぎの時点で金利が一％ぐらいまで引き上げられていれば、少し気楽に引き継げたという気はしているのです。一％というのは金利機能が働く最低レベルの金利で、それ以上低いと十分働かないという意識があったのと、引き継いだときに一％あれば金利操作によって多少調整の余地を持つことができる。だから退任の時は半分しかできていない、未完成だという気持ちはありました[66]」

それでも、側近の一人は福井時代を振り返り、「景気も物価も上向き、為替は円安基調と追い風が吹いていた。中央銀行として「王道」を歩むことのできた極めて稀な時期だった」と話す。

その後、福井が情熱を注いだ「課制の廃止」はわずか三年で見直されることになる。一〇年七月に実施された機構改革で、すべての局と室に課が再設置され、課長ポストも復活した。

一方、安倍晋三率いる自民党は〇七年七月の参院選で歴史的大敗を喫し、衆議院と参議院の第一党が異なる「ねじれ国会」が出現する。政権運営に苦悩した安倍は、九月に体調不良で突如退陣し、福田康夫が後継首相となった。

第4章

「白川時代」

──危機の再来、政治との確執

2008~2013

政治の混迷がついに総裁不在の異常事態を招く。
発足した新体制は未曽有の危機に次々と直面し、
与野党双方から「緩和不足」を激しく責め立てられる。
「リフレ政策」への転換を頑に拒みながらも、
日銀はじりじりと後退を続けていく。

白川時代

2008年(平成20年)		
	6月	秋葉原通り魔事件
	8月	北京夏季オリンピック
	9月	リーマン・ブラザーズが経営破綻
	11月	米大統領選でバラク・オバマ勝利
2009年(平成21年)		
	5月	新型インフルエンザ国内初の感染者
	6月	米自動車大手GMが破産法第11条申請
	8月	衆院選で民主党圧勝、鳩山由紀夫内閣発足へ
2010年(平成22年)		
	1月	日本航空、会社更生法適用申請。欧州債務危機
	6月	小惑星探査機「はやぶさ」帰還
	7月	参院選で民主党が過半数割れ
	9月	日本振興銀行が破綻、初のペイオフ発動
2011年(平成23年)		
	3月	東日本大震災、福島第一原発事故
	7月	サッカー女子W杯で日本初優勝
2012年(平成24年)		
	5月	東京スカイツリー開業
	7月	ロンドン夏季オリンピック
	12月	衆院選で自民党大勝。安倍晋三内閣発足
2013年(平成25年)		
	1月	政府・日銀が「物価目標2%」の共同声明

I

「総裁不在」の異常事態

衆参ねじれ状態の下で、福田康夫内閣の政権運営もまた困難を極めた。自民党と民主党が先鋭に対立するなか、福井俊彦の任期切れが二〇〇八年三月に迫る。後継総裁選びは前代未聞の展開をたどった。

官房長官を長く務め、霞が関の論理を知る福田は、〇八年に入り、財務省と日銀の双方が推す武藤敏郎の総裁昇格に文句なく同意した。そもそも五年前に武藤を副総裁に選んだのは福田本人であり、「福井の次は武藤」というレールはすでに敷かれていた。

武藤自身も副総裁として福井を支え、課制廃止など機構改革にも積極的に関わり、日銀内でも次の総裁候補と目されていた。武藤を支える副総裁候補には、日銀理事から京都大学教授に転じた白川方明と「インフレ目標」論者で知られる伊藤隆敏東大教授が選ばれる。政府はこの三人を「ベストの人選」と称し、早期決着に向け動き出した。

しかし、野党民主党は「財政と金融の分離」を旗印に「元財務事務次官の総裁天下りは中央銀行の独立性の点で問題があり、認められない」と武藤昇格に反対の声を上げる。民主党は五年前にも武藤の副総裁就任に同じ理由で反対票を投じていた。

新日銀法第二三条は、「総裁及び副総裁は、両議院の同意を得て、内閣が任命する」と定めている。しかし、両院の意思がねじれた場合の調整規定は設けられていない。予算案や首相指名選挙のような衆議院議決の優越、あるいは衆議院での再議決も認められていないため、参議院第一党の民主党が絶対的な「拒否権」を持つ形となっていた。民主党が「ノー」と言い続ける限り、次の総裁は決まらないのである。

法改正に関わった財務省の担当者は、「独立性を担保するには政府から距離を置いたところで人事を決める、したがって国会同意人事にすべきだというロジックを立てたが、両院の議決がねじれることまでは予期していなかった」と話す。実際、改正論議でこの問題が論じられたことはなく、完全な法の盲点だった。

内閣支持率の低迷をみた民主党は一歩も引かず、政局含みの不穏な空気が広がっていく。

二〇〇八年三月七日、福田はあえて強行突破を図り、人事案を国会に提示する。これを受けて武藤ら三候補が衆参両院で所信表明を行った。

旧大蔵省時代に日銀法改正を担当した実績も踏まえ、武藤は「日銀の独立性をしっかりと確保してまいりたい」「過去五年間の副総裁としての言動の中で、財務省寄りの判断をしたことはない(1)」と力説した。しかし民主党は武藤と伊藤への不同意を決め、三月一二日、副総裁の白川だけが同意を得る。民主党が示した武藤不同意の理由は「まさに財務省そのものの人事であり、日銀の独立性が担保できない」というものだった。

武藤案を諦め切れない福田はこのあと、福井と武藤の再任を模索するがこれも一蹴され、三月一八日、やむなく同じ事務次官OBの田波耕治を総裁候補に、日銀審議委員の西村清彦を副総裁候補とする第三の案を示した。しかし、翌日の参院本会議で民主党は西村には同意したものの、田波案を再び否決し、この時点で福井の任期が切れた。

この間、メディアの多くは「総裁人事を政争の具にするな」などと民主党を批判し、財務省も同党首脳部への懸命の説得を続けた。(2) その結果、代表の小沢一郎も反対派の中心だった仙谷由人も「最後は理解してくれたが、もはや党内が収まらなかった」と財務省幹部は話す。小沢vs反小沢の党内抗争も複雑に絡み、もはや理屈の世界ではなくなっていたのだ。相次ぐ不同意のあと、仙谷が「これが政治だ」と苦しい釈明をしたのを、財務省幹部は鮮明に覚えている。

こうして戦後初めて日銀総裁は空席となり、副総裁の白川が新日銀法の規定に基づき「総裁代行」に指名され、三月二〇日に着任した。

それから一〇日ほど経ち、新年度に入るや福田は直ちに動く。白川を正式な総裁に昇格させ、元財務官で一橋大学教授の渡邊博史を副総裁に充てる妥協案を提示したのだ。四月八日から金融政策決定会合、その直後にワシントンで七か国財務相・中央銀行総裁会議(G7)が予定されており、これ以上の総裁の空席は許されないと判断したためだが、ここでも国会同意を得たのは白川だけで、渡邊は不同意となった。一か月に及ぶ政治の迷走を経て、四月九日、白川は予想もしない形で第三〇代総裁に就任した。

この混乱の結果、新体制は副総裁と審議委員を一人ずつ欠いたまま船出することになる。政策委員会の機能低下を防ぐため、政府はこのあと慶應大学教授の池尾和人を審議委員に指名するが、またも民主党が統一会派を組む国民新党の反対で不同意を決め、人事案は取り下げられる。二名欠員の異常事態は、この年の秋まで解消されなかった。

一連の騒動は、高度な専門性と独立性が求められる中央銀行の人事に「むきだしの政治」を持ち込む前例となった。政治家たちは、日銀の人事が「旨みのあるカード」として使えることを知り、これを機に中央銀行に口を差し挟もうとする空気が広がっていく。

就任に際し、白川は改めて新日銀法を読み直し、記者会見でこう話した。

「日本銀行の目的を定めた規定の意味は非常に重く、中央銀行の仕事は非常に奥が深い。職業人としての誠実さを疑われないような仕事をしていくということを、日銀法を読みながら改めて感じました(3)」

新日銀法の重みと、むき出しの政治との確執を、白川はこのあと身をもって体験することになる。

総裁人事が混迷を極めていた〇八年三月、米国でとてつもない金融危機のマグマが噴き出そうとしていた。危機の根源は「サブプライムローン」と呼ばれる信用力の低い個人向けの住宅ローンだった。米国の住宅バブル崩壊によってこの融資が焦げつき、これを束ねて証券化した金融商品を大量保有する欧米の金融機関に次々と巨額の損失が発生したのである。

このサブプライムローンという言葉を前総裁の福井が最初に聞いたのは〇五年の夏だった。大型ハリケーン「カトリーナ」が襲来したあと、「米国では仮設住宅は建てないのか」とFRBの幹部に尋ねたところ、「そんな必要ない。サブプライムローンがある」と答えたという。福井は「一体それは何だ。ちょっと怪しげだなと感じた」と史談録で話している。

事実、「グレート・モデレーション(大いなる安定)」の下で、米国の住宅着工件数は順調に伸び、住宅価格も〇六年七月にピークをつける。だが、その後バブルは弾け、FRBの金融引き締めも重なって長期にわたる大幅な価格の下落が始まった。〇六年暮れには住宅ローン会社が破綻し始め、〇七年春にはサブプライムローンの延滞率が上昇しているという話が、福井の耳にも入ってきたという。

サブプライム関連の損失は時間とともに膨らみ、〇七年八月、最初のショックが米国ではなく、まず欧州で起きる。フランスの大手金融機関BNPパリバが、傘下の投資信託の償還停止を突如発表し、金融市場が大荒れとなったのである。この「パリバ・ショック」を前に、ドイツでもIKB産業銀行とザクセン州立銀行でサブプライム関連の巨額損失が発覚し、九月には住宅金融に特化した英国のノーザンロック銀行で取り付け騒ぎが発生した。

一連の混乱を見た日銀金融市場局長の中曽宏は、強い「既視感」に襲われた。中曽は一九九七年秋の金融危機を信用機構局で実体験した一人である。当時と同じような展開が次は世界規模で起こるのではないか、もはや時間の問題ではないのか、と不吉な予感がしたという。

首相の福田が一刻も早く総裁空席を解消しようと急いだ理由の一つが、サブプライムを遠因とする金融市場の動揺だった。だが、総裁選びで与野党が対立を続ける真っただ中に、米証券大手のベア・スターンズが資金繰り難に陥り、二〇〇八年三月一六日、FRBの電撃的な救済を受けることになる。これによりサブプライム危機は一気に地表に噴出した。

FRBが採った方策は、連邦準備法第一三条三項に基づく「異例で緊急」の特別融資だった。ベア・スターンズを買収するJPモルガン・チェース向けに実施されたものだが、この条項はこれまで一度も発動されたことがなかった。一九六五年の山一証券特融を彷彿させる空前の救済に、米国内で猛烈な批判が噴き出し、主導した財務長官とFRBは米議会で弁明に追われる。さらに、ベア社救済で目先の危機を覆い隠したことが、逆にサブプライム問題の根深さを再認識させ、市場の警戒をさらに高める結果となった。

白川は総裁着任の翌日にワシントンに向かった。全体として重苦しい空気に覆われていたが、ベア社救済により「ＦＲＢは大手金融機関を破綻させない」との受け止めもあり、米国の金融界首脳から「最悪期は終わった」との発言が出たという(4)。

だが、危機も最悪期も過ぎ去ってはいなかった。

リーマン・ショック襲来す

それは日本が一九九〇年代後半にたどった危機のプロセスと同じだった。

米国の金融市場は「ベア・スターンズの次はどこか」と新たな標的を探し、その焦点は次第に米国四位の名門証券リーマン・ブラザーズに絞られていく。白川も中曽も夏場にはリーマンが追い込まれつつあることを察知し、市場の急変動に身構えていた。

二〇〇八年九月七日。米国で住宅金融を専門とする政府系金融機関のファニーメイ、フレディマックの二社が公的管理下に置かれ、市場の緊張は最高潮に達する。三日後にはリーマンが六～八月期決算で四二〇〇億円の赤字を発表し、「カウントダウン」が始まった。リーマンの株価は急落し、信用不安を膨らませながら、後に「リーマン・ウィークエンド」と呼ばれる週末のクライマックスへと向かっていく。

しかし、ＦＲＢも米財務省も今度は「異例で緊急」の救済に動こうとはしなかった。ベア社の救済とファニーメイなどへの公的資金投入で激しい非難に晒されたジョージ・ブッシュ政権が、一一月の大統領選挙を前にこれ以上の公的関与を拒絶したのである。

当時ニューヨーク連邦準備銀行の総裁だったティモシー・ガイトナーは、退任後の回顧録で「『ミスター救済」と呼ばれるようになるのはごめんだし、ベア・スターンズ式の解決策は二度と支持できないと、ハンク〔ポールソン財務長官の愛称〕は宣言した。（中略）ハンクがすさまじい圧力を受けているのは理解していた」と、救済が政治的に不可能だったことを明かしている(5)。

九月一二日、金曜日の夜。財務長官のヘンリー・ポールソンは急遽ニューヨークに飛び、ゴールドマンサックス、モルガン・スタンレー、メリルリンチ、シティ・グループ、クレディスイスなど欧米主要金融機関一〇社の首脳をニューヨーク連銀に招集する。

ポールソンは、一九九八年秋の米ヘッジファンドLTCMの救済を例に挙げて「奉加帳方式」による損失分担を一〇社に求め、そのうえで「公的資金は使わない」と断言した。と同時に、バンク・オブ・アメリカか、英銀大手バークレイズのいずれかによるリーマン買収にかすかな期待を寄せていた。一刻の猶予も許されない緊迫感にニューヨークは包まれた。

この間、FRBと米財務省はG7の金融当局と緊密に連絡を取り合っていた。世界各地に八〇〇〇社の系列会社があり、一〇万以上の債権者を抱えるリーマンの経営危機は、日本や欧州、アジアにも多大な影響を及ぼす。日本側では、財務省・金融庁が米財務省と証券取引委員会（SEC）を相手に、日銀はFRBと傘下のニューヨーク連銀を相手にそれぞれ電話会議を行い、最新情報を交換しながら対応策を検討した。

日本側当局者によると、日本時間九月一二日の日中までは、日銀や金融庁の現場にさほどの緊迫感はなかったという。ある日銀幹部は「最後は救済するんだろうと多少高を括っていた」と打ち明け、リーマン日本法人の役員がこの日の夕方、バークレイズへの身売りが近く決まると信じ、シャンパンを買って帰ったのを覚えている。財務長官がニューヨークに飛び、緊急会合を急遽招集したのは、このあとのことだった。

だが、ポールソンの要請にもかかわらず、リーマンの破綻回避策は前進するどころか、逆に崩壊へと近づいていた。一縷の望みをかけたバークレイズによる買収構想が、英国当局の反対で頓挫したのである。日本時間一二日夜、G７の緊急電話会議が急遽開かれることになり、ポールソンが「リーマンの買収交渉が難航している」と、この場で初めて報告した。誰もが息を呑み、欧州中央銀行（ＥＣＢ）総裁のジャン＝クロード・トリシェが出席者を代表して「この結果は非常に深刻なものになる」と警告した。

ただ、この時点で日欧の当局者たちは、最後はＦＲＢが特別融資を発動して破綻回避に動くはずだと、まだ信じていた。白川は「世界の金融システムを崩壊に至らせるような事態を米国は許すことはできないし、ＦＲＢはそれを防ぐ手段を有している。だからそれをしないという決断はあまりにも無責任だと思っていた」と振り返る(6)。

九月一三日、土曜日。アラン・グリーンスパンの後継議長となったベン・バーナンキから白川に「リーマンの連邦破産法申請は不可避」との厳秘情報が入る。白川は破綻した場合の影響は極めて大きい、とバーナンキに強い懸念を伝えた。このあとG７の電話会合が前夜に続いて開かれ、事態はさらに緊迫していく。金融市場局長の中曽はたまらず、旧知のニューヨーク連銀市場局長、ウィリアム・ダドリーにメールを打った。

――一〇年前、三洋証券の法的処理を機に金融危機が起きた。チャプターイレブン（連邦破産法第一一条）だけは避けてくれないか。あれを使うと非常にショックが大きくなる。

一九九七年秋、三洋証券を会社更生法で処理したためにデフォルトが起き、金融システム崩壊の危機につながった。日本と同じ過ちを繰り返してはならない、と中曽は訴えたが、ダドリーからの返事は「大変興味深いが、私には権限がない」というものだった。

二〇〇八年九月一四日、日曜日。日銀本店に企画局や金融機構局、金融市場局のスタッフが続々と集結した。総裁の白川と副総裁、担当理事は赤坂の氷川寮に陣取り、迫りくる米リーマン破綻への対応策を練り上げていく。白川はこの夜もバーナンキと電話で会談し、さらに三夜連続のG7電話会合に臨んだ。

もしリーマン本体が潰れると、日本にも甚大な被害が及ぶのは避けられない。日本法人であるリーマン・ブラザーズ証券は、従業員一二〇〇人、前年度の東証売買代金で証券会社トップに立つビッグプレーヤーである。特に国債の売買や債券貸借(レポ)取引では五指に入る存在だった。

このため、米国本社の危機が囁かれ始めたころから金融機構局はリーマン証券の「監視」を続けていた。担当理事の山本謙三も社長の桂木明夫とひそかに面会したが、桂木は「資金繰りに問題はない。ご安心ください」と話していたという。

この日、金融機構局の主要メンバーが本店に集まったのは正午だった。まずリーマン証券の実態を把握するため金融庁に出向き、資金繰り表を作成した。すると、米国本社の信用が失われた場合、日本法人の資金繰りも即座に行き詰まることが確認された。

これを踏まえ、夜九時に金融機構局長の田中洋樹と参事役の早崎保浩が金融庁を再訪し、監督局審議官の河野正道、証券課長の森田宗男《ときお》と向き合う。かつて日銀法改正の担当者でもあった田中は、きっぱりと言った。

「マーケットが開く一六日朝までに日本法人を処理しなければ大混乱に陥ります。一刻も早く業務停止命令を発動してもらいたい」

既に前夜から早崎と森田との電話協議が何度も行われ、「このままではリーマン証券の資産を海外に持っていかれる」との懸念が日銀サイドから伝えられていた。

が、金融庁は頑として田中の要請を受け付けない。リーマン証券自身が営業を断念しておらず、当局による債務超過認定もない段階で、業務停止命令を出すことはできない――。「エビデンス（証拠）がありません」と森田は繰り返した。金融庁側は、万が一の事態には一九九七年の山一証券特融に準じた対応を日銀に要請することも選択肢に入れていたという。

とはいえ、このまま事態を放置して米国本社の倒産情報が流れれば、資産保全の波が日本法人にも押し寄せ、市場は収拾がつかなくなる。幸いコール市場での資金調達はなかったが、既に約定した国債関連取引の決済ができなくなる恐れがある。オペ先への「債権者」として日銀が財産保全を申し立てる道もあったが、それもまた混乱を引き起こしかねない。

考えた末に、田中が言った。

「あす（日本法人の）桂木社長と会って、私が話をしましょう」


二〇〇八年九月一五日、敬老の日。まだ夜も明けぬころ、中曽の自宅に、ニューヨーク連銀のダドリーから「チャプターイレブン決定」の一報が入った。電話を受けて九〇分後、中曽はＦＲＢなど主要な中央銀行との電話会議に臨み、各国協調して市場にドルを供給する枠組みへの参加を急ぐ。一九九七年秋に経験した金融危機の教訓を踏まえ、日銀はリーマン危機が表面化する前から、ＦＲＢを核とする協定への参加を検討していた。

話し合いの結果、ＦＲＢ、ＥＣＢとスイスの間で交わされていた米ドルと自国通貨を交換する「スワップ協定」に、日本と英国、カナダが加わり、六つの中央銀行で最大二四七〇億ドル（約二六兆円、後に無制限）を市場に供給する態勢が固まった。日銀枠は当初六〇〇億ドルで、このあと金融機関や企業のドル調達を強力に下支えすることになる。

一方、金融機構局長の田中は一五日早朝、六本木の日銀鳥居坂分館に出向き、リーマン・ブラザーズ証券社長の桂木を待っていた。桂木が秘書とともにベンツでやってきたのは午前八時過ぎである。人気のないゲストハウスの一室で、田中は桂木と向き合った。

リーマン証券をどうするつもりなのかという問いに、桂木ははっきりした方針を示さなかった。田中の眼には、桂木自身が当惑しているようにも見えた。しかし、本社が倒れれば資金繰りに窮することは桂木もよく分かっている。一時間近いやり取りの末、桂木は言った。

「分かりました。手を上げることにします」

田中はすぐさま金融庁幹部に連絡し、リーマン証券が営業継続を断念し、法的処理の方針を固めたことを伝えた。だが、市場が開く翌日の朝までに法的手続きを終えるには時間が足りない。田中は金融機構局による支援態勢を組み、リーマン証券に申請書類を大至急作成させることにする。と同時に、旧知の裁判官を介して民事再生担当の裁判官を紹介してもらい、直接電話で頼みこんだ。

「急を要する事態です。このままでは火曜日に日本の金融市場が大混乱になる」

民事再生法を申請するときは、通常、週末の金曜日までに書類を用意し、裁判所とも下打ち合わせしたうえで週明け月曜日に申請する。田中はこの段取りをスキップする「迅速処理」を裁判官に頼んだのだ。

日銀では、破綻処理手続きを知り尽くした金融機構局のスタッフが東京地裁と連絡を取り合いながら、どの債務を保全処分の対象外にすればトラブルを回避できるか指定していく。その結果、顧客からの預かり金や保護預かり有価証券、デリバティブ決済など全部で一一項目が保全処分の対象外となった。

午後四時前、米国時間の一五日未明、米リーマン本社が連邦破産法の適用を正式に申請したとの速報が流れる。日本国内にも衝撃が広がり、金融庁はこの夜、リーマン証券に一二日間の業務停止命令を発出した。

三連休明けの九月一六日、火曜日。日本法人リーマン証券は、金融機構局のスタッフに伴われ、朝一番で東京地裁に民事再生法の適用を申請した。負債総額三兆四三一四億円、戦後二番目の大型倒産だった。

金融機構局の担当者は、リーマン証券がコール資金を取っていなかったこと、そして九月一五日が祝日だったことが日本の金融システムにとって不幸中の幸いだったと述懐し、「もし祝日でなかったら、市場が開いているときにすべて処理をしなければならなかった。想像しただけでぞっとする」と話している。

米国発のリーマン・ショックはその後、怒濤の勢いで世界経済を揺さぶっていく。

中央銀行による大量の資金供給にもかかわらず、各国で株価が暴落し、金融市場は凍りついた。リーマン破綻のその日に米証券三位のメリルリンチがバンク・オブ・アメリカに身売りし、翌日には大手保険会社AIGがFRBから緊急融資を受け、公的管理下に入る。二五日には大手貯蓄貸付組合を傘下に持つワシントン・ミューチュアルが破綻し、二九日には米銀大手ワコビアも身売りに追い込まれた。

実は、G7電話会議が開かれた九日一二日深夜、白川はごく一握りの部下に「最大の問題はリーマンだが、これ以外にもあと二つほど対応が必要な金融機関がある」と伝えている。米当局の視野にメリルリンチとＡＩＧが入っていたことを白川はつかんでいた。

公的資金による救済が政治的に困難だったため、やむなくリーマンを破綻させた米当局だったが、もしメリルリンチやＡＩＧまで破綻したら、その衝撃とダメージは想像を絶する。この巨大連鎖破綻がもたらす危機を避けるため、なりふりかまわず路線転換し、救済に動いたのだろう、と白川らは理解した。米国当局の想定をはるかに超えて、サブプライム問題は金融界を隅々まで蝕んでいたのである。

日本の金融危機を調べつくしたはずのＦＲＢが、リーマン・ショックを防止できず、より深刻な危機を世界中に振りまく結果となった。白川は後の取材で「ＩＴバブル崩壊後に積極的に金融緩和すれば低成長は防げると考えた「Ｆｅｄビュー」の過ちだった」と指摘している。

一九二〇年代の大恐慌を想起させる危機の連鎖に、ブッシュ政権は震え上がり、最大七〇〇〇億ドルの公的資金で不良債権を買い取る金融安定化法案を米議会に諮るが、二九日の下院でよもやの否決となる。ニューヨーク株価は史上最大幅の暴落を演じ、法案が修正のうえ成立にこぎつけたのは一〇月三日だった。(7)

それは中央銀行のやるべきことか

リーマン・ショックの大波は、日本にもすぐに押し寄せた。

連休明けの九月一六日、株価は急落し、円相場は急伸、日銀は大量の資金供給に乗り出す。米国本社と日本法人の破綻によって、取引先の金融機関や企業に多額の損失が発生したほか、リーマン証券が落札していた新発国債の代金が振り込めず、財務省は国債の減額発行に追い込まれた。さらに、同社が約定した約七兆円の国債取引も履行できなくなった。

当時、既発国債の取引は約定から三営業日後に決済が行われており、(8)巨額の未決済残高が積み上がってい た。このため日本国債清算機関(9)は国債と資金を懸命に調達し、綱渡りの清算業務を続ける。だが、国債の引き渡しができない「フェイル(受け渡し未了)」は九月月間で史上最多の五兆七〇〇〇億円に達し、債券貸借(レポ)市場はその後急速に縮小していった。

コール市場でも資金の出し手が選別を強め、日本で活動する欧米の外国銀行・証券が資金を取れなくなる。特に無担保コールでの外銀の調達額は、前月の三分の一に激減した。このため金融機構局と金融市場局はメガバンクなどの資金担当役員をひそかに本店に招集し、外銀への円滑な資金供給を直接呼びかけた。また、比較的傷が浅いとみられていた邦銀の間でも、リーマンと取引の多かったあおぞら銀行や新生銀行が一時資金繰り危機に直面し、債権流動化などでしのぐ場面もあった。(10)

ただ、こうした金融市場の動揺を警戒しつつも、実体経済そのものについては、政府も日銀も当初、さほど強い危機感を抱いていなかった。

経済財政担当相の与謝野馨は九月一七日、「影響はあるが、ハチが刺した程度」と発言する。同日開かれた政策決定会合でも、「当面停滞を続ける可能性が高いが、大きく落ち込む可能性は小さい」(白川議長)、「景気が大きく落ち込むとは考えにくい」(亀崎英敏委員)との判断が示され、「持続的成長軌道に復する蓋然性が高まったときは金利水準を速やかに引き上げていくのが基本線」との意見まで出た。(11)

この場にいた日銀幹部は「一〇月ごろまで総裁以下の判断は甘かった。あれほど落ち込むとは調査統計局も考えていなかった」と話す。そんな最中の九月二四日、政権運営に行き詰まった福田内閣は総辞職し、麻生太郎が後継首相に就いた。

一〇月になっても株価の下落は止まらず、ニューヨークで一万ドル、東京でも一万円の大台を割り込んだ。たまらずFRB、ECBなど欧米六中銀が緊急利下げに踏み切り、これに中国なども加わって世界一〇か国・地域による協調態勢が出そろう。このとき企画局長の雨宮正佳が「参加しなくていいんですか」と尋ねたが、白川は動かなかった。日本の金利水準は既にどこよりも低く、「次第に緩やかな成長経路に復していく」とみていたからだ。

また、白川には「協調という名の下で、本来やるべきでない政策を行うのは不適切」という信念があった。一九八〇年代のバブル期に得た教訓である。

ところが、成長経路に復するどころか、経済は想像以上の速さで落ち込んでいった。外需の消失に伴い、一〇月以降、鉱工業生産は二桁のマイナスを記録し、自動車・電機など主力メーカーは軒並み生産調整に追い込まれる。さらに大和《やまと》生命保険が資産悪化で突如破綻し、平均株価は二七日、七一六二円九〇銭とバブル後最安値を更新した。円相場も日米の金利差縮小により二週間余りで一〇円近く対ドルで上昇し、産業界から悲鳴が上がる。景気はまさにつるべ落としの状態となり、日銀は見る間に追い込まれていった。

一〇月三一日の政策決定会合で、執行部は「ウルトラC」とも言えるアイデアをひねり出す。政策金利であるコールレートを〇・五％から〇・三％に引き下げる一方、日銀への預け入れが義務付けられている準備預金のうち、所要額を上回る「超過準備」に〇・一％の金利をつける「準備預金付利制度」を導入したのだ。

これまで無利子が常識とされた準備預金に金利がつくと、金融機関側には余った資金を積極的に積もうというインセンティブが働く。その結果、この金利水準が市場金利の事実上の「下限」となり、これを下回るゼロ金利を回避することができる。

一方、市場金利の「上限」を画す制度として、速水時代に導入したロンバート型貸出が既に定着しており、これに準備預金の付利制度を組み合わせることによって、市場金利の上限と下限が設定され、狭いながらもこの帯域内で金利変動を促す仕組みを作り上げることができる、と執行部は考えた。

白川は三重野時代に企画課長、速水時代に企画室審議役（現在の企画局長）、福井時代に企画担当理事を務め、長い政策体験を通じて金利機能の重要性を痛感してきた。

速水・福井の量的緩和期にコールレートを徹底的にゼロに近づけた結果、無担保コールの出し手がいなくなり、市場の機能が麻痺した。わずかでも金利の変動があれば最低限の価格メカニズムが働き、コール市場での円滑な資金配分は何とか維持される。その「火種」を残すための方策が準備預金への付利だった。

ロンバート金利〇・五％、政策金利〇・三％、準備預金金利〇・一％という狭いバンドであっても、需給に応じて金利が上下する余地がある方が望ましい、と執行部は判断した。

さらに、将来、準備預金の付利金利を引き上げれば、超過準備を保ちながら金融を引き締めることも理論的に可能になる。福井時代の出口戦略の際に心配した「情勢変化に間に合わなくなるリスク」を回避でき、量的緩和を再開した場合に使える妙手でもある、と白川は思っていた。(12)

政策決定会合でこの画期的な構想は支持された。ところが、肝心の政策金利の下げ幅をめぐって審議委員から疑問の声が続出する。政策金利の変更は通常〇・二五％刻みであり、白川の提案する〇・二％幅はいかにも中途半端で「出し惜しみしたと受け取られかねない」という批判だった。採決の結果、議長案は初めて四

対四で賛否が並び、日銀法の規定に従い白川が議長裁定する異例の決定となる。(13)

この政策決定をめぐっては、実際、下げ幅が足りないと市場に失望感が広がったほか、執行部内にも微妙なしこりを残した。幹部の一人は〇・二%案を初めて聞いたとき「この局面でケチってどうするのかと思った」と打ち明け、別の幹部は「協調利下げに加わらなかったこと自体、(速水時代の)ゼロ金利解除に匹敵する判断ミス」と後に批判した。

続く一一月には、コマーシャルペーパー(CP)の発行市場が凍りつき、肝心要の企業金融が逼迫し始める。CPとは企業が発行する無担保の約束手形で、短期資金調達の命綱となっていた。なかでも輸出企業は海外でCPが出せずにドルの調達難に苦しみ、国内でもCP市場でクレジットクランチ(信用収縮)が発生、足元の運転資金すら枯渇しかねない厳しい状況に追い詰められていた。

日銀の国際担当理事からトヨタファイナンシャルサービスに再就職した平野英治が、企画ラインの雨宮に電話をかけたのはこのころである。

米国で社債やCPが出せずに苦しむトヨタを救ったのは、FRBが一〇月に導入したCPの買い入れ制度だった。平野は「米国の中央銀行の世話になり、在米の日本企業は立場がない。ここは最後の貸し手として動くべきときではないか」と言い、日銀にも同じ制度の導入を進言する。また、「中央銀行というのは本当に大事なときに働き、皆の役に立ったという姿を見せないと、誰にも信じてもらえなくなる」とも言った。

CP買い入れの要請は直ちに首脳部に上がったが、白川は容易には納得しない。そもそも企業金融というミクロの資源配分に中央銀行は関わるべきではない、仮に公的部門が関わるとしてもそれは本来財政の仕事であり、先進国で例を見ない規模の政府系金融機関が存在するのはそのためではないか、というのが白川の指摘だった。

また金融市場の担当幹部もCP買い入れを進言したが、白川に「こういうことは中央銀行のやる仕事じゃないとひどく怒られた」と証言する。一一月二一日の政策決定会合でも、一部の委員が買い入れを求めたが、反対意見も強く、認められなかった。

一二月一日、副総裁の山口廣秀に突然電話がかかってくる。山口はリーマン・ショック後の一〇月二七日付で理事から副総裁に昇格し、半年間に及ぶ欠員を埋めた。山口に電話をしてきたのは、日産自動車の最高執行責任者(COO)、志賀俊之だった。

「うちのCPを日銀で引き受けていただけないでしょうか」

予想もしない申し入れだった。しかもメーンバンクを通り越しての要請である。一瞬言葉を失いながらも、山口は丁重に返した。

「資金繰りの話でしたら、メーンバンクと相談して対応を考えるのが筋ではないですか」

かつて日産自動車の主取引銀行は日本興業銀行(現みずほ銀行)だった。しかし、CP・社債市場の拡大とともに企業の銀行離れが加速度的に進み、日産の経営からメーンバンクの存在は事実上消えていた。今後の手順について助言を得た志賀は、納得して電話を切ったという。

資金調達に窮していたのは、日産だけではなかった。オリックスや日本電気からもこのころ悲鳴が上がり、程度の差こそあれトヨタもホンダもCP発行で困っていた。このため、首相の麻生太郎は、財務省、経済産業省、金融庁、日銀の幹部を公邸に集め、支援策を大至急検討するよう指示する。財務省首脳は山口や企画局幹部に電話で決断を促し、三菱東京UFJ、みずほ、三井住友のメガバンク三行のトップがそろって白川を訪ね、CP買い入れを要請する異例の陳情まで行われた。誰もが中央銀行の一刻も早い出動を願っていた。

結局、財務省主導で日本政策投資銀行がCP買い入れを発表したことから、背中を押されるように日銀もCPと社債の買い入れを決定せざるを得なくなる。二か月近い「逡巡」は、この問題に関わった多くの当事者たちに苦い教訓として記憶された(14)。

この当時、白川の政策判断を支えていた理念がいくつかある。まず金利機能を重視すべきだという基本思想。次に、量的緩和は金融不安の下支えにはなるが、実体経済にさほど効かないという経験知。第三に、過剰な緩和政策にはバブルなど「金融不均衡」のリスクが常に潜んでいるという教訓。そして中央銀行が財政に「従属」し、その役割を安易に引き受けるといずれ取り返しがつかなくなるというセントラルバンカー特有の警戒心である。

こうした思いが溢れ出たのが、一二月一九日の政策決定会合だった。CP買い入れとともにコールレートの〇・一%への追加引き下げを決めたこの会合で、白川はこんな話をしている。

「短期金融市場の市場機能という意味で、ゼロあるいは極限的なゼロの弊害というのは非常に大きかった。(中略)量をがんがん増やしても景気、物価に対する刺激効果はほとんど観察されなかった。しかし当時はほとんど理解されなかったし、今でもまだ理解されているとは思えない。そういう意味で(〇・一%を)死守するという、そういう構え自体は非常に大事だ(15)」

市場機能を殺すゼロ金利には戻さない――。白川はそう決めていた。だが、この間、FRBは住宅ローン債権や担保証券を直接買い取る「信用緩和」を次々と打ち出し、一二月一六日には日銀に先んじて事実上のゼロ金利政策に踏み切った。日米の金利差はほぼ消滅し、円相場はリーマン・ショック前の一ドル＝一〇七円台から年末には九〇円を割り込む。日銀の「出し惜しみ」に対する不満と批判はますます膨らんでいく。(16)

「新ＰＫＯ」は神棚へ

二〇〇九年の正月三が日は、強い冷え込みとともに過ぎた。

止まる気配のない株価の下落に頭を抱える自民党は、元金融担当相の柳澤伯夫を座長とするプロジェクトチームを立ち上げ、株価対策の検討を急いでいた。金融庁と財務省、それに日銀の幹部たちが連日のように呼ばれ、「何か特効薬を考えろ」と急かされる。

金融庁は既に貸し渋り防止のため金融機関の自己資本比率規制を緩和し、株式など有価証券含み損の一部を自己資本に算入しなくてもよいとする緊急措置を打ち出していた。また株式の空売り規制も強化したが、それでも市場の売り圧力は衰えなかった。

業を煮やしたプロジェクトチームで「株の買い取り」案が浮上する。ある議員は「空売り規制のような消極的対策では駄目だ。もっと積極的な株価対策が必要だ」と声を上げ、まず「銀行等保有株式取得機構」(17)による株式買い入れが俎上に上った。

情報が外部に漏れないよう、プロジェクトチームは党本部やホテルでの会合を避け、国会図書館の最上階にある会議室に集まった。座長の柳澤と津島雄二、加藤紘一、大野功統《よしのり》のほか、自民党幹事長の細田博之が顔を出すこともあった。金融庁からは監督局長の三國谷勝範、総務企画局長の内藤純一ら、日銀からも理事や局長クラスが連日出席した。

年明け間もないプロジェクトの会議で、「ＰＫＯ」[18]と呼ばれた一九九〇年代前半の株価対策を参考に、銀行保有株の買い入れだけでなく、公的資金を投入して大規模に株を買うべきだとの構想が示される。特に反対の声もないまま、座長が「それではその方向で」と話をまとめかけたとき、日銀から出ていた金融機構局長の田中が手を挙げた。

「話を遮って恐縮ですが、その構想は資本主義の基本原則を崩すことになりませんか」

田中は、株の買い入れにただ一人反対した。

「国のカネで株を買うという話になると自由な市場が壊れかねません。資本主義社会において、それは許されることでしょうか」

しばし沈黙が流れたあと、加藤が「日銀の人が言った通り、おかしいんじゃないか、これは」と言った。津島も「確かにそうですね」と相槌を打ち、田中にこう告げた。

「分かりました。これは私の懐に入れて、隠し玉にします。いま実現するということじゃなく、こういう案も持っているということを総理の耳に入れておきます」

田中は本店に戻るなりすぐさま白川に報告した。「パブリックマネーで株を買うという構想が出たので止めてきました。とりあえずサスペンドです。今回はなくなりました」と言うと、白川は「よくやってくれた」と手放しで喜んだという。

だが、株価にうるさい自民党がこのまま黙っているとも思えない。追加措置への期待が高まるなか、白川は企画ラインに資産買い入れの拡充を指示、金融機構局に対しても「金融政策以外の方法で何かできないか考えてほしい」と矢継ぎ早に注文を出した。

これを受けて、一月下旬に社債の買い入れが正式に決まり、二月には銀行保有株式の買い入れ再開が決まる。金融機構局では、過去に例のない銀行への劣後ローン供与の検討も始まった。

劣後ローンとは一般債権よりも返済順位の低い融資で、自己資本への一部参入が認められている。株価下落に悩む金融機関が貸し渋りに走らないよう、日銀が自己資本の充実を支援しようというアイデアだった。

田中は「どこも応募してこないと思いますが、それでもいいですか」と白川に念押ししたうえで総額一兆円の融資プログラムを策定する。中央銀行が金融機関の自己資本強化を直接支援する異例の策は、三月に発表された。「とにかく何かやっていることが重要だ」というのが、この当時の事務方の共通認識だった。

というのも、一度消えたはずの株の買い上げ構想が、再び自民党内で息を吹き返しつつあったからである。ここで手をこまぬいていると、日銀資金を使って株を買えと言われかねない。事務方はガードを固め、懸命に汗をかいていることをアピールしようとした。

一方、金融庁も追い込まれていた。株式市場への介入は避けたいが、自民党との良好な関係を保つため、何もしないわけにはいかなかった。平均株価は一月末に八〇〇〇円を割り込み、三月一〇日にはバブル後最安値となる七〇五四円九八銭まで下がっていた。

考えた末、金融庁は奇策を思いつく。政府保証付き資金を活用したＥＴＦ（上場投資信託）などの買い入れを支持し、法案作成の実務を手伝う代わりに、内閣提出法案ではなく、議員立法とするようプロジェクトチームに求めたのだ。総務企画局長の内藤は言った。

「これを閣法でやろうとすると法制局などいろいろな障害がある。我々も担げるものは閣法で行きますが、この法案については議員立法でお願いするしかありません」

話を聞いた途端、威勢の良かった議員たちの顔色が変わる。内閣提出の「閣法」と議員立法では法案の重みが違う。閣法に比べ成立の見込みも低かった。「こういうものは金融庁が担がなきゃ駄目だ」とある議員が反論したが、内藤は「閣法は無理です」と譲らない。押し問答の末、柳澤は議員立法で行くことを決める。

五〇兆円の政府保証枠を設け、ETFやREIT(不動産投資信託)を買い入れる「新PKO構想」の情報は、三月半ばから市場に広がり、株価は急反発を始めた。結局、議員提出法案は六月に奇跡的に成立するが、株価は既に上昇しており、法律が執行されることはなかった。財務・金融相の与謝野は「永久に鞘に収まっている抜かない刀」と評し、プロジェクトチームの幹部も「あれは神棚に飾っておく」と内藤らに話した。

この「神棚の法律」とは無関係に、日銀がETFやREITの大量買い入れに乗り出すのは、まだ先の話である。

II

政治との確執、デフレとの格闘

二〇〇九年八月の総選挙で民主党が大勝し、鳩山由紀夫内閣が発足した。社民党、国民新党との連立により衆参のねじれは解消されたが、「脱官僚支配」「政治主導」を力むあまり、霞が関との足並みが乱れ、政策運営は蛇行、迷走する。日銀との距離感も定まらなかった。

総選挙後の九月一日、白川方明は永田町の民主党本部に鳩山を訪ね、経済情勢や金融政策運営について説明した。日銀総裁が政党本部に足を運ぶのは異例のことだが、戦後初の本格的な政権交代で政治と中央銀行との関係に影響が出ないか、細心の注意と配慮が必要だった。

幸い、リーマン・ショック後の大混乱は、春先には小康を得ていた。だが、長引く円高と、原油など国際商品市況の急激な落ち込みを背景に、消費者物価指数（ＣＰＩ）は三月からマイナス圏に入り、八月以降の下落幅は二％台に広がった。待っていたように「デフレ再燃論」が湧き上がり、「自民党時代とは違う何か」を求める民主党政権に日銀は悩まされるようになる。

白川は早くから、デフレの定義も定まらぬままに政治家やメディアがこの言葉を安易に使うことに違和感を持っていた。政府はもともと「景気後退を伴う物価下落」をデフレと定義していたが、〇一年三月、景気判断とは関係なく「継続的な物価下落」がデフレであると定義を改め[19]、これに従い初のデフレ宣言を出した。「物価の安定」を理念とする日銀は否応なく対応を迫られ、量的緩和に踏み出した苦い過去がある。

このため白川は、記者会見などでデフレという表現を意識的に避けた。だが、その真意が市場にうまく伝わらなかったことから、「日銀はデフレ阻止に後ろ向き」との不評が広がっていく。

二〇〇九年一一月二〇日の金融政策決定会合。委員の間で「真意が十分に理解されていない」(中村清次委員)、「デフレという言葉をあまり使わないために、結果としてデフレに対して鈍い感覚しか持っていないのではないかと思われている」(山口廣秀副総裁)との懸念が次々と出た。白川は「デフレという言葉の持つ魔力は金融政策の最終的な目標にとって必ずしも良くないという反省がある」と過去を振り返り、こう言った。「デフレという言葉を定義しないで使っていくと、それはやはり混乱を招く[20]」

副総理の菅直人が月例経済閣僚会議で「緩やかなデフレにある」と表明するのは、この会議の終了からわずか数時間後のことである。二度目のデフレ宣言もまた、日銀の与り知らぬところで唐突に発せられ、政府との足並みの乱れを露呈した。

こうした不調和を覆い隠そうと、白川は一二月一八日の政策決定会合に「中長期的な物価安定の理解」の改定案を示す。福井時代に決めた「CPI上昇率で〇~二%程度、中心値はおおむね一%前後」という物価安定の概念を「二%以下のプラスの領域にあり、中心は一%程度」に変更した。「プラスの領域」と書き加えることで、デフレ脱却への意思を明確にしたものだ。菅は「実質的なインフレターゲットを打ち出した。デフレファイターの姿勢をはっきりさせた。非常によかった」と大喜びした[21]。

二〇一〇年の年が明けるとギリシャの財政統計に虚偽が判明し、これを機に欧州各国の国家財政に対する信用が揺らぐ「欧州債務危機」が広がっていく。国内では沖縄普天間基地の移設をめぐる迷走で鳩山が六月に総辞職を表明し、菅直人内閣が誕生した。

財務相時代に出席したG7で欧州債務危機の実情を知った菅は、日本の財政にも不安を抱き、七月の参院選を前に「自民党が公約に盛り込んだ一〇%を参考にして、消費税の改革案を取りまとめたい」と突如表明する。自民党案を取り込むことで参院選での争点化を避ける戦略ではあったが、五%は変えないという政権発足時の約束を翻した結果、民主党は選挙で大敗し、ねじれ国会が復活してしまう。安定した議会運営はまたも不可能になった。

肝心の景気も、夏場の円高進行で回復の足取りが鈍る。日銀が金融政策の現状維持を決めた直後にFRBが国債の買い入れ拡大に動いたため、八月一一日、円相場は一ドル＝八四円台と一五年ぶりの高値をつけた。「経済無策」と批判され、危機感を強めた菅は八月二三日朝、電話で白川に対応を求め、それが不十分と見るや、二七日には自ら「機動的な金融政策の実施を期待する」との首相談話を読み上げ、白川と再会談する意向を表明した。

白川が臨時の政策決定会合を招集し、資金供給を拡大する追加策を決めたのはこの三日後である。民主党内で日銀法再改正を示唆する声が出るなかでの苦渋の決定だった。

副総裁の山口が、足しげく総裁室に通い詰めるようになったのもこのころからである。

円高圧力はその後も衰えず、政府・日銀は六年半ぶりに円売り・ドル買い介入を実施するが不発に終わった。一ドル＝八二円台まで進んだ円高に企業マインドは冷え込み、企画担当理事となった雨宮正佳ら企画ラインは「次の一手」を考えるよう働きかけるが、白川はほとんど相手にしない。何とか説得してほしいと、山口にお鉢が回ってきたのである。

白川の二期後輩にあたる山口は、日銀マンには珍しく、硬軟自在の調整力と幅広い情報網を持つ直言型の「政策参謀」だった。「次は相当思い切ったことをやらざるを得ない」と考えた山口は、欧米当局や政治のこの先の展開を読みながら、「円高との持久戦」に耐えられる新たな政策の枠組みが必要だと提言するが、白川は容易に納得しない。「そもそもなぜやる必要があるのか」と原点に立ち戻って問い返す白川を口説き落とすのは、至難の業だった。

九月も末になると、山口は朝一番で総裁室に飛び込み、平均二時間から三時間、時に昼食時まで激論を交わす日々を送るようになる。

一〇月一日、臨時国会の所信表明演説で、菅が再び強いメッセージを発する。

「日銀に対しては、政府と緊密な連携を図りつつ、デフレ脱却の実現に向け、さらなる必要な政策対応をとることを期待いたします[22]」

三日後に政策決定会合が予定されていた。最高権力者による異例の演説で日銀の外堀は埋められ、①コールレートを〇〜〇・一％に引き下げる「実質ゼロ金利」の導入、②一％程度の物価上昇が見通せるまで実質ゼロ金利を継続、③国債や社債、CP、ETF、REITなどの金融資産を買い入れる総額三五兆円[23]の基金創設——の三本柱で構成される政策パッケージが一〇月五日に決定した。後に導入される「量的・質的金融緩和」のプロトタイプ（原型）となるものだった。

それでも、白川は「量的緩和」の呼称だけはどうしても使いたくない。あくまでも誘導目標は金利であり、国債などの買い入れも長めの金利低下を促すのが狙いだ。そもそもゼロ金利下で量の拡大に意味があると思っていないのである。(24)

何かパンチの利いた呼び名がないか考えたが妙案が浮かばず、山口が同じ副総裁の西村清彦に相談したところ、「全部入っているから包括的な金融緩和でどうか」と言われ、「包括緩和」と命名することにした。

記者会見で白川は「過去十数年、日本銀行は金融緩和のフロントランナーだった。今回もフロントランナーと思い、あえて既存の言葉ではなく、包括緩和という言葉を使っていきたい(25)」と説明した。確かに、ゼロ金利も量的緩和も株式などリスク資産の買い入れも、日銀が世界の中央銀行に先駆けて導入したものである。その意味で包括緩和は、過去の非伝統的金融政策を体系化し、この先の経済情勢に応じて金融緩和を逐次強化できる創造的なプログラムと言えた。ただ、思い切った量の拡大を求める論調が強まるなか、白川の決断はどこか腰が引けているように映った。

「実質ゼロ」という微妙な表現もそうだった。「ゼロ」ではなく、携帯電話のセールストークにも似た「実質ゼロ」を謳ったのは、準備預金への付利金利〇・一%を維持したからだ。付利金利が不変なら、市場金利の下限も不変であり、実際、コールレートの低下幅は薄皮一枚程度にとどまった。市場機能を殺したくない白川の一念が、「ゼロ金利」を回避しつつ、対外的には「実質ゼロ」を強調するという苦しいレトリックにつながった。(26)

一方、資産買い入れのための基金は、長期国債の買い増しに伴い、国債保有額を銀行券の発行残高以内に抑える「銀行券ルール」が守れなくなるため、ルールの適用除外にできる「別枠」を作ろうとしたものだ。

本体と分別管理することで異例の措置の全体像が常に分かるようにする狙いもあったが、審議委員の須田美矢子は「なし崩し的なルールの放棄ととらえられかねない」と考え、国債の買い入れに反対した。[27]

包括緩和そのものは市場に驚きを持って受け止められ、円相場は急反落し、株価も一時的に上昇した。しかし、この一か月後、FRBが「QE2」[28]と呼ばれる追加的な大規模緩和に乗り出し、円相場は一ドル＝八〇円台前半でピン留めされてしまう。米国と比較して「腰が引けた日銀」に対する政財界の不満が収まることはなかった。

白川時代に象徴されるように、日銀の金融政策は常に、米財務省やFRB、主流派経済学といった「アメリカという制約」の下で運営されてきた。一九八〇年代後半には米国が掲げる国際協調路線を理由に低金利の継続を余儀なくされ、二〇〇〇年以降はデフレ対応として量的緩和と非不胎化介入を繰り返し要求された。

そしてリーマン・ショックが起こると、米国は今度は国際協調には目もくれず、猛然と金融緩和に走る。GDP世界一の基軸通貨国が大規模緩和を行えば、他国通貨には上昇圧力がかかり、これに対抗するため同レベルの緩和が必要になる。FRB流のバランスシート拡大に疑問を抱きつつも、日銀は円高に急き立てられ、米国を後追いするしか道がなかったのである。

ある日銀幹部は「米国に付き合わないとひどい目に遭う。だが、一度付き合うと、それを正当化しようとするため逃げられなくなる。「囚人のジレンマ」[29]に陥っていた」と当時を振り返っている。

大震災と「リフレ派」の決起

二〇一一年三月一一日午後二時四六分、宮城沖を震源とするマグニチュード九・〇、最大震度七の巨大地震が発生した。

東日本沿岸を襲った大津波と未曽有の原発事故により、日本は壊滅的な打撃を受ける。多数の死者・行方不明者、家屋や農地・インフラの消失に加え、供給網の寸断で生産活動はストップし、鉱工業生産は史上最大の落ち込みを記録、株価も連日暴落した。リーマン・ショックから徐々に立ち直りかけていた日本経済は、再び奈落の底に突き落とされた。

震災の瞬間、総裁室で強い揺れに襲われた白川は、直ちに「災害対策本部」を立ち上げ、日銀ネットの稼働状況を確認したうえで「日本銀行は通常通り業務を行っている。日銀ネットも正常に稼働している」との短い声明文を出す。決済システムに異常が起きると、経済活動全体が麻痺する恐れがあるからだ。

現金需要が高まる被災地の支店や事務所は週末も開け、前年比三倍の銀行券と貨幣を供給した。週明け一四日には、金融市場の動揺を抑えるため二一兆八〇〇〇億円という過去最大規模のオペをオファーし、包括緩和の「基金」を五兆円増額することも決めた。

外為市場では、日本が海外資産を円に換えるのではないかとの観測から一ドル＝七六円台まで五円近くも円が急騰する。これを受けて、日米欧G7による協調介入が一七日に実施された。一九九五年八月以来となる円高阻止のための協調介入を前に、財務省幹部は日銀幹部に電話し、「売却した円は吸収せず、放置してほしい」と、非不胎化政策を求めたという。

この協調介入が実施された三月一七日、永田町の国会議員会館を回る山本幸三らの姿があった。自民党の山本は衆参七〇〇人余の議員事務所をすべて訪ね、「今こそ二〇兆円規模の日銀国債引き受けによる救助・復興支援を！」と題する檄文を秘書とともに配っていた。

日銀批判の急先鋒に立つ山本は、前年夏に発足した「デフレ脱却国民会議」の勉強会に出席し、そこでまとめた提言を各党の政策責任者に手渡した日の午後、震災に遭遇した。危機感を持った山本は事務所にこもり、一週間かけて檄文を書き上げる。

必要な復興支援額が二〇兆円を超えるのは確実だが、デフレ下での増税は避けるべきであり、日銀の国債引き受けが最適だ、と檄文には書かれていた。日銀引き受けを禁じた財政法には「特別の事由がある場合において、国会の議決を経た金額の範囲内では、この限りでない」との但し書きがあり、大震災が「特別の事由」に当たるのは自明の理だと強調し、「与野党の垣根を越えて、選良としての責務を是非果たそうではないか」と締めくくっている(30)。

自民党議員の多くは公共事業や企業税制には強い関心を示すが、あまねく効果が及ぶ金融政策にはさほど興味を示さない。それでも山本は三月二二、二八日、四月五日、五月一一日と檄文を出し続ける。そのうち本会議場で席が近い自民党の田村憲久と意気投合し、民主党出身の参議院議長、西岡武夫からも賛同の電話が入るなど、活動の輪が広がっていく。やがて「議員連盟を作りたいが、自分たちだけではなかなか動かない。誰か名の知れた人をトップに担ごう」という話になり、田村が「それなら安倍晋三さんがいい」と提案した。安倍は首相を退いたあと雌伏し、復権の時を待っていた。

五月一七日、山本は安倍の事務所を初めて訪ね、デフレ脱却には日銀法の再改正と国債引き受けが必要だと訴えたうえで議連会長への就任を要請した。安倍は「日銀が早く引き締めるのは問題だ」などと応じ、福井時代の量的緩和解除を批判した。話を聞きながら、安倍が経済分野についてかなり勉強していることに山本は驚き、再起を促すべくこう言った。

「安倍さん、次は経済で行かなきゃ駄目ですよ」

もっぱら憲法や外交安保を専門とし、経済には疎いと言われた安倍だが、山本の進言に「そうだな」と相槌を打ち、会長就任を受諾する。(31)

六月一六日、安倍を会長とする「増税によらない復興財源を求める会」の初会合が国会内で開催された。菅内閣が検討する復興増税に反対し、代替財源として「政府と日銀の間で政策協定（アコード）を締結し、政府が発行する震災国債を日銀が原則全額買い切りオペする」ことが決議文に盛り込まれ、与野党七党派の国会議員二一一人が署名した。

六月三〇日、この会の自民党議連の勉強会が開かれ、講師役に米イェール大学名誉教授の浜田宏一が招かれる。リフレ論者の浜田は増税を批判し、「金融緩和で歳入を増やし、増税をなるべく少なくするのが経済学の定石」と説き、山本にお墨付きを与えた。二回目の勉強会には日銀批判で鳴らした学習院大学教授の岩田規久男が招かれ、ここで安倍と遭逢した。(32)

浜田と岩田を講師に招いたのは山本である。この勉強会を機に山本は岩田らから入手したさまざまな資料を安倍のところに届けるようになり、安倍も浜田や岩田の著書を読み、金融政策を学ぶ。「財務省の人間が来て、国債引き受けを認めたら金利が上がると言っているが本当か」などと山本に電話でレクチャーを求めることもあったという。

首相を辞したあとリフレ派に転じたきっかけを問われた安倍は、一三年春の国会で「総理をやめると非常に時間ができた。その中において山本幸三議員が、いわばリフレ派としてさまざまな主張をしてこられた」とリフレ派の名を真っ先に挙げている。(33)

対する山本も「勉強していくなかで日銀の独立性とは何なのかを安倍さんは理解した。すべて独立というのはあり得ない。手段については完全な独立だが、政策目標は政府と日銀が協議して決めるものなんだと。その整理ができて彼は初めて独立の意味が分かったと思う」と振り返る。大震災を機に、山本を核とするうねりが起きようとしていた。

実は山本は、白川と同郷、同窓、しかも同じゼミの一年先輩である。大蔵省国際金融局にいたころには、シカゴ大学の留学から戻った白川を勉強会の講師に呼んだこともあった。双方知らぬ仲ではなかった。だが、国会議員に転じた山本の白川批判は容赦なかった。大学の同じゼミで学び、米コーネル大学への留学経験を持つ「経済通」として、山本自身、白川との政策論争を楽しんでいるようにも見えた。大震災の発生前、既に二人の間でこんなやり取りが行われている。

山本「長期国債を買いまくればいいじゃないですか」

白川「そうした買い入れが、財政赤字のファイナンスになっているとみなされますと、今度は長期金利の方にも影響が出てくる」

山本「インフレ目標政策をぜひとも入れなきゃいかぬと思って、民主党の皆さん方とも議論をして、これは必ずやり遂げる」(二〇一一年三月二日、衆院財務金融委員会)

大震災後に「檄文」を撒いたことで、山本の主張はその後さらに激しくなる。

白川　「金融政策の目的を離れて自動的に財政ファイナンスのために国債を引き受けるという体制になりますと、通貨の信認を毀損するおそれがある」

山本　「二〇兆円ぐらいの日銀国債引き受けをやって、そんな事態が起こりますか。だって、二〇兆円以上のデフレギャップがある。ハイパーインフレになるわけがない」「心配しているというのはわかりますが、説得力がない」（同三月二五日、衆院財務金融委員会）

そして安倍を担いで議連を発足させたあとには、「もともと中央銀行なんて独立する必要はない。政府と一緒にしちゃえば、同じことがどんどんできる。本質的には一緒にして、政府が通貨発行するのと同じことなんです。資産を持たなくたって金が出せる。打ち出の小づちそのものですよ(34)」とまで言った。

「リフレ派」という扇の要になった山本は、明らかに高揚していた。

時代の空気と日銀法

ギリシャに始まった欧州債務危機は、その後アイルランド、ポルトガル、スペイン、イタリアへと飛び火していった。深刻な財政不安から各国で国債価格が急落し、これを大量保有する欧米の銀行に巨額の損失が発生、再び国際的な金融不安が増幅していく。

この結果、安全資産とみなされた円はさらに買われ、七月に再び八〇円を突破。震災対応と「経済無策」で与野党から辞任を迫られた菅は、引きずり下ろされるように退陣を表明し、八月三〇日、野田佳彦が後継首相の座に就く。自民党議連の勉強会で安倍がリフレ派の岩田と巡り合ったまさにその日である。

新政権発足後も円高にはブレーキがかからず、一〇月三一日早朝の海外市場で、ついに一ドル＝七五円三二銭の戦後最高値をつけた。「スーパー円高」の到来に経済界は悲鳴を上げ、政府・日銀は最大規模の単独市場介入で応戦したが、政財界の不安と日銀不信はピークに達する。

一一月二四日、衆議院第一議員会館で「日本再生のカギは日銀法改正にあり」と題するシンポジウムが開かれた。安倍、鳩山、渡辺喜美の挨拶に続き、リフレ派の理論的指導者となった岩田が基調講演を行い、インフレ目標の導入を含む日銀法改正を訴えた。シンポジウムには速水時代の審議委員、中原伸之の姿もあった。会を主催した国家ビジョン研究会代表世話人の中西真彦は、かつて日銀法改正小委員会のメンバーに選ばれ、独立性強化を声高に唱えた一人である。その立役者までが再改正の旗を振り、政党の枠を超えて多数の議員が集まった。日銀の警戒心は否が応にも高まっていく。

二〇一二年一月、白川に衝撃のニュースが飛び込んできた。FRBが「インフレ目標」を設定したのである。長期的な物価目標（goal）として前年比二％を掲げ、事実上のゼロ金利政策を少なくとも一四年終盤まで続ける、と議長のベン・バーナンキは声明した。さらに第三弾の量的緩和（QE3）にも前向きな姿勢を示した。円相場に再び上昇圧力がかかり、インフレ目標を日銀に求める声が与野党から一斉に噴き出す。

二月二日の衆院予算委員会で山本は「インフレ目標は日銀法を改正してやるしかない。（中略）何でそれをやらないいんですか」と財務相に迫り、二月九日には民主党政調会長の前原誠司が「政府と日銀の協定を結んで、同じ目標に取り組むんだということでやることが大事だと思うがどうか」と野田を質す場面もあった。

二月一四日の政策決定会合。FRBに追随するかのように、CPI上昇率の目標値について「二％以下のプラスの領域にあり、当面は一％を目途とする」ことが決まった。白川は「目標」ではなくあえて「目途」という表現を用い、英文表記ではイングランド銀行のような「target」ではなく、ＦＲＢと同じ「goal」を選んだ。

政策決定会合後の記者会見で白川は、日本では「インフレ目標」という言葉が目標値に向けて機械的に政策運営する意味で使われているため、欧米のように「より中長期的な政策運営の仕方」を的確に表す言葉として「目途」を使った、と説明した。ただ、言葉の端々に「インフレ目標」を求めるリフレ派への嫌悪感がにじみ、これに反発する山本は国会で即座にかみついた。

「ゴールを使うのなら、目標と言えばいいじゃないですか。ゴールといったら、日本語訳は目標しかありませんよ」「全く逃げているとしか思えない。何で目標という言葉ではいけないんですか。それは責任をとりたくないからですよ[35]」

日銀法を改正し、インフレ目標を法定化すべきだという意見は、金融政策に関心の薄かった自民党内にも浸透し始めていた。三月八日、安倍が会長を務める自民党議連が「日銀法改正でデフレ・円高を解消する会」に衣替えし、法改正要綱を発表する。四月に入ると党政務調査会の財務金融部会でも法改正の検討が始まり、二七日には改正案が固まった。物価だけでなく「雇用の安定」を金融政策の目的に加え、インフレ目標を盛り込んだ協定（アコード）を政府との間で締結させ、その達成状況いかんでは「内閣は（中略）両議院の同意を得て、総裁、副総裁又は審議委員を解任することができる」という過激なものだった[36]。

日銀幹部は「民主党だけでなく、自民党にも改正論が広がり、危機感が格段に上がった」と振り返る。財務省幹部は「山口副総裁は再改正が実現してしまうのではないかと本当に心配していた」と後に証言した。

「時代の空気」が変わりつつある、と白川は憂慮していた。

問われれば、「日本社会において、中央銀行が独立した判断で金融政策を行っていく必要性については、十分理解がある」[37]と平静を装っていたが、書店には「白川総裁を解任せよ」[38]などと日銀を糾弾する書籍が並び、長く付き合ってきた経済人や報道関係者の間でもリフレ政策を支持する声が広がっているように感じた。

リーマン・ショック、東日本大震災、欧州債務危機、超円高というかつてない苦境を乗り切るため、白川は社債やCP、ETFの買い入れ、長期国債の買い増し、貸出増加支援のための資金供給など、総裁任期中に一八回を超える政策発動を行った。当時、政策決定会合は年一四回開催だったため、単純平均すればほぼ四回に一度のペースで金融緩和措置が積み重ねられたことになる。

その結果、日銀の総資産は任期中に四五％増となる五一兆円膨張し、一四年には約一三〇兆円増となるレールが敷かれた。側近の一人は「将来の出口も考えながら、ありとあらゆる手を打った。白川時代の政策は積極果敢だったと思う」と後に主張した。

ただ、それでも白川の在任中、日銀への批判が鎮まることはなかった。円高是正の期待に応えることができず、「欧米に比べて、一つ一つの緩和がツーリトル・ツーレイト(小さすぎて遅すぎる)と映った」からだ、と白川に批判的な別の日銀幹部は指摘する。

包括緩和の導入後、資産買い入れの基金は五兆円刻み、その後一〇兆円刻みで合計八回増枠された。白川からすれば、財政ファイナンスに近づかぬよう、また将来後戻りできるよう慎重に進んだつもりだったが[39]、「結果的に一〇〇兆円以上出したのだから、一度でドンと出せばよかった」との批判も出た。見かねた企画ラインのOBが「匍匐前進のような政策はやめた方がいい。徹底的に緩和するか、寝っ転がって何もやらないかのどちらかだろう」と白川らに直言したこともあったという。

また、白川自身が非伝統的手法の効果に内心疑問を持ち、副作用を懸念し、発言の端々にそうした「本音」がにじみ出た影響も小さくなかった。(40) 政府部内だけでなく、日銀の企画ラインにも「たぶん効かないだろうと言いながら、薬を処方するようなもの」との批判が広がり、白川との間に隙間風が吹き始める。

とりわけ量的緩和に柔軟な企画担当理事の雨宮と白川との関係は、周囲が心配するほど冷え込み、雨宮の意見に白川はほとんど耳を貸さなくなった、と総裁側近は証言する。

速水時代から数多の非伝統的政策に関わってきた雨宮は、副総裁の山口に「支店に出してほしい」と頼み込み、五月一一日付で大阪支店長に異動した。また、若手職員の間でも「リフレ的なペーパーを書いても上げられない」「やりたい研究が自由にできない」との不満がくすぶり、苛烈な日銀批判に耐えられないとの思いも重なって、日銀内の「空気」までも変わっていった。

もう一つ、この時期に消費税の増税論議が高まったことも、白川を窮境に追い込む一因となった。与野党で増税に反対する議員たちは、大胆な金融緩和で成長率が上がれば税収が増え、消費税の増税は不要になると主張した。片や、推進派の議員たちは、消費税増税を実現するにはデフレ克服が不可欠だとして、同じく大胆な金融緩和を要求した。やがて政府と日銀が協定を結び、デフレ脱却を図るべしとの見解で双方が合流し、大規模緩和と日銀法改正を促すムードを煽ったのである。

財務省の「三点セット」

「時代の空気」に飲み込まれる日銀を、財務省は心配していた。

財務省と日銀の間には幾重にも意見交換のルートがある。中心は大臣官房総括審議官と企画担当理事の定期会合で、経済政策全般について意見交換する。その上に事務次官と副総裁のチャネルがあり、ここでは「政治案件」が話し合われることが多い。

二〇一二年当時の総括審議官は佐藤慎一だった。佐藤は一九九七年の日銀法改正のときの担当者である。対する日銀の企画担当理事は雨宮に代わって門間一夫が昇格し、企画局長には史上最年少で内田眞一が就いた。

五月のある日、佐藤は門間に言った。

「一生懸命やってはおられるが、白川さんのやり方は小出しで、マーケットに駄目出しされている。このままだとアコード(協定)とか、インフレ目標といった話になる。いずれ超大規模緩和が必要になりますよ」

そう言って、佐藤は一枚のメモを見せた。「超大規模緩和、財政健全化のコミットメント、成長戦略」と書かれ、佐藤はこれを「三点セット」と呼んだ。消費税増税を確実に実施しつつ大規模な金融緩和を展開し、それが効いている間に潜在成長率引き上げに向けた成長戦略に取り組むという作戦である。

門間は「そうは言っても白川さんが固い。まだちょっとこの話は早いです」とやんわり返した。だが、門間が戻って山口に報告したところ、山口も「そういう話になるだろうな」と頷いた。佐藤は「三点セット」をしまい込み、時機が来るのを待つことにする。

六月二一日、民主、自民、公明の三党が「社会保障と税の一体改革」で合意し、消費税率を一四年四月に五％から八％、一五年一〇月に一〇％へと段階的に引き上げる法案が八月に成立した。ただ、成立を前に野田が「近いうちに信を問う」と約束し、政局は一気に流動化する。さらに反対派を懐柔するため、法律の附則に「名目三％、実質二％の成長率を目指して（中略）必要な措置を講じる」と明記し、高めの成長と物価上昇が増税の前提となった。[41] この景気弾力条項は、後に増税先送りという想定外の事態を招くことになる。

二〇一二年九月二六日、野党自民党の総裁選挙が行われた。当初劣勢とみられた安倍は「経済再生」を前面に押し出し、決選投票で石破茂を破り復権を果たす。選挙期間中、安倍は「二、三％の物価上昇率」を目標に思い切った金融緩和を求め、その実現のためには日銀法改正も辞さない、と訴え続けた。新総裁の主張は、党の選挙公約にそっくり盛り込まれた。

この直後の世論調査で、野田内閣の支持率は二〇％を切り、安倍の方が野田より首相にふさわしいという結果が出る。[42] 早期解散をにらみ、自民党は一段と勢いづいた。

一〇月一日の内閣改造で経済財政担当相に就いた民主党の前原は、安倍に対抗するため、行動を起こした。四日後の政策決定会合に自ら出席し、緩和強化を直接訴えたのだ。

会合への閣僚の出席は〇三年四月の竹中平蔵以来、九年半ぶりだった。これを踏み台に、前原は政調会長時代から主張してきた「アコード」の実現に向け、首相の野田に直談判する。困った野田から対応を委ねられた財務相の城島光力《こうりき》が相談した相手が統括審議官の佐藤である。佐藤はここぞとばかりに一度しまい込んだ「三点セット」を取り出し、これを基に「アコードのような文書」をまとめようと考える。財務省、日銀、内閣府の協議がこうして始まった。

政府と日銀が合意文書を交わしたことは過去一度もない。理事の門間から文案が上がってくるたびに白川は難色を示したが、結局、一〇月三〇日の政策決定会合で「デフレ脱却に向けた取組について」と題する文書が採択されることになる。デフレ脱却という重要課題の達成に政府と日銀が最大限努力することを前提に、それぞれ取り組むべき政策課題を連ねたもので、白川、城島、前原の三人が署名した。ただ、白川は「共通理解と言うべきもの。従来と違う認識を示したものではない」と言い、共同記者会見も行われなかった。

実は、この「共同文書」は、政権交代の可能性をにらんだ佐藤が「あまり無理をせずにまとめた」ものだった。民主、自民双方が「アコード争奪戦」を展開するなか、一方に肩入れするのはリスクが大きいため、既存の方針をなぞる程度の差し障りない文書にとどめたのである。白川が了承したのも「アコードという体裁を取らずに、文章表現としても妥当なところに収まった(43)」からだった。

ただ、日銀の防衛ラインがじりじり後退していることだけは間違いなかった。

安倍の復活、白川の窮境

二〇一二年一一月一六日、ついに衆議院が解散された。安倍率いる自民党は、「無制限の金融緩和によるデフレ脱却」を掲げ、選挙戦に突っ込んでいく。

自民党の政策パンフレットには、勇ましい公約が躍っていた。

——デフレ、円高からの脱却を最優先に、名目三％以上の経済成長を達成します。明確な「物価目標（二％）」を設定、その達成に向け、日銀法改正も視野に、政府・日銀の連携強化の仕組みを作り、大胆な金融緩和を行います(44)。

安倍が発する「無制限緩和」のメッセージに市場は沸き立ち、原発稼働停止に伴う貿易赤字への転落と欧州債務危機の収束も相まって円安・ドル高が加速し、売られ過ぎた株価は反転・急上昇を始める。いわゆる「アベノミクス相場」の始まりである。

安倍の周りにはリフレ派が結集していた。仕掛け人の山本、「デフレは貨幣的現象であり、量の拡張によって解決できる」とするイェール大学の浜田、リフレ派の中心である学習院大学教授の岩田、元財務官僚の本田悦朗、髙橋洋一、元日銀審議委員の中原ら。必要な理論はすべて彼らが用意した。

一一月一七日、安倍は遊説先の熊本で公共投資の必要性を訴え、こう続けた。

「建設国債はできれば日本銀行に全部買ってもらう。これによって新しいマネーが強制的に市場に出て行く(45)」

財政法第五条で禁じられた国債引き受けを思わせる発言だった。安倍は「もしも自民党が政権をとったら、インフレ容認ではなく、インフレターゲットに賛成してくれる人を日銀総裁に選びたい」とも言った。

三日後の記者会見で、白川はすかさず反論する。

「国債引き受けはＩＭＦが発展途上国に中央銀行制度の助言を行う際、行ってはならない項目リストの最上位に掲げるようなものです。引き受け、あるいは引き受け類似の行為を行うと通貨の発行に歯止めが利かなくなり、その結果、様々な問題が生じるという内外の歴史の教訓を踏まえたものだと考えています(46)」

あくまでも一般論と断ったうえでの発言だったが、途上国でもやらない政策をやるのか、と問うているようにも聞こえた。白川の反駁はさらに続く。

「中央銀行の独立性は、内外の長い経済・金融の歴史の中から得られた、数々の苦い教訓を踏まえて考えられた制度である。やや長い目でみた経済・金融の安定を図っていく組織が必要である、それを中央銀行の独立性という形で制度設計したわけです」

白川発言はすぐさま報じられ、安倍は直ちに再反論する。自らのフェイスブックに「基本的には買いオペでと述べた。直接買い取りとは言っていない。言っていない事を言っているとした議論は、本来論評に値しない」と書き込み、米国の浜田から届いたファクスをそのまま掲載した。浜田はこう書いていた。

「デフレ、円高という貨幣的な症状が出ているのですから、金融拡張が当たり前の処方箋です。(中略)政策手段としてはインフレ目標が望ましい。デフレ期待が定着している日本経済に活を入れるのは、安倍総裁の二~三%がまさに適当といえる。デフレ脱却のためには、日銀の国債引き受けでもいいが、それが強すぎるというのなら、総裁のおっしゃったように日銀が国債を大規模に買い入れればよい」(47)

浜田は白川が大学三年時のゼミの指導教員である。白川に対抗するにはうってつけの人物だった。安倍と白川の論争にはこのあと民主党も加わり、金融政策が選挙の争点となっていく。

一二月一六日。自民党は総選挙で圧勝し、三年ぶりの政権復帰を決める。テレビの開票速報を見ながら白川は考え込んだ。金融政策を争点とした選挙で国民は自民党を選択した、これは一体何を意味するのか――。

選挙の二日後、白川は単身自民党本部を訪れた。これまで安倍との関係は薄く、政権発足後の経済財政諮問会議で初手合わせという事態はできれば避けたい。振り返れば三年前にも鳩山を訪ねており、前回と同様、挨拶を兼ねて金融政策のレクチャーをしようと考えたのである。

だが、高揚した安倍は待ってましたとばかりに切り出した。

「二％のインフレ目標を実現するため、政策協定を結びたい。ご検討いただきたい」

白川は「政策委員会で十分議論し、政府ともよく話し合っていきたい」とだけ返した。具体的な約束はしなかったが、安倍はこの席で「白川与しやすし」と受け止めたようだった。この五日後、フジテレビの番組に出演した安倍は、一月の政策決定会合でインフレ目標を設定するよう求め、「残念ながらそうでないということになれば、日銀法を改正し、アコードを結んで、(インフレ)目標を設ける」と最後通牒を突きつけた。(48)

こうした中、財務省は何とか安倍と白川の「妥協点」を探ろうと動き出していた。双方が対立したままでは経済運営に支障を来し、消費税増税すら危うくなると考えたからである。

事務次官の真砂靖《まなごやすし》は、選挙結果を見届けたうえで副総裁の山口に電話し、「新たな文書」を作成すべきである、と率直に提案した。一〇月に野田政権下でまとめた共同文書ではとても持ちこたえられない、というのが財務省の判断だった。

その実、衆議院が解散された直後、財務省の佐藤は日銀理事の門間に「自民党がきっと勝利し、新たな文書が必要になる」と言い、検討を急ぐよう促していた。だが、白川や山口は、野党党首としての安倍の発言がどこまで本気なのか、政権に就いたあとも変わらないのか、慎重に見極める必要があるとして、選挙が終わるまで表立った動きは控えていた。

佐藤らは選挙期間中、安倍に近い議員を通じて「いきなり二％を日銀に書かせるのは難しい」というサインを送ってみたが、安倍の怒りに遭い、あえなくはね返されていた。また、真砂次官以下で選挙期間中に安倍と接触したが、「金融政策の話は聞かない。もうルビコン川渡っているから」と相手にされなかったという。その後は「正式に総理に就任するまで、日銀総裁に直接指示を出すことだけは控えてください」とお願いするのが精いっぱいだった。

そんな水面下でのやり取りを聞かされていた白川らは、財務省からの「新たな文書」の提案に身構えた。一〇月の文書は確かに民主党時代の作品だが、よくよく考えてみれば、政府・日銀の合意文は政権交代を理由に変更するような性格のものではない。が、国民の支持を得た安倍政権と決定的に対立した場合、金融政策は、そして日銀という組織は、どうなってしまうのか——。さまざまな疑問と不安が交錯し、容易に答えは出てこなかった。

一二月二〇日に開かれた政策決定会合で、白川は一〇兆円の基金積み増しを提案するとともに、一月の次回会合までに物価目標について再検討するよう事務局に指示する。ひとまず次期首相の「指示」に敬意を表し、一か月の検討期間を確保したうえで財務省との折衝に臨むことにした。

相場はますます活況を呈し、円安・株高が加速するなか、第二次安倍内閣は年の瀬の一二月二六日に発足する。記者会見で安倍は「アベノミクス始動」を宣言した。

「強い経済の再生なくして財政再建も日本の将来もない。内閣の総力を挙げて大胆な金融政策、機動的な財政政策、民間投資を喚起する成長戦略、この三本の矢で経済政策を力強く進めて結果を出してまいります」(49)

「三本の矢」をアピールしつつも、安倍は一本目の金融政策にぴたりと照準を定めていた。

四つの条件、秘めたる決意

もし政府との間で「新たな文書」が必要なら、日銀法の原点に戻ろう、と白川は考えるようになる。総裁就任の際にも確認した日銀法を読み直してみた。

第一条　日本銀行は、我が国の中央銀行として、銀行券を発行するとともに、通貨及び金融の調節を行うことを目的とする

二　日本銀行は、前項に規定するもののほか、銀行その他の金融機関の間で行われる資金決済の円滑の確保を図り、もって信用秩序の維持に資することを目的とする

第二条　日本銀行は、通貨及び金融の調節を行うに当たっては、物価の安定を図ることを通じて国民経済の健全な発展に資することをもって、その理念とする

この条文の「物価の安定を図ることを通じた国民経済の健全な発展」「信用秩序の維持」をそのまま書き込めばいいと白川は思った。この日銀法総則の重みこそが「新たな文書」の骨格となるべきであり、過剰な政治介入の防波堤にもなる。

白川の指示を受けて、山口と門間、内田の三人は新たな文書の案を作成するとともに、どうしても譲歩できない項目を四つに絞り込んだ。

「二％の明記」

「達成時期」

「政府の役割」

「金融システムの安定化」

一〇月の共同文書では、物価目標について「二％以下のプラスの領域にあり、当面は一％を目指して」と書かれていた。いきなり二％を掲げると長期金利が跳ね上がり、財政運営や金融システムに累が及ぶというのが表向きの説明だったが、低インフレ体質の日本で二％の達成は当面難しい、と白川らは見抜いていた。

そもそも二％という水準は、デフレ防止には一定の「のり代」が必要だとして欧米各国で採用された目標値である。[50]リフレ派はこれこそ国際標準だと主張したが、日本の場合、一九九〇年以降で二％を超えたのは九一年の一回しかなく、その後も一％超えですら四回しか記録していない。絶頂期ともいえるバブル期五年間でさえ平均一・三％である。[51]

そんな低インフレ経済において、実現困難な目標を達成時期付きで明記するなど無責任極まりない、ここでリフレ派に屈すれば際限のない量の拡大が始まり、間違いなく「財政ファイナンス」になる、「取り返しのつかない最悪の事態」は何としても避けるべきだ、というのが白川の本音だった。

金融政策は「万能薬」ではなく、[52]デフレ脱却には財政健全化など構造改革や成長戦略といった「政府側の努力」が欠かせない、というのも日銀の一貫した主張だった。

さらに、金融緩和によってバブルが発生したり、利ざやの圧縮に直面した銀行が過度なリスクを取ろうとしたりした場合、金融システムの安定を確保するため、仮に二％未達成であっても緩和を打ち切る可能性があるということも、「信用秩序維持」の理念に照らして譲れない条件と考えていた。

これに対し、「金融政策は経済運営のツールに過ぎない」と割り切る財務省は、新政権の経済政策「アベノミクス」と日銀の政策が整合的に行われることが重要だと考えた。

財務大臣に麻生太郎が内定したことを嗅ぎつけるや、幹部らは麻生の事務所に詰めかけ、一足早く「ご進講」を開始する。アベノミクスの柱は金融緩和だが、成長戦略も不可欠であり、機動的な財政出動も考える。何より三党合意に基づく消費税率の着実な引き上げとその先にある財政健全化への取り組みが重要なのだ、と麻生に繰り返し説明した。

このご進講と並行する形で、財務次官の真砂と副総裁の山口による折衝は、もっぱら電話会談を中心に、時に直接会談も交えながら、次第に熱を帯びていった。

二〇一三年の年が明け、「総理が二％の達成期限をアコードに明記しろと言っている」との情報が首相官邸から財務省にもたらされた。

安倍自身、二％達成には政府側の努力も不可欠だと主張する日銀を「責任逃れ」と批判し、二％達成の期限を明示させ、日銀に全責任を負わせるべきだと考えていた。山本をはじめリフレ派が一貫して主張してきたことでもある。

一月九日に開かれた最初の経済財政諮問会議。民主党政権下でいったん廃止され、約三年ぶりに開かれた公式の場で、安倍と白川は初めて向き合った。

政府側の説明に続き、発言を求められた白川は強力な金融緩和を推進していると強調したうえで、経済全体の成長力の強化と財政ファイナンスの疑いを持たれないよう財政健全化への取り組みが重要だと演説する。

これに呼応し、出席者から「金融緩和だけでは十分でない」「政府の責任もある」との発言が続き、意を強くした白川が「デフレからの脱却は金融面からのしっかりとした後押しと成長力強化に向けた取り組み、この二つが相まって初めて実現していく。日本銀行の果たすべき役割はしっかり果たしていきたい」と繰り返した、まさにそのときだった。

議長の安倍が突然「一言お話をさせていただく」と割り込んできた。白川の発言に我慢できなかったのである。安倍は堰を切ったように反論した。

「一〇年以上デフレがずっと続き、デフレ期待が定着している。相当なことをしていかない限りできない。つまり伝統的な手法ではないだろうと。（中略）選挙中に随分、日銀の独立性を侵しているのではないかと言われてきたが、大切なことは、ここで対話することによって認識を一致させ、そして目標を共有する。二％という目標に向けて、これはもう大胆な金融緩和をやってください、日本銀行はひとつ責任を持ってやってください(53)」

明確な責任を白川に求める安倍の演説に、会場は静まり返った。安倍は「その手段においては、当然、独立性は担保されていくが、我々も総裁に対して要求することは要求させていただきたい」とも言った。

会議が終わったあと、副総理兼財務相の麻生が安倍を訪ねた。安倍は「物価目標を骨抜きにしようという動きが目に余る」「政府と日銀が対等というのはだめだ」「このままでは市場が失望する」などと不満を漏らし、麻生は「今は二％の物価目標を日銀に約束させることに集中すべきだ」「いろいろと注文をつけられても交渉をするのは私だ(54)」と押し返したが、安倍は納得しない。

この日、安倍は中原らリフレ派のブレーンたちに電話をかけ、「金融有識者会議」の開催を持ちかけていた。あるべき金融政策の方向性を専門家に示してもらい、遅々として進まない日銀との折衝に対し、官邸主導でねじを巻こうと考えたのである(55)。

安倍が麻生に不満を伝えたように、日銀と財務省との調整は年明け後も思うように進まなかった。あくまでも四条件をパッケージとして満たすよう求める日銀に対し、財務省は官邸の意向を踏まえて「それでは総理がうんと言わない」と押し返し続ける。

事態が凍りついたある日、白川は総裁室に副総裁の山口を呼び、言った。

「山口君、僕は辞めようかと思う」


予想もしない言葉に山口は息を呑んだ。白川はそのような重大事を思い付きで口にする人間ではない。一瞬、重い沈黙が流れたあと、山口はかぶりを振って言った。

「総裁が辞めるなら、副総裁である私も辞めざるを得ません」

白川は「君が辞めることはないよ」と押し返そうとしたが、山口は遮るように続けた。

「いえ、辞めるなら一緒です。西村副総裁もそういうことになるでしょう。三人辞任となれば日銀はバラバラになりますよ。組織が持ちません。官邸との関係はガタガタになり、マーケットも大混乱します。それでもいいんですか」

白川の任期は四月九日に切れる。一足先に就任した副総裁の任期切れは三月である。残り少ないとはいえ、任期半ばで辞表を出せばどうなるか――。世界中が「抗議の辞任」と受け止め、アコードを抑止し、中央銀行論を呼び覚ます何某かの力になるかもしれない。

だが、発足した安倍政権にとっては大打撃となる。首相官邸との関係は修復不能になり、日銀法再改正が加速するだろう。残された日銀は、そして市場はどうなってしまうか……。

白川は考え込み、それ以上言葉を返さなかった。(56)

第5章

「黒田時代」

——ゴール未達、そして漂流

2013~

政治主導による路線転換が決まり、
新体制は大規模な量的・質的金融緩和を実行する。
出足こそ順調だったが、公約した目標は何年経っても達成できず、
追加緩和を重ねるうちに、金融政策は一般国民には理解できない
複雑難解な姿へと変貌していく。

黒田時代

2013年(平成25年)

4月　異次元緩和スタート
7月　参院選で自公圧勝、「ねじれ国会」解消
9月　2020年夏季五輪の東京開催が決定

2014年(平成26年)

4月　消費税率、8%に引き上げ
9月　御嶽山噴火
12月　安倍首相が再増税延期表明後の衆院選で勝利

2015年(平成27年)

7月　東芝の不適切決算処理が発覚
9月　安全保障関連法成立
11月　パリ同時多発テロ

2016年(平成28年)

4月　熊本地震
5月　伊勢志摩サミット
6月　英国民投票でEU離脱が多数占める
8月　天皇が「お気持ち」表明、生前退位へ
11月　米大統領選でドナルド・トランプ勝利

2017年(平成29年)

2月　「森友・加計」問題が表面化
7月　九州北部豪雨で40人超の死者・行方不明者
10月　衆院選で自公勝利

2018年(平成30年)

6月　米朝首脳会談
9月　北海道胆振東部地震

2019年(平成31年)

4月　新元号「令和」発表、5月1日改元
10月　消費税率、10%に引き上げ

2020年(令和2年)

1月　新型コロナウイルスで中国・武漢を封鎖
4月　新型コロナウイルスで国内に緊急事態宣言
8月　安倍首相が辞意表明
9月　菅義偉内閣発足

I

共同声明、土壇場の攻防

二〇一三年一月。白川方明の辞意を懸命に押しとどめた副総裁の山口廣秀は、一晩考え、交渉相手である財務事務次官の真砂靖にこれを伝えることにした。事態がここまで切迫していることを開陳することで「歩み寄り」の機運を醸成しようと考えたのである。

「場合によっては、総裁は辞任するかもしれません」

山口はあらかじめ白川に断りを入れたうえで、この警告を発した。一つの賭けだった。

真砂は一瞬驚いた表情を見せた。真砂は若いころ日銀に出向し、白川の下で働いた経験がある。物静かではあるが一徹な白川の性格を考えると、抗議の辞任に踏み切る可能性もゼロではない、と察した。

話は大臣の麻生太郎の耳にも入る。同じ福岡県人として、白川の気性と心情は麻生も理解できた。麻生と真砂はここから官邸と日銀双方に受け入れ可能な文書を取りまとめようと奔走する。

実は山口も、四条件のうち「二％の明記」については譲らざるを得ないだろう、と早い段階で見切っていた。これまで物価安定は「二％以下のプラスの領域」にあると言い、二％の存在を認めてきたからだ。ただ、白川はそれでも「目標」とすることになかなか納得しない。「政府の役割」をめぐっては、今度は安倍晋三が日銀に全責任を負わせるべきだと言って、譲らなかった。日銀側が考えた文書は、当初次のようになっていた。

——日本経済の競争力と成長力の強化に向けた幅広い主体の取組の進展に伴い持続可能な物価の安定と整合的な物価上昇率が高まっていくとの認識に立ち、日本銀行は、物価安定の目標を消費者物価の前年比上昇率で二％とする。

競争力と成長力の強化が二％達成の前提という意味である。が、財務省も内閣府も「これでは官邸のＯＫが出ない」と言い、押し引きが続いた挙句、次のような表現に変わった。

——日本銀行は、今後、日本経済の競争力と成長力の強化に向けた幅広い主体の取組の進展に伴い持続可能な物価の安定と整合的な物価上昇率が高まっていくと認識している。この認識に立って、日本銀行は、物価安定の目標を消費者物価の前年比上昇率で二％とする。

同一のように見えるが、よく読むと文章が二つに分かれている。間に句点を入れることで、「前段の部分はあくまでも日銀側の認識に過ぎず、政府の責任ではない」と官邸に説明できるよう修辞したのである。日銀側担当者は「我々は一つの文にしたかったが、政府が必死に抵抗した。官邸はこの文言自体が気に入らなかった」と話す。ちなみに「幅広い主体」とは政府と民間を指すが、ここも官邸に配慮し、曖昧な表現にとどめた。まさに「官庁文学の極み」（財務省担当者）だった。

もう一つ、「金融システムの安定」は白川が最もこだわった部分だった。長期の金融緩和は過剰な債務を招き、バブル破裂を通じて実体経済にダメージを与えてきた。その歴史的事実を直視し、金融システムの常時点検と予防的な対応が必要だ、と白川は考えていた。このため「金融面での不均衡の蓄積を含めたリスク要因を点検し、経済の持続的な成長を確保する観点から、問題が生じていないかどうかを確認していく」との文章を盛り込むよう日銀側は主張した。意外なことに、財務省も内閣府もこれには異論を唱えなかった。

「政府は金融システムの重みがよく分かっていない」と日銀側は感じた。

こうした文章をめぐるやり取りとは別に、新たな文書を何と呼ぶかも争点になった。

安倍が「アコード」と呼ぶ政府と中央銀行の協定は、第二次大戦後の一九五一年、米国で交わされた例がある。ただ、当時はＦＲＢの独立性を回復するのが主目的とされた。これに対し、安倍が求めるアコードが日銀の独立性を制約し、金融政策への政治的な影響力拡大を狙っているのは明白だった。白川は「アコードとはすなわち協定のことであり、絶対に駄目だ」と拒み続けた。

真砂から早急な取りまとめを指示された総括審議官の佐藤慎一は、年明けのあるとき麻生と向き合い、こんな話をする。

「大臣、アコードは中央銀行の独立性強化に使われた言葉で、方向が逆なんです」

佐藤は米国の例を詳しく説明し、こう提案した。

「むしろ政府と日銀が互いを尊重し、デフレ脱却に向けて協力するという意味で「共同声明」の方がいい。

共同声明ならカナダや豪州にも実施例があります」

外相経験のある麻生は「共同声明」という響きに飛びついた。

後日、官邸を訪れ、安倍を説得したときの麻生の言葉がふるっている。

「総理、アコードなんて、そんなホンダの車みたいな名前は駄目ですよ。紛らわしくて話にならない。日本語にしてください」

安倍は苦笑し、それ以上強く言わなかったという(1)。

大胆な金融緩和さえ行えばデフレから脱却できるという「首相の一本足打法」(2)(財務省幹部)に対し、麻生は一貫して懐疑的だった。

財政出動を重視する麻生は、政調会長のころから「デフレをインフレにしたなんていうインフレターゲットというのは世界で聞いたことがない」「金さえばらまけばインフレになるような話は、これは経済が余りよくわかっておられぬ方の話」などと公言し、首相時代にも「かつて大幅に金利を下げたが、金融政策は余り効果は上がらなかった。財政出動がない限りはなかなか景気は回復しない。これが我々が学習したことだ」と話していた(3)。

実は麻生は選挙期間中に白川と氷川寮で面会し、金融政策の説明を受けている。だが、このときも物価目標や量的緩和について白川と同じ意見だったという。財務相に就いたあとも、麻生は「日銀総裁のメンツを潰しちゃいかん」としばしば口にした。同郷の白川を麻生は気遣っている、と周囲は感じていた(4)。

辞任含みの緊迫したやり取りの末、「政府の役割」と「金融システム」を書き込むことを条件に、白川が二％目標を受け入れたのは一月一〇日過ぎである。

アベノミクスに沸く市場や世論にこれ以上抗しても勝ち目は薄い。そうであれば、「機械的かつ無条件に二％の実現を追求しなくても済むようにするための闘い」に移行した方が賢明だ、と白川は判断した。

ただ、二％は認めても、達成期限を明記することは絶対に駄目だと言って、白川は一歩も退かない。安倍もまた、時期を明示するよう指示したまま不動の構えでにらみ合いが続く。そこで財務省と日銀の事務方は「できるだけ早期に実現することを目指す」という最終文案で事前に握ったうえで、原案には「中長期的に実現することを目指す」と書き、これで押せるところまで押す作戦に出る。そして、安倍が麻生を呼び「中長期的では遅すぎる」と言うのを待って、用意した最終案を提示し、ぎりぎり了解を取り付けることにした。

都心まで大雪に見舞われた一月一四日、成人の日。

安倍から電話を受けた元日銀審議委員の中原伸之と、同じくブレーンである浜田宏一、岩田規久男、元財務官僚の本田悦朗が六本木の国際文化会館に集まった。「金融有識者会議」の開催を翌日に控え、四人は安倍に「物価上昇率二％明記」「期限は二、三年」を提案することを申し合わせた。

このリフレ派の動きを察知した財務省も動いていた。同じ一四日に赤坂の氷川寮で白川と麻生、それに経済再生担当相の甘利明による非公式の会合を開き、共同声明の文言を固めてしまったのである。「できるだけ早期に実現」と書いた最終文案は翌一五日午前一〇時過ぎ、麻生と甘利から安倍に直接伝えられた。

首相肝煎の「金融有識者会議」は、この文案手交のあと一五日正午から始まった。

会議に呼ばれたのは、中原、浜田、岩田、本田に加え、東大教授の伊藤元重、みずほ総合研究所の高田創《はじめ》、慶應大学教授の竹森俊平の七人。会議では浜田が「ようやく自分の説が聞いてもらえるようになった」

と相好を崩し、中原は「日銀は唯我独尊であり、何が起きても責任を取らない。教育委員会に似ている」と古巣を批判する。このあと「二％の物価目標は日銀の単独の責任において達成する」などとする独自の共同声明案が安倍や麻生らに手渡された。

がしかし時すでに遅く、リフレ派の巻き返しは不発に終わる。この三日後、白川と麻生、甘利の三人が都内のホテルで正式会合を開き、最終案で合意したのだ。有識者会議を挟んで三者会談を二回セットし、原案を覆せないよう仕組んだ財務省の作戦勝ちだった。実際、有識者会議の直前、安倍は中原を執務室に招き入れ、今後の巻き返しをこう口にしたという。

「対日銀は、長期戦でやります」

最後の最後まで悩みながらも、白川が共同声明の最終案を飲んだのは、「総選挙で民意が出た」と了知したからだった。

このころ白川が政府との交渉状況について審議委員に個別に説明する過程で、「国民の意思は無視できない」と漏らしたことがある。

委員は「選挙の勝ち負けで民意など測りようがない」と指摘したが、白川は「積極的な金融緩和と物価目標が争点となり、それを明示的に掲げた自民党が大勝した。自分としては不本意だが、この事実は重く受け止めざるを得ない」と話したという。その言葉の端々から、選挙の洗礼を受けない中央銀行の「限界」のようなものが感じられた、と委員は振り返る。

白川はまた、行内の中堅幹部から意見を聞く会でもこんな話をした。

「やっちゃいけないことは決してやらない。でも、中央銀行は「国の中の国」ではない。この二つの接点がどこにあるのかを探している」

選挙で選ばれていない専門家集団が、国民生活を左右する政策を決めることの「正統性」が問われている。その中で、選挙結果を百パーセント無視することはあり得ない、というのが白川の結論だった。もしアベノミクスを支持する民意に抗い、新政権と決定的に対立すれば、日銀法改悪を招く恐れもある。「言うことを聞かないなら、法律を変えてでもという相当強い雰囲気」を白川らは交渉を通じてひしひしと感じていた。

二〇一三年一月二二日。金融政策決定会合で二％物価目標の設定、政府との共同声明、さらに基金による資産買い入れを無期限（「期限を定めない方式」）で行う方針が決まる。七人が賛成したが、エコノミスト出身の木内登英《たかひで》、佐藤健裕両委員が「二％は非現実的」などとして反対票を投じた(5)。

会合に出た経済再生相の甘利明は「共同声明は強い意思、明確なコミットメントを示す「レジーム・チェンジ」（体制転換）とも言うべきもの」と言い、共同声明が出たあとには安倍も「マクロ経済政策のレジーム・チェンジが行われていく」とキーワードを繰り返した。

「デフレ脱却と持続的な経済成長の実現のための政府・日本銀行の政策連携について」と題する歴史的な共同声明は、次の四本柱からなる。

（一）日銀は物価安定の目標を消費者物価の前年比上昇率で二％とする
（二）日銀は金融緩和を推進し、できるだけ早期に実現することを目指す
（三）政府は成長力強化と持続可能な財政構造の確立に取り組む

（四）経済財政諮問会議は取り組み状況を定期的に検証する

二％目標は明記されたが、達成期限は記されなかった。また、金融緩和の推進にあたり「金融面での不均衡の蓄積を含めたリスク要因を点検し（中略）問題が生じていないかどうかを確認していく」ことも書き込まれた。バブルなど金融不均衡の恐れがある場合は、緩和の打ち切りも辞さないという日銀側の決意が込められている。

安倍の目論見通りだったとも、白川が徳俵《とくだわら》で踏みとどまったともいえる微妙な内容だった。ただ、連携強化により金融政策の主導権が首相の手に渡ったことは誰の目にも明らかで、一か月以上の長い調整過程で白川がこんな言葉を何度か漏らしたのを、周囲が記憶している。

「このような文書で、後世歴史の評価に耐えられるだろうか」

ほどなく白川のもとに、麻生から手紙が届いた。この間の苦労に対する敬意と謝意が見事な毛筆で認められていたという。

二〇一三年二月五日夕、白川は首相官邸を訪れ、四月の任期満了を待たず、副総裁の任期が切れる「二〇一三年三月一九日」に繰り上げて辞職する、と安倍に伝えた。

総裁人事に絡む五年前の混乱で正副総裁の任期にずれが生じたため、後任の新体制がそろって円滑にスタートできるようにしたと白川は記者団に説明したが、「抗議の辞職」と受け止めた関係者も少なくなかった。

五年弱の在任期間中、リーマン・ショックや東日本大震災、欧州債務危機に遭遇し、内外ともに厳しい経済環境が続いた。政治的にも二度の政権交代に直面し、六人の首相、一〇人の財務相を白川は相手にした。任期を終えた日銀総裁には、時の首相が慰労の会を設けるのがしきたりとなってきた。だが、安倍が白川に声をかけることはなく、代わって労いの席を用意したのは麻生だった。

首相の選択は「三方一両損」

共同声明の出来栄えに安倍が必ずしも満足していなかったことは、時をおかず明らかになった。声明の発表から三時間後に開かれた第二回経済財政諮問会議。二％目標の達成時期を尋ねた委員に対し、麻生でも白川でもなく、議長の安倍がこう答えたのだ。

「政府としては中期をできるだけ短くしていただけるだろうと期待している（中略）。共同文書には、日銀と政府が取り組むことを書いているが、基本的に二％のターゲットを達成することにおいては、日銀が責任を持ってやっていただくということであります[6]」

さらに白川が辞意を伝えた二日後の衆院予算委員会でも、安倍は「日本銀行が日本銀行の責任として（中略）実現するということをお約束していただいた」と日銀責任論を繰り返し、政府の役割は二％と関係ないと強調した。さらに浜田らの主張を擬したこんな答弁もあった。

「人口の減少とデフレを結びつけて考える人がいますが、私はその考え方はとりません。デフレは貨幣現象ですから。つまり、金融政策においてそれは変えていくことができる[7]」

リフレ派のキーワードである「貨幣（的）現象」という言葉を安倍はこのあとも何度か国会で繰り返した。首相を後押ししようと自民党の山本幸三も、日銀法改正を目指す新たな議員連盟「デフレ・円高解消を確実にする会」を立ち上げる。初会合の講師に招かれた岩田は「金融政策だけでデフレと円高は解消できる」と言い、物価目標を達成できない場合、日銀に公開文書での説明を義務付ける改正私案をこの場で配付した(8)。

「三本の矢」の中核に金融政策を置く安倍の決意は、白川の後任人事で一段と明確になる。

財務省は当初、五年前にいったん消えた武藤敏郎総裁を今度こそ実現させようと、麻生を介して何度も働きかけた。共同声明の取りまとめに奔走したのも、武藤総裁実現に向けた地ならしという側面もあった。「麻生大臣には少なくとも三回、首相に掛け合ってもらった」と同省幹部は打ち明ける。

だが、レジーム・チェンジを目指す安倍は、〇六年の量的緩和解除の際に武藤が中心的役割を担ったことなどを理由にこれを拒み、同じ財務省出身ながら痛烈な日銀批判を続けてきたアジア開発銀行(ADB)総裁の黒田東彦に白羽の矢を立てた。

安倍の人選に影響を与えたのは、麻生と浜田、それに三〇年来の友人である元財務官僚の本田悦朗の三人とみられている。経済ブレーンの浜田が一番手に推したのは学習院大学の岩田だった(9)。しかし、麻生が「組織をまとめるプロセスを分かっていない人は駄目だ」と学者の起用に強く反対したため、財務省OBながら主流の主計畑ではなく、組織運営の経験を持ち、小泉政権のころ安倍と接点のあった黒田が浮上した。

安倍は以前から「私と同じ考え方を有する、デフレ脱却に強い意思と能力を持った方にお願いしたい(10)」と述べていた。その条件を満たしたのが、黒田だったのである。

歴代財務次官の天下り先である日銀総裁に財務官OBが就いた例はなく、武藤を推してきた財務省にとって手放しで喜べる人事ではなかった。ある幹部は「共同声明でこつこつと積み上げたものを、総裁人事で全部ひっくり返された」と振り返る。

副総裁についても、白川は山口の再任を求め、麻生もいったんはこれを支持した。新総裁が無謀なリフレ政策に走った場合、「身を挺して阻止する」ことを山口は期待されていた。だが、これもレジーム・チェンジにそぐわないとの理由で官邸に却下され、理事の中曽宏が一本釣りされる。豊富な国際人脈と数々の金融危機を乗り切った実績が評価された中曽だが、白川緩和を支えた企画ラインにいなかったことも大きかった。

さらにもう一人の副総裁には、日銀の「天敵」と言われ、リフレ派の理論的指導者である岩田が選任され、日銀上層部に衝撃が走った。麻生は後に「総理は本当は岩田を総裁にしたかったが、黒田で我慢した。武藤総裁を願った財務省は黒田で我慢し、山口再任を望んだ日銀は中曽で我慢した。つまり三方一両損だ」と周囲に解説したという。

思わぬ形で総裁の座が転がり込んできた黒田だが、その決意には当初から並々ならぬものがあったようだ。遡って共同声明をめぐる折衝が山場を迎えていた一三年一月七日、マニラから一時帰国した黒田が首相官邸を訪ね、安倍と一五分間会談している。ＡＤＢ総裁としての定期報告が目的とされたが、この会談を前に財務省幹部は、急遽、黒田に面会を申し入れた。共同声明をめぐる協議の状況について耳に入れておこうと考えたのである。

この中で財務省側が「二％と達成期限を書けと総理に言われ、困っている」と伝えたところ、黒田はあっさりこう返した。

「いいじゃないか。俺もそう思うぞ」

「ええっ、黒田さんもですか」

黒田は顔色一つ変えず、こう続けた。

「二年あればいい。二年と言って、実行する。そのぐらいの気合でやらないと駄目だ」

この時点で既に黒田の視野には「二年、二％」が入っていたのである。

財務省幹部は、慌てて「自分で手足を縛るのは駄目です。もしできなかったらどうするんですか」と反論したうえで、「その話は総理には言わないでください。政府と日銀の「合意文書」というわけにはいかないんです」とクギを刺した。黒田が安倍にお墨付きを与えれば、共同声明をめぐる調整はさらに難しくなる。財務省側の頼みに、黒田は「まあ聞いとくよ」とだけ答えたという。

二月下旬に総裁内定が公表されたあと、財務次官の真砂と総括審議官の佐藤は黒田のところに挨拶に出向き、「共同声明を踏まえてやってほしい」と確認を求めた。日銀企画ラインの幹部も黒田を訪ね、現状報告をしたうえで、こう水を向けてみた。

「二％を達成できない場合のことも想定しておく必要があるのではないでしょうか」

だが、黒田は遮るように「いや、必ず達成できるから」と返した。日銀幹部は「ああ、この人は本当に達成できると信じているんだと思った」という。

実際、黒田は三月四日の衆議院での所信聴取で「二％の早期実現は可能であり、それが日銀の使命である」「二年ぐらいのタイムスパンを念頭に置いて大胆な金融緩和をしていく」「強いコミットメント（責任ある約束）を示すことでデフレ期待を打破し、物価上昇の期待をつくる」と語り、就任後も国会で改めて約束した。

「二％の物価安定目標をできるだけ早期に実現するのは、私どもとして最大の責務であると思っておりますので、二年を念頭に置いて、必ず日本銀行の責任において達成してまいりたい(11)」

黒田は財務官のころ「非不胎化介入」の必要性を訴え、その後もインフレ目標の設定と長期国債などの大量購入を日銀に求める共同論文を英紙フィナンシャル・タイムズに寄稿するなど、金融緩和重視の「ハト派」として存在感を示していた。

東大法学部時代から哲学者カール・ポパーに親しみ、留学したオックスフォード大学で経済学を修め、リフレ派とは一線を画す。無類の読書好きで、話し出したら止まらない。群れることを嫌い、自らの経済理論に絶対の自信を持っていた、と財務省の後輩たちは評する。

黒田はまた、それまでの日銀にない独自の「中央銀行観」を持っていた。一つは、デフレの原因が何であれ、それを克服する責任は日銀にあるということ。もう一つは、中央銀行が発するコミットメントには絶大な力があり、これを最大限活用すべきだということだ。

ＡＤＢ総裁のころ上梓した『財政金融政策の成功と失敗』の巻末にこんな一節がある。

「必ずしも積極的に「インフレやデフレはいつでもどこでも金融的現象だ」とはいえないのである。ただし、このことはデフレの責任が金融政策にないということを意味しているわけではない。(中略)日銀は日銀法により物価安定義務があるから、いかなる原因でデフレが起こっているにせよ、(デフレを防げた以上)責任があるのだ」

黒田は総裁就任時の記者会見でも同じ責任論を繰り返した。

「物価に影響を与える要素は一杯ある(中略)。デフレの原因を、色々な要素を測って研究すること自体は意味があるが、中央銀行としては、「色々な原因でデフレになっています」と言っても、責任を阻却することはできないと思います[12]」

一方、「コミットメントの力」ついては、同じくＡＤＢ総裁だった〇九年当時、内閣府経済社会総合研究所のオーラル・ヒストリーで明確に語っている。

「中央銀行総裁のコミットメント。（中略）これで私はデフレを止める、止めるまで何でもやるぞということがあると、それは効くのですよ[13]」

自らが関わった為替市場介入とは違い、圧倒的な資金量を投入できる公開市場操作をフル活用すれば、必ずやインフレ期待に働きかけることができると信じていた。

そんな黒田にも負けず劣らず意気込んでいたのが「反日銀」の副総裁、岩田だった。

三月五日の所信聴取で「人々の間に定着したデフレ予想をインフレ予想に転換させる」「遅くとも二年では達成できるのではないか」と自信を見せ、二年で二％を達成できなかった場合を問われると、こう返した。

「達成できないというのは、責任が自分たちにあるというふうに思いますので、やはり最高の責任のとり方は辞職するということだと認識しております」

質問した野党議員に「職をかけるということでよろしいですね」と念を押されたが、「それで結構でございます」と答えた[14]。

岩田は就任時の記者会見でも「達成できなかった時に、「自分達のせいではない。他の要因によるものだ」とあまり言い訳をしない。そうでないと市場が金融政策を信用しない。市場が信用しない状況で金利を下げたり、量的緩和をしても、あまり効き目がない[15]」と言い切った。黒田も岩田も自信に満ち溢れていた。

この二日前、白川はこんなコメントを残し、日銀を去った。

「中央銀行が言葉によって市場を思い通りに動かすという市場観、政策観に私は危うさを感じます」[16]

「期待に働きかける」という新体制の政策思想に向けられた控え目な警告だった。

「黒田バズーカ」の出現

二〇一三年三月二〇日、第三一代総裁に就任した黒田は、本店九階の大会議室に集まった五〇〇人近い職員を前に、いきなりこう切り出した。

「いま、日本銀行は岐路に立たされています」

「岐路」という厳しい言葉に、何人かの幹部はハッとさせられ、身構えたのを覚えている。黒田は穏やかな、しかしはっきりとした口調で話を続けた。

「日本銀行法には「物価の安定を図ることを通じて国民経済の健全な発展に資することをもって、その理念とする」と書かれている。しかし……」

黒田は一拍おいて、「中央銀行の主たる使命が物価の安定であるとすれば、日本銀行は現行日銀法が施行されて以来、その主たる使命を果たしてこなかった。一次産品の価格が高騰した二〇〇八年を除き、この一五年間、デフレが続いている。一五年もデフレが続いている国は世界にひとつもありません」と言った。会場は静まり返る。

さらに、「幸い、白川前総裁の下で二％の物価安定目標が定められ、できるだけ早期に実現することを目指すことが決まった」という表現で前体制を〝評価〟し、東日本大震災の際の発券現場の苦労にも敬意を表したうえで、「日本銀行がその使命を果たせるよう、職員の一層の努力をお願いする」と締めくくった。[17]

発言の概要はイントラネットを通じて全職員に伝えられたが、実際に話を聞いた職員たちのショックは大きく、彼らの記憶を頼りに、こんな情報が行内に広がっていく。

「白川時代で良かったことは、二％目標を決めたことぐらいだ、と言っていた」

「これまでの金融政策は間違っていた。これを思い切って転換したいという内容だった」

誇り高い日銀マンにとって、看過できない発言だった。過去を全否定するような就任の挨拶に、多くは言葉を失い、「ひどい総裁が来た」と怒りをあらわにする職員も少なくなかった。

日銀内では、誰が黒田におもねり、誰が白川路線を継いで新総裁に諫言するのかを「黒か白か」と声をひそめて囁き合うようになる。ある支店では、ベテラン職員が「我々のやってきたことがすべて否定された。間違いだったということか」と上司に問い質す場面もあったという。

もっとも、黒田のスピーチが実際は企画ラインによって用意されたものだと後に聞かされた一握りの幹部は、さらに強いショックを受ける。黒田は就任後初の衆院予算委員会でも想定問答に沿って過去の政策を批判し、「日本銀行として反省すべき」と述べた。

企画ラインには、白川時代から「もっとやれるのにやらせてもらえない」という思いが鬱積していた。あまりの日銀叩きに耐えかねた幹部の一人は「我々にはゲームチェンジャーが必要だった」と言い、黒田に局面を変える力を期待した、と打ち明けた。

黒田を支える政策参謀の企画担当理事には、大阪支店長の雨宮正佳が指名された。白川と政策思想の異なる雨宮は、既に前体制下で別の担当が内示されていた。しかし、財務省や元総裁の福井俊彦から強い推薦があり、黒田は「期待への働きかけ」を理解する雨宮を企画担当に差し替え、東京に呼び戻した。

レジーム・チェンジに対する動揺と戸惑いは、審議委員の間にも広がっていた。

白川の緩和政策に一貫して賛成してきた白井さゆり（前慶應大学教授）は、黒田内定後に開かれた政策決定会合で国債の買い入れ強化策を突如提案する。まだ白川体制だったため一対八で否決されたが、行内からは「新総裁におもねった提案」との冷ややかな視線が白井に向けられた[18]。神戸大学教授出身の宮尾龍蔵は後の記者会見で「執行部提案に盲目的に賛成している委員が多いのではないか」と辛辣な質問を浴びせられた[19]。

また、就任時に緩和推進派とみられていた木内、佐藤の両委員は、二％の共同声明に反対したことから、黒田体制では一転して「慎重派」と位置づけられるようになる。とりわけ木内は、岩田らリフレ論者の著作にかねて疑問を持っていたため、政策思想が一八〇度変わるレジーム・チェンジに強い戸惑いを感じていた。

黒田は就任するや、雨宮ら企画ラインに対し、「出し惜しみするなというシンプルな指示」（幹部）を出す。これを受けて、雨宮らは大車輪で「二年で二％を達成するためにどの程度の量が必要か」の検討を急いだ。企画局のエコノミストが開発したモデルなど四種類の経済モデルを使って推計し、わずか一〇日ほどで弾き出した答えが、「長期国債を年五〇兆円ずつ買い増しし、マネタリーベースを二年で二倍に増やす」という驚きのプランだった。

このとき企画局で作成された検討ペーパーが残されている。それによると、日銀の買い入れ残高、またはフローの買い入れ枠が一単位増えるごとに二年物国債と一〇年物国債の流通利回りがどの程度低下するかを調べ、これに米国債や平均株価の変動に伴う影響も加味した結果、国債の買い入れをそれぞれ一〇兆円ずつ増やした場合の低下幅は〇・一〜〇・二％になるという試算結果がまず得られた。

次に、マクロ経済モデルを使って二%実現に必要となる長期金利の低下幅を推計し、これに最初の試算値を入力することで「概ね二倍に該当する五〇兆円の増額」(幹部)が導き出されたという。また、「VAR(ベクトル自己回帰モデル)」と呼ばれる別の手法を使って「当座預金一〇兆円当たりのCPI(消費者物価指数)上昇幅は〇・一%」とした試算も活用されたことがこのペーパーには記されている。(20)

コールレートに代わり操作目標となった「マネタリーベース」は、現金と当座預金の合計、つまり日銀が世の中に直接供給するお金の量である。これを短期間のうちに膨張させ、市場の物価上昇期待に働きかけようというのが黒田らの立てた作戦だった。ただ、試算ペーパーでも明らかなように、量のインパクトを打ち出しつつも、あくまでも政策効果は「長めの金利低下」によってもたらされるという基本思想は包括緩和のころと変わっていない。

また、量を増やすだけでなく、ETFやREITの大幅な買い増しという「買い取り資産の質」の面でも緩和強化を図り、合わせて「量的・質的金融緩和」と呼ぶことにした。これを聞いたある審議委員は、「質による長めの金利低下を重視した黒田総裁と、量を信奉する首相や岩田副総裁の双方に配慮し、量的・質的緩和と名付けたのではないか」と感じたという。

四月四日。最初の政策決定会合で次のような大規模緩和が決議された。

一、操作目標をマネタリーベースに変更し、年間六〇兆~七〇兆円ペースでこれを増やす
二、長期国債を年間五〇兆円程度買い増しする。買い入れの平均残存期間を現状の三年弱から七年程度に延長する

三、ＥＴＦを年間一兆円、ＲＥＩＴを年間三〇〇億円買い増しする
四、二％の物価安定目標を実現し、安定的に持続できるまで量的・質的金融緩和を継続する

これにより、マネタリーベースは前年末時点の一三八兆円から二年後には二七〇兆円に膨張する。当座預金を対象とした福井式緩和のピークと比べ、四倍近い投入量となる。また、長期国債の保有残高も前年末の八九兆円から二年間で一九〇兆円に膨らむ。白川時代の「資産買い入れ基金」は廃止され、国債保有額を銀行券の発行残高以内に抑える「銀行券ルール」も凍結された。

記者会見で黒田は「二％、二年、二倍」という大きなパネルを使って説明し、「戦力の逐次投入はせず、二年で二％の物価安定目標を達成するために必要な政策はすべて講じた。量的にも質的にも、これまでとは全く次元の違う金融緩和を行う」とアピールした。事前の予想をはるかに超える規模に、「岩田副総裁は驚き、すごく喜んだ」と関係者は話す。

分かりやすさとサプライズが詰まったこの「二並び」のパネルを用意したのは理事の雨宮である。マスコミはこれに飛びつき、「異次元緩和」「黒田バズーカ」の異名が広がっていく。

黒田らがこれほど大規模な金融緩和を決めた背景には、当時強まっていた円安・株高の流れを後押しし、「短期決戦」でけりをつけたいという思いがあった。[21]

為替市場では欧州債務危機が山を越えた一二年夏ごろから「安全資産の円買い」がピークアウトし、巻き戻しの動きが始まっていた。また日本株の割安感も海外勢に見直され、アベノミクスの登場が「日本買い」を膨らませる格好の契機となる。円相場は総選挙前の一ドル＝七八円台から黒田就任時には九五円台まで下

落し、平均株価も一一月の八六〇〇円台から一万二四〇〇円まで急騰していた。この追い風に乗って市場にもう一段のサプライズを与えれば、物価上昇期待を一気に高めることができる、と黒田らは考えた。

総裁就任の直前、黒田がこんな話をしたことを財務省幹部ははっきりと覚えている。

「二年と決めて片付ける、勝負をつけないといけない問題なんだ、これは。もたもたしゃいかん」

雨宮もまた同じような感覚を抱いていた。大阪支店長の頃から相場の反転に気づき、政策担当理事に就くや「この市況の変化をうまく利用しよう」と考えたという。大胆な緩和を打ち出すには、まさに千載一遇の好機だったのだ。

狙い通り、「異次元緩和」は事前の予想をはるかに超え、市場に衝撃を与えた。政策決定会合の一報が四日午後一時四〇分ごろに伝わると、一ドル＝九二円台後半だった円相場は九四円台に急落し、その後九六円六〇銭まで円安が進む。平均株価も朝方の二八六円安から二七二円高まで急回復し、債券市場では長期金利が史上最低を下回る〇・四二五％まで急落した。安倍は「見事に期待に応えていただいた」と絶賛し、経財相の甘利も「一一〇点ぐらいあげたい」と称えた。

黒田バズーカ主導の円安・株高はその後も進み、一か月ほどで円相場は一ドル＝一〇〇円台をつけ、平均株価は一万五〇〇〇円まで駆け上がっていく。四月二六日の政策決定会合後には、約二年程度でＣＰＩ上昇率が二％に達する可能性が高い、とする展望レポートが発表された。

これは後に判明したことだが、景気は既に前年一一月に底を打ち、安倍内閣発足時には緩やかな景気回復が始まっていた。円安・株高の勢いそのままに自民党は一三年七月の参議院選挙で圧勝、衆参のねじれ解消により安定した政権基盤ができあがる。九月には二〇年夏季五輪の東京開催も決まり、安倍は外遊先のニューヨークで「バイ・マイ・アベノミクス（アベノミクスは「買い」だ）」と強気の演説をした。「アベノミクス」はこの年の流行語になった。

もっとも、異次元緩和に対する財務省の受け止めはそう単純ではなかったようだ。決定の直後、当時の主計局幹部が副総裁の中曽に対し、冗談めかしてこんな話をしている。

「真珠湾としてなら分かる。これがミッドウェーまで行かなきゃいいですね」

あくまでも短期決戦にしか「勝機」はないという意味だ。国債や政府短期証券（FB）など国の借金残高が一〇〇〇兆円を突破したと発表されたのは、この四か月後のことである。


異次元緩和が強烈な光を放っていたころ、総裁側近たちは黒田と日銀職員との間に流れる「冷ややかな空気」を解消しようと動き出していた。

総裁は五〇〇〇人からなる組織の頂点に立つ。たとえ就任時の挨拶がショッキングだったにせよ、現場が総裁に「面従腹背」するような事態は避けなければならない、と秘書役以下の側近たちは考えていた。外部から総裁を迎えるのは松下康雄以来一五年ぶり、新日銀法下では初めてである。退任時の松下のように「行員の中に親しく入り込み、その内情を肌身で感じる機会は少なかった」と言われては、彼らも立つ瀬がない。

ある日、秘書役らが「現場の視察をお願いできませんか」を持ちかけたところ、好奇心旺盛な黒田はこれに快く応じる。秘書課は一五の局室研究所と連絡を取り、多忙な業務の合間を縫って中央銀行の仕事を見てもらおうと綿密なプランを立てた。

本店の新旧分館、地下の巨大金庫はもちろん、国内最大の発券拠点である埼玉県の戸田発券センター[22]、日銀ネットの司令塔である府中電算センターから本店にある職員食堂の厨房まで、黒田はくまなく見て回った。

さらに現場では管理職ではなく、若手職員に説明役を頼むことで黒田と直接会話させる機会を設けた。視察が進むうちに、「総裁がガハハハと笑った」「意外に明るい人で驚いた」といった話が行内に広がっていく。全国三二の支店についても、年四か店をめどに視察することにし、本店各部局のキーマンたちも個別に総裁室に呼ばれ、黒田と対話した。

「これほどすみずみまで日銀内部を見て回った総裁は黒田さんが初めてだと思う」と側近は話す。新総裁と現場の溝はこうして少しずつ埋まっていった。

大蔵省という巨大組織で育った黒田は、基本方針を示したあとは各部局に個別の判断を任せ、下から積み上げられた結論を尊重する「官庁型リーダー」である。

例えば講演一つとっても、用意された原稿に細かく筆を入れた白川とは対照的に、黒田は上がってきた原稿をそのまま読む(23)。白川が「知的刺激に溢れたレポート」を求め、現場を鍛えようと発注し続けたのに対し、黒田が自ら進んで報告などを求めることはほとんどなかった。ある幹部は「白川さんが黒田さんに代わり、逆に「ブラック」職場が「ホワイト」になった」と冗談交じりに話し、若手の課長クラスは「白川時代より楽になったが、その分、我々は甘やかされている」と不安も口にした。

また、金融政策を除き、組織や人事、あるいは日銀の「権限拡張」に対する黒田の関心は驚くほど薄い、とも周辺は感じていた。事実、「自分の在任中は組織をいじらないようにと総裁が指示した」という話は瞬く間に内部管理部局を駆け巡った。ある幹部は「総裁は冷徹な合理主義者。今はほかにやるべきことがあると割り切っていた」と解説する。

広い総裁室には、書棚に入りきらないほど大量の本が山積みされ、仕事の合間にさまざまな書物を手にする総裁の姿が目撃された。政治経済、国際情勢から哲学、数学まで黒田の関心は幅広く、一時は英国のEU離脱に興味を持ち、わざわざ現地から関係判例を取り寄せ、詳細なレポートを書いたこともあった。すべてを現場に委ねる「合理の人」は、日銀内の空気をじわじわと変えていく。

消費税とバズーカⅡ

二〇一四年春、東京の桜は本州でいちばん早く満開を迎えた。スタートから一年が経った異次元緩和は、緒戦で上々の戦果を上げた、と多くが感じていた。

一年前にマイナス基調だったCPI上昇率はプラス一・五％前後に拡大。株高・円安を背景に企業収益は大幅に改善し、一三年度の経済成長率は二・六％の高い伸びを記録した。

そんな中、消費税率が四月一日、五％から八％に引き上げられる。橋本政権下の一九九七年以来一七年ぶりの税率改定である。首相の安倍自身、自らが直接関わっていない「三党合意」の実行には必ずしも乗り気ではなかったが、財政健全化を目指す財務省などに背中を押され、八％への引き上げを前年秋に決断した。

この安倍の背中を財務省とともに押した一人が、黒田である。

財務省で主税局の経験も豊富な黒田は、早くから「増税論者」と目されてきた。就任記者会見のときから財政規律の重要性を説き、その後の記者会見でも「脱デフレと消費税増税は両立する」「財政規律が緩むと、間接的に金融政策の効果に悪影響を及ぼす懸念がある」(24)と発し続けた。

増税の是非について安倍が有識者から話を聞くため、二〇一三年八月に開かれた「集中点検会合」の場で、黒田はこんな爆弾発言を行う。

「（金利急騰という）確率は低いかもしれないが、起こったらどえらいことになって対応できないというリスクを冒すのか」「（債務残高の対GDP比率が）三〇〇％でも、五〇〇％でも、一〇〇〇％でも（大丈夫か）といったら、それはあり得ない。どこかでぼきっと折れる。折れたときは政府も日銀も対応できない[25]」

増税の先送りで国債への信認が揺らぎ、長期金利が急騰した場合は中央銀行として対処できないという「脅し」にも近い発言だった。集中点検会合では景気への悪影響を懸念する声も出たが、出席者の七割が増税を支持したこともあり、安倍は一〇月に増税を閣議決定する。

黒田は「予定通り消費税率を引き上げても、基調的に潜在成長率を上回る成長が続く。景気が腰折れするとは思っていない[26]」と強気の見方を続けた。増税前の駆け込み需要とその反動による振幅はあるものの、「経済の前向きな循環は維持され、基調的に潜在成長率を上回る成長を続ける可能性が高い」というのが黒田の一貫した見立てだった。

こうした「財政に物申す総裁」を日銀マンたちも頼もしく感じていた。膨大な国債を保有する日銀にとって、財政規律は中央銀行財務の健全性を保つ命綱である。ある幹部は「歴代総裁と違い、黒田さんなら財政運営にものが言えるのではないかと期待した」と話す。

これに対し、黒田の「増税支援」に不満を抱いたのが副総裁の岩田だった。

岩田は、漸次高まりつつあるインフレ期待が消費税増税によって萎《しぼ》むことを危惧していた。同じリフレ派で内閣官房参与となった浜田も、集中点検会合で「アベノミクスによる景気回復とデフレ脱却を阻害する可能性がある」と指摘し、増税の一年延期か、あるいは一％ずつの小刻みな増税に切り替えるよう提案していた。リフレ派にとって、このタイミングでの財政引き締めは「リフレ・レジーム」を壊しかねない悪手と映ったのである。岩田は退任後の著作で「黒田総裁もよくぞ言ってくれましたという感じだ。（中略）「日銀総裁としての矩を超えた」」と痛烈に批判している。(27)

関係者によれば、岩田は執行部内の議論で増税リスクを再三指摘していたが、公の場で異論を唱えることはなかった。一つは「副総裁である私が真逆のことをいうことは、（中略）「予想に働きかける」経路を最重要視する金融政策にとっては致命的である」と判断したためだが、もう一つ、日銀法の「縛り」のために動けなかったとの見方も強い。

日銀法の規定を踏まえ、日銀の法務部は就任した岩田に「正副総裁は一体である」と説明し、総裁を補佐するようクギを刺した、と関係者は証言する。「執行部の一員となった岩田さんは、本音では言いたい増税先送り論を抑えている」と審議委員たちも感じていた。

岩田が案じた通り、消費税増税は一四年四月以降の景気に急ブレーキをかけた。

増税前の駆け込み需要がもたらした反動と、円安進行に伴う物価の上昇に可処分所得の伸びが追い付かず、消費が一気に落ち込んだのだ。

それでも黒田は「七〜九月以降、潜在成長率を上回る成長経路に復していく。（二％の）目標達成には確信を持っている」(28)と強気を保ち、四月末、一五年度に続き一六年度も二％程度のＣＰＩ上昇率を達成できるとの展望レポートを公表した。

だが、夏場に入ると中国・欧州経済の減速やシェールオイルの増産で原油価格が急落し、ＣＰＩ上昇率は月を追って鈍化していく。九月以降の政策決定会合では、複数の委員から物価予想の変調を指摘する声が出始めた。そんな中、次のサプライズが待ち構えていた。

第二弾の異次元緩和策が、意表を突く形で発表されたのは、一〇月三一日のことである。

一、マネタリーベースの増加ペースを年間六〇兆～七〇兆円から八〇兆円に拡大する
二、長期国債の買い増し額を年間五〇兆円から三〇兆円増やし、八〇兆円に拡大する
三、買い入れの平均残存期間を最大三年延長し、七～一〇年程度に長期化する
四、ETFとREITについても従来の三倍増のペースで買い入れる

前年春の「二並び」に続き、今度は「三〇兆円、三年、三倍」と書いたパネルを記者会見で指差しながら、黒田は「今まさに正念場、critical moment（瀬戸際）にある。これだけのことをやれば、デフレマインドの転換が遅延するリスクに十分対応できる」「二年程度の期間を念頭に置いて、できるだけ早期に二％を実現する考えに変わりはない」と力説した。

八〇兆円という規模について、企画担当幹部は「前回と同じ経済モデルを回し、どこまで増やせるか試算した」と説明し、別の幹部は「白川時代に出し惜しみをして痛い目に遭った。その経験を踏まえ、本当にこれ以上は買えないというぎりぎりの額を算出した」と証言する。予想を超える「バズーカⅡ」は、賛成五、反対四の僅差で決まった。

ちょうどFRBが量的緩和の終了を決めた直後であり、公的年金資金を運用する年金積立金管理運用独立

行政法人(GPIF)が国債の買い入れを減らし、その分株式の運用を増やすという資産構成見直しの発表ともタイミングが重なった。このため、市場は「GPIFが減額する三〇兆円相当の国債を日銀がそっくり引き受け、株価支持策に同調した」と好感し、円安・株高が爆発的に進む。平均株価は七五五円高と、この年最大の上げ幅を記録し、円相場も二円ほど急落した。バズーカの威力はまたしても絶大だった。

市場の反響が大きかったのにはもう一つわけがある。黒田執行部がサプライズ効果を最大限演出しようと、政策決定会合まで徹底した隠密行動を取ったからだ。

決定の三日前、一〇月二八日の国会で黒田は「これまでのところ二%の物価安定の目標の実現に向けた道筋を順調にたどってきた(29)」と二回答弁した。これにより市場もメディアもこのタイミングでの追加緩和はないと理解する。事実、決定した日の夕刊に「現状維持の公算」と報じた新聞もあった(30)。裏返せば、黒田執行部は国会答弁を介して巧妙に「煙幕」を張ったのである。

ただ、五対四という際どい表決に表れたように、徹底した「秘密主義」は、審議委員の間にも疑念と不信感を植え付ける結果となった。

審議委員をはじめ、政策決定会合の出席者には、会合の二日前から外部との接触を禁じる「ブラックアウト」と呼ばれるルールがある。事前の情報漏れを防止し、金融政策の信頼性を保持するのが目的だが、バズーカⅡの案が審議委員たちに示されたのは、このブラックアウトに入ってからだった。

前日の黒田答弁を含め、追加緩和のヒントすら与えられなかった委員たちは、わずか二日で内容を吟味し、それに対する考えをまとめなければならなかった。専属スタッフは企画役と秘書の二人しかおらず、「実質的にすべて一人で準備しなければならない」のが実情だという。

結局、会合では、東京電力出身の森本宜久、三井住友銀行出身の石田浩二、それに共同声明に異を唱えた木内、佐藤という民間出身の四委員が反対票を投じた。

「追加緩和の効果は、それに伴うコストや副作用に見合わない」「年間八〇兆円のペースは、フローでみた市中発行額の大半を買い入れることになるため、国債市場の流動性を著しく損なうだけでなく、実質的な財政ファイナンスであるとみなされるリスクが、より高くなる」(31)などが反対の理由だった。

議長案へのスタンスによって、「審議委員の待遇」は微妙に変わる、と委員の一人は話す。賛成派は大事に扱われるが、反対派は疎んじられ、遠ざけられる。また反対派の中でも、単に反対意見を述べるだけの委員、実際に反対票を投じる委員、反対票を投じたうえで対抗案を出す委員の順で執行部との距離は遠くなり、行内の協力も得られにくくなるという。

これに対し、執行部の側では委員の「資質」をめぐって疑問の声が強まっていた。

安倍が政権復帰して以来、審議委員の人選は事実上「首相の専権事項」となり、財務省も日銀もほとんど口が挟めない状況がしばらく続いた。「委員の任期満了が近づくと、首相側近から「次はこの方を指名します」と一方的に連絡が来た」と、関係者は証言する。

審議委員について、日銀法第二三条は「経済又は金融に関して高い識見を有する者その他の学識経験のある者のうちから、両議院の同意を得て、内閣が任命する」と規定している。日銀側は「バランスの取れた人事になるよう、財務省が捌いてくれると信じていた」(幹部)が、その後の財務省の地盤沈下と長期政権の出現により、結果的に「アベノミクスに異を唱えないハト派」が優先的に選ばれるようになった。

日銀内では「エコノミストや学者、市場関係者ばかり増え、金融の実務や産業界に通じた識者が足りない」との不満が徐々に高まっていく。

金融政策決定会合という枠組みが導入されて一五年余り経過し、その姿は大きく変貌した。速水時代には「決定会合の外では議論しない。根回し厳禁」とされていたが、徐々に執行部主導の運営が組み込まれ、福井時代には総裁と企画ラインが決定会合を掌握した。政策をめぐる実質討議は水面下に潜り、何を機に政策変更が企画され、何が判断の決め手になったのか、決定会合では分からないようになった。こうした会合の形骸化とガバナンスの弱体化をめぐっては、審議委員、執行部の双方で問題視する見方が強まっている。


唐突なバズーカⅡをめぐっては、翌年に予定されている消費税の再増税を再び「後押し」するために行われたとの解説が、永田町や霞が関でさかんに流れた。

二〇一四年四月に八％に上がった消費税は、三党合意に基づき、翌一五年一〇月からさらに一〇％へと再引き上げが決まっていた。予定通り再増税すべきかどうかが政治の争点となるなか、追加緩和で株価が急騰すれば、景気の先行き不安は和らぎ、再増税しやすくなる、との筋立てだ。実際、政策決定会合の終了後、日銀幹部は財務省首脳から「後押しに感謝するメール」を受信し、ひどく当惑したのを覚えている。

実は、企画ラインは景気や物価の先行きに不透明感が広がり始めた八月半ばごろから追加緩和の検討をひそかに始めていた。担当幹部によれば、判断の決め手となったのは決定会合の直前に調査統計局がまとめた物価予測の下振れであり、「再増税を後押しする意図などまったくなかった」と言い切る。

もっとも、安倍や官房長官の菅義偉は、増税延期を掲げて総選挙に打って出る腹を早い時期に固めていたと見られ、何の前触れもない追加緩和を「増税を促すシグナル」と受け止めたようだった。官邸に事後報告に行った財務省幹部は、「総理も官房長官もなぜか不機嫌で、（追加緩和を）歓迎していなかった」と話す。安倍は、八％実施を押し付けた財務省への不信感を募らせ、菅は「黒田はやはり財務省の人間だ」と警戒するようになる。

こうした党内外の「増税論」を吹き飛ばすように、安倍は一一月、再増税の時期を一年半先送りし、その判断について国民の信を問うとして衆議院を解散、一二月一四日の総選挙でまたも大勝利を果たす。「安倍一強」と呼ばれる政治基盤がこうして築かれていった。

二か月後の一五年二月一二日。経済財政諮問会議に出席した黒田は、自らの発言を議事録に残さない「オフレコ扱い」とするよう求めたうえで、こんな話をした。

「欧州の一部の銀行は日本国債を保有する比率を恒久的に引き下げることにした。（財政再建に）もっと本腰を入れてやらないといけない。リスキーな状況になってきている」

増税の先送りにより日本国債は格下げされ、一方で国債保有額に応じた自己資本の積み増しを金融機関に求める規制強化論が欧米で出始めていた。黒田のオフレコ発言は、財政健全化への取り組みを安倍に訴える「悲鳴」のようにも聞こえた。

危機感を抱いた黒田はこのあと国際会議の場で「ソブリン・リスク（国の信用リスク）」を反映させた新たな資本規制案に猛反対し、二年近くかけてこれを阻止することになる。[32]

Ⅱ

「秘中の策」へ密かな準備

二〇一五年の春は陽ざしに恵まれ、高温が続いた。「バズーカⅡ」の発動から半年が経過し、平均株価は四月二二日に二万円台を回復し、円相場も年明けから一ドル＝一二〇円前後の円安水準で推移していた。

二次にわたる大規模緩和の結果、日銀の資産残高は一三年三月末の一六四兆円から二年間で三二三兆円と倍増した。バランスシート（貸借対照表）の資産サイドでは長期国債が九一兆円から二二〇兆円に膨張し、負債側では当座預金が五八兆円から二〇一兆円に急増した。つまり民間金融機関は大量の国債を日銀に売り、その代金の大半を当座預金に積んだことになる。肝心の銀行貸出は、期待されたほどは増えなかった。

これほど大規模な量的緩和を円滑に実現できた理由が二つある。一つは超過準備への〇・一％の付利を黒田体制下でも継続したこと、もう一つは日銀が金融機関の国債を「言い値」で買い続けたことだ。

量的緩和が導入された速水時代や拡張期の福井時代には、オペ予定額に応募が満たない「札割れ」がしばしば起きた。金融危機への備え以外に超過準備を積む動機が金融機関サイドになかったためで、困った日銀は手形オペの期間を延ばしたり、入札金利の刻みを一〇〇分の一％から一〇〇〇分の一％に引き下げたりするなど供給面で工夫を施した。

その後、白川時代に準備預金の付利制度が導入され、金融機関にとって超過準備を積む「インセンティブ」が整う。確実に〇・一％の収益を生み、しかもリスクのない運用先は滅多にないため、実需を伴わない「過剰なマネー」は自動的に当座預金に積みあがっていった。これを日銀側から見ると、売出手形の発行などのアクションを採らなくても余剰資金を即座に回収できる便利な仕組みであり、付利制度が持つ「自動吸収メカニズム」が働いた結果、当座預金だけが大きく膨らんだのである。

ただ、超過準備が二〇〇兆円を超えた結果、〇・一％の付利は金融界に年間二〇〇〇億円程度の「補助金」を与える結果となった。また、長期国債の買い入れについても、日銀は予定額に達するまで「言い値」で買わざるを得ないため、市場実勢を上回る「高値買い」が常態化し、これも隠れた補助金となっていた(33)。

企画ラインOBは「最初に量を決めて、何でもいいから買うとなると、市場に対して中立的なオペではなくなる。民間への補助金という側面がある」と指摘する。金融調節を担当する幹部も「金融機関が儲かるように（日銀が）買っているのは事実」と打ち明けた。

リーマン・ショックの際も議論されたように、中央銀行がミクロの資源配分に過度に関わることは、議会の決議を経ずに財政支出することにつながり、財政民主主義のルールに反すると考えられている。量的緩和も付利制度も資源配分を意図したものではないが、そのレベルが「異次元」に拡大すると、民間への所得移転額は無視できなくなる。異次元緩和は、中央銀行が財政の領域にどこまで踏み込むべきかという根源的な問いも投げかけた(34)。

そんな中、企画局が二年間の異次元緩和の効果について分析し、公表した。一五年五月のことである。

検証の結果、量的・質的金融緩和は実質金利を「一％ポイント弱」低下させ、これを基に経済モデルで試算すると需給ギャップは一～三％ポイント、CPI上昇率は〇・六～一・〇％ポイント改善することが分かり、それぞれ実績値に近かったという[35]。

企画局長の内田眞一は行内の局長会議でペーパーを配付し、「各種の金融経済指標は想定されたメカニズムに沿った形で変化したことが確認できた。とりあえずうまくいっている」と成果を強調した。

しかし、肝心の「二％目標」は、逃げ水のごとく遠のいていた。

CPI上昇率は原油価格下落の影響でその後も縮小を続け、四月には消費税増税の影響を除きゼロ％に戻った。日銀はやむなく展望レポートで二％達成時期を「二〇一五年度を中心とする期間」から「二〇一六年度前半ごろ」に先送りする。

黒田は「二％実現のために必要となれば、躊躇なく調整を行う[36]」と宣言し、六月四日にはこんな寓話とともに「期待への働きかけ」の大切さを訴えた。

「ピーターパンの物語に、「飛べるかどうかを疑った瞬間に永遠に飛べなくなってしまう」という言葉があります。大切なことは、前向きな姿勢と確信です[37]」

そんな総裁の決意を受けて、企画ラインで「マイナス金利」の研究がひそかに始まっていた。

二度の「バズーカ」により、短期金融市場ではマイナス金利が時おり発生していた。企画ラインはその金利形成メカニズムを調べる一方、海外の先行事例の調査研究に着手する。その後、一五年初夏には金融市場局、業務局、システム情報局の幹部も招集され、より実務的な検討に移行した。政策金利をマイナスに誘導した場合、日銀ネットや公開市場操作にどう影響し、マイナス金利をどう記帳するかについて確認するのが目的だった。

マイナス金利とは、民間金融機関が中央銀行に預ける当座預金の適用金利をマイナスに設定するという、究極の「非伝統的金融政策」である。

二〇一二年七月にデンマーク国立銀行が欧州債務危機に伴う自国通貨クローネの増価を防ぐために導入し、一四年六月には欧州中央銀行(ECB)が実施。これを受けて同年一二月にスイス、その後スウェーデンにも広がった。多くは自国の通貨高防止が目的で、ECBでは物価下落に歯止めをかける狙いが込められていた(38)。

通常、金利はゼロ以下には低下しない。もしマイナスになると、預金は時間とともに目減りするため、家計や企業は預金を一刻も早く解約し、現金に換えようと動く。取り付けに遭った金融機関は次々と倒産し、金融システムは崩壊する、と一般には考えられている。

ただ、現実には多額の現金を輸送したり、安全に保管したりするにはそれ相応のコストがかかる。このため、そのコストに見合う分だけマイナス金利をかけることは実務的に可能であり、欧州の中央銀行はそのぎりぎりのラインを意識しつつ、ゼロ金利制約を超える「究極の利下げ」に挑んでいた。

企画局の先行事例研究は、ECBのマイナス金利導入を受けて一四年後半に始まり、その後、関連部局を交えた実務調査を経て、一五年初秋に最初の研究結果として上層部に報告された。

節目節目に報告を受けていた企画担当理事の雨宮正佳は、早くから「長期戦に備えたオプション」としてのマイナス金利に着目していた。二%目標が未達成のまま、量の拡大が持続できなくなったケースを見据え、「いずれ金利スキームに戻さなければならなくなる」と考えていたのだ。

二度にわたる大規模緩和の結果、日銀が保有する長期国債は発行残高の三割を超え、一五年度末には三〇〇兆円に達する見込みとなっていた。とりわけ「バズーカⅡ」で買い増し額を年間八〇兆円という「掛け値なしの最大限」に引き上げた結果、企画ラインは量的緩和の持続力という新たな課題に直面していた。

八〇兆円という規模は、一般会計予算の国債の新規発行額三四兆円をはるかに上回る。これを続けた場合、発行残高に占める日銀の保有比率は一六年末に四割を超え、一七年末には五割を超えるとの試算が民間から出されていた。国際通貨基金（ＩＭＦ）も「現行ペースの買い入れは一七年から一八年に限界が来る」とのペーパーを八月に公表し、日本経済研究センターは「一七年前半には限界に達する」との推計値を出した。(39)

雨宮は「乾坤一擲はあるが、乾坤二擲という言葉はない」という表現を使い、量の拡大に依らない新たな手法を考えるよう部下たちに指示する。そこには国債を市場実勢より高値で買い続けることで、日銀の財務状況が悪化することへの懸念もあったという。

ある幹部によると、白川時代の「包括緩和」では、リスク資産の買い入れが日銀財務にどう影響するかを詳細に試算し、健全性を損なわないぎりぎりの線で購入額が設定された。しかし異次元緩和では、物価目標達成に必要な額は試算したものの、財務に関するシミュレーションは行われなかったという。二年で必ず二％を達成できると楽観視していたからであり、「アクセルを目いっぱい踏んだまま永遠に走り続けるなど、どだい無理な話だった」と、この幹部は批判も込めて話す。

一方、こうした「長期戦」への備えではなく、マイナス金利を別の用途に使えないかと考えた者もいた。マイナス金利には利下げ効果とは別に、当座預金を減らす効果がある。これをうまく使えば「量の正常化」、つまり異次元緩和の「出口への第一歩」に使えるかもしれない、という着想である。

最初の研究報告を聞き、そう気づいたのが副総裁の中曽宏だった。福井時代に量的緩和解除の実務を担った中曽は、「リザーブ（準備預金）が大きくなりすぎると出口から出られなくなる」と周囲に言い、超過準備圧縮の必要性を早くから口にしていた。

もし二％目標の達成が視野に入ってきた場合、次のテーマは、いかにして混乱なく超過準備を減らし、金融政策を正常化させるかに移っていく。その際、「マイナス金利を活用すれば、金融緩和を継続するスタンスを保ちながら超過準備を減らすことができる。こんなうまい組み合わせはほかにない」と中曽は覚知した。

ＥＣＢでは、法定準備額を超える超過準備全体にマイナス〇・三％の金利を適用していた。マイナス金利の下では、預金を預ける側が罰則金利を取られるため、民間銀行は損失回避のために準備預金を取り崩し、貸出や有価証券投資などに資金を回す可能性がある。つまり緩和効果と量の圧縮を同時に見込めるのではないか、と中曽は考えたのである。

このあと、ＥＣＢに続いてスイスが自国通貨高防止のためにマイナス金利を導入するが、その手法は超過準備を二つの階層に分け、その一部にだけマイナス金利を適用するという比較的穏便な案だった。この方式なら民間銀行の収益悪化を抑えながら、超過準備の緩やかな圧縮とフラン高防止の両立が可能になる。

欧州駐在員らからの報告を見て、中曽は「出口に力点を置くならＥＣＢ型、緩和強化を重視するならスイス型というふうに整理していった」と回想する。こうした「出口への活用」は企画ラインも意識していたようで、導入後、「少しでも正常化の方向に踏み出したかった」とその狙いをＯＢらに説明している。(40)

マイナス金利に対する雨宮と中曽の考え方は、一見似通っているが、「緩和の出口」が視野に入っているかどうかで全く異なっている。雨宮は、出口には依然ほど遠いと考え、むしろ長期戦に備えるために政策の主軸を量から金利にスイッチしようと考えた。一方の中曽は二％達成後をにらみ、出口の初期段階から超過準備を圧縮するために、マイナス金利という「ディスインセンティブ（阻害要因）」を金融機関に与えようと狙ったものだった。

長期に及ぶマイナス金利の研究は、結局、雨宮のイメージする「追加緩和」の方向へと収斂し、中曽にとっては「出口と全く逆の使い方」をせざるを得なくなっていく。

夏場以降、上海株式の暴落が世界同時株安へと発展し、その後、中国人民元の切り下げ観測を背景に円高・株安の流れが急速に強まっていったためだ。ＣＰＩ上昇率もゼロ％近傍に張り付き、一〇月末の展望レポートでは、二％目標の達成時期を「一六年度前半ごろ」から「一六年度後半ごろ」とさらに先送りせざるを得なくなった。

ただ、マイナス金利を日本で実施するためには、なお克服すべき課題が残されていた。

欧州と異なり、大規模な量的緩和を先に実施した結果、日銀の当座預金残高は秋の時点で二五〇兆円近くに膨張していた。仮にすべての付利金利をプラス〇・一％からマイナス〇・一％に引き下げると、単純計算で年間五〇〇〇億円の収益が吹き飛ぶ。これまで異次元緩和が実行できたのも、民間金融機関の協力があったからであり、「恩を仇で返す」わけにはいかない。異次元緩和にマイナス金利を上乗せするためには、それ相応の工夫が必要だった。

検討を託された企画局長の内田が、「分かりました」と勇んで飛び込んできたのは一〇月ごろだった、と雨宮は記憶している。

アイデアマンの内田は、スイス型を参考に準備預金を二つの階層に分け、このうちマイナス金利の適用額を限界まで小さくする構想をまとめていた。マイナス金利の適用先が仮に少額でも、経済理論の「限界原理」に基づき市場金利をマイナスに誘導することは可能だ、さらに準備預金を二層に分ければ、わずかな金利差を狙った市場取引が行われるようになり、短期金融市場の機能も失われない、と内田は説明した(41)。雨宮も「限界的にかけても市場金利を誘導できると、このとき確信した」と話す。

もっとも、この段階でマイナス金利はいったん「引き出しの奥」にしまい込まれた。雨宮らにとって、これは「秘中の策」であり、政策企画課にも具体的な検討指示は下りてこなかった。一二月七日の講演で、黒田はマイナス金利政策について「導入すべきだとは考えていない」と明確に否定している(42)。

一二月一六日、FRBがゼロ金利を解除し、九年半ぶりの金利引き上げに踏み切る。この二日後、黒田は「金融緩和の補完策」を発表した。買い入れる国債の平均残存期間をさらに延ばし、ETFの購入額を三〇〇〇億円増やすのが柱で、量的緩和の限界論を否定し、円高・株安の流れを防ぐ狙いがあった。だが、市場には「小出し緩和」と受け止められ、失望感と限界論から株価は下落した。企画ラインの幹部は「あれでしのごうと思ったが、まったくしのげなかった」と、この一手が空振りに終わったことを認めた。

順調だったはずの「アベノミクス」に初めて逆風が吹き、企画ラインは引き出しの奥から秘中の策を取り出さざるを得なくなっていく。

マイナス金利の「発煙弾」

二〇一六年の年明けは、想定を超える「中国ショック」で始まった。

中国経済の減速懸念から一月四日の上海市場で株価が暴落し、導入されたばかりのサーキットブレーカー

（取引停止）がいきなり発動する。東京市場での大発会も前年末比五八二円安で引け、その後も一万七〇〇〇円割れに向けて売られ続けた。下げ幅は一か月余で三〇〇〇円近くに達し、一ドル＝一二〇円台だった円相場も一一七円台に急上昇。「躊躇なく政策を調整する」と言い続けた黒田は、決断を迫られる。

雨宮と内田は直ちにマイナス金利の検討を再開し、政策企画課も準備に入った。中曽は一月半ばからローマで開かれた国際会議に出席し、そこでECBとスイス国立銀行から「階層構造」の実効性について見解を聞くことにした。

一方、黒田自身も、実はマイナス金利に興味を持っていた。

黒田は、海外出張のたびにECBから「マイナス金利はうまくいっている」と聞かされ、そのつど情報を下ろしていた。ある者は「マイナス金利って面白いよな、と総裁に言われた」と言い、またある者は「各国で採用されており、さほど慎重に考える必要はない。やれるならやってみてはどうかと総裁は考えていた」と話す。幹部の一人は「事務方が熱心に研究したのも、総裁がそういう意識を持っていたからだ。総裁はいわば社長であり、社員は社長の考えを忖度して動いている」と後に解説した。

企画ラインはほどなく三つの選択肢をまとめ、首脳部に提示する。一番目が国債の買い増し額を現行の年間八〇兆円から一〇〇兆円に引き上げる案。第二が、一〇〇兆円への引き上げと二層構造のマイナス金利を併用する案。第三が現行の「バズーカⅡ」を維持しつつ、マイナス金利を付加する案だった。

事務方の「一推し」は、もちろん三番目である。これ以上の量の拡大は難しく、「長期戦」への備えが必要だ、マイナス金利なら深掘り可能で、緩和限界論を乗り越えられる、と力説した。一番目の一〇〇兆円は、副総裁の岩田規久男らが主張した案だったが、「もし一〇〇兆円でも効かなかったら、量的緩和そのものの否定になる」と進言し、併用案についても「マイナス金利の効果を見極めるには、交ぜない方がいい」と言った。まず量の限界を子細に説明し、第三の道しかないと説得する作戦を立てていたのである。

企画ラインの説明に、黒田はじっと耳を傾けた。もとよりマイナス金利には関心を持っていた。市場で早期実施を予想する声はほとんどなく、このタイミングで導入すれば相当な「サプライズ効果」が期待できる、うまくいけば一気に局面を転換できるかもしれない。そんな期待と打算が首脳部に広がった。マイナス金利への流れがこうしてできていく。

そんな最中の一月一八日、黒田が国会で思わぬ質問をぶつけられた。

「金融緩和策で温存されているカードが一枚あります。超過準備に対して付けている金利をゼロにするか引き下げる、このカードをそろそろ切るべきなんじゃないでしょうか」

マイナス金利の可能性を突然問われたのだ。が、黒田は顔色一つ変えずに答えた。

「量的・質的金融緩和は所期の効果を発揮している。日銀当座預金への付利は大量のマネタリーベースを円滑に供給することに資するものであると考えておりまして、いわゆる付利金利の引き下げについては検討はいたしておりません」(43)

バズーカⅡと同様、これも「発煙弾」だった。既に検討は相当進んでいたが、サプライズを重んじる黒田は「鉄面皮」のごとく国会の場で否定した、と複数の関係者が後に認めている。

この二日後、円相場が一時一ドル＝一一五円台に急騰するが、翌二一日の国会で黒田は再びマイナス金利の可能性を否定する。(44)このあと企画ラインに政策の細部を詰めるよう指示し、スイスのダボスに出張した。

四日後の一月二五日。ダボスでの世界経済フォーラム年次総会から帰国した黒田は、御前会議を招集した。

「一〇〇兆円構想」の岩田も加わった。

だが、この日のテーブルに示されたのは第三の「マイナス金利」だけだった。「一〇〇兆円」も「一〇〇兆円とマイナス金利の併用」案も、事前の根回しによって消されていた。段取り通りの鮮やかな展開に、出席者の一人は「まるで歌舞伎のようだ」と感じたのを覚えている。

財務省出身らしく、下から積み上げられた議論を重んじる黒田は、企画ラインが勧めるマイナス金利を迷わず決断する。岩田は、当初は国債をさらに買い増すべきだと考えたが、量を増やしても予想インフレ率を引き上げられるか自信が持てず、迷った末にマイナス金利に賛成した、と自著『日銀日記』に記している。関係者によると、岩田を説得したのは雨宮だったという。

ただ、中曽が一つだけ注文をつけた、と関係者は言う。企画ラインの案は、スイス型に倣った二層構造で、当座預金の一部にマイナス金利、残りにゼロ金利を適用することになっていた。だが、現行のプラス〇・一%の付利がなくなるため、中曽は「銀行へのダメージが大きすぎる」と指摘し、民間の協力を得るうえで「既得権益の保護」が必要ではないかと主張したという。このため最終案の決定は持ち越しとなった。

中曽はまた「これはすぐに実施できるのか」「とりあえず「検討指示」[45]にとどめ、一、二か月ほど調整する必要はないのか」とも質したが、企画ラインは「問題なく、すぐに実施できます」と答えたという。

御前会議のあと、企画ラインでは「二層あれば十分」と主張する局長の内田と「量的緩和に協力してくれた金融機関への配慮が必要」とする政策企画課長の正木一博らがぶつかり合う。双方から意見を聞いた雨宮は、当初案に修正を加えることを決断し、超過準備のごく一部にだけマイナス〇・一%を課し、残る部分にゼロ金利とプラス〇・一%をそれぞれ適用する「三層構造」のマイルドな案を仕立て上げた。[46]

「これなら限界的なマイナス金利の効果を及ぼしつつ、金融仲介機能への負担も最小化できる」と、雨宮は確信を持つ。執行部案が固まったのは、審議委員が外部接触できなくなる「ブラックアウト」入りの直前だった。

一月二九日の政策決定会合はしかし、マイナス金利の是非をめぐって激しい議論となる。賛成派は「マイナス金利と大規模な国債買い入れを合わせれば、より強い効果がある」と主張したが、「買い入れの限界と誤解される恐れがある」「金融機関や預金者の混乱・不安を高める」などと反対意見も根強く、採決の結果、またも五対四の薄氷の決定となった。長期国債やＥＴＦの資産買い入れについては八対一で継続が決まった。

終了後、黒田は「量、質、金利の三次元でさらに金融緩和を進めることができる」と強調した。雨宮も周囲に「どうです。うまく考えたでしょう」と自慢げに話した。[47] だが、市場はその評価をめぐって混乱し、円高抑制効果は一週間も経たず消滅してしまう。平均株価も一〇日後に一万六〇〇〇円を割り込み、国民の間にはマイナス金利という言葉が持つ「負のイメージ」だけが広がっていった。

二％目標の達成時期についても、政策決定会合で「二〇一六年度後半ごろ」から「二〇一七年度前半ごろ」へと三回目の先送りを余儀なくされた。黒田バズーカの「神通力」はこの決定を境に消散し、[48] やがて執行部内に「不協和音」が流れるようになる。

金融界の反発、初めての不協和音

「マイナス金利付き量的・質的金融緩和」の決定から週が明けた二〇一六年二月一日、本店三階の金融機構局に全国の民間金融機関から電話での抗議と面会予約が殺到した。

金融機構局は金融システムを担当する部局で、金融機関と日々向き合っている。話を聞くと、その多くはマイナス金利への不満や批判だったが、無視できない指摘も含まれていた。

三層構造の新たな付利制度は二月一六日から適用されることになっていたが、メガバンクなど一部の銀行は、コンピューターシステムがうまく対応できず、システム改修に多額の費用と時間がかかるとクレームをつけてきた。実際、手作業での処理を強いられた銀行もあった。

大手の証券会社と信託銀行は主力公社債投信のMRF(マネー・リザーブファンド)の扱いに頭を抱えていた。MRFは個人が証券投資する際の「決済口座」の役割を担っている。一〇兆円超あるMRFの運用資金は信託銀行が受託しているが、その当座預金にマイナス金利が適用され、MRFの元本割れを引き起こす恐れがあったからだ。また、MRFに似たMMF(マネー・マネジメントファンド)では、安定した資金運用が難しいとして新規の購入受け付けを停止し、繰り上げ償還まで行われた。

「LIBOR《ライボー》」(49)と呼ばれる国際的な金利指標を基準にして貸出金利を決めた融資先への対応も、金融機関にとって一苦労だった。LIBORベースで融資契約を交わした信用力の高い大企業は、「貸出金利も当然マイナスに改定すべきだ」と言い始める。銀行マンたちは一社ずつ説得に回らざるを得なかった。また、金利スワップなどデリバティブ(金融派生商品)取引も、金利がマイナスにならないことを前提に組成されていたため、既存のローン・スワップ取引に変動金利のマイナス化を適用するかどうかで混乱した。(50)

金融機構局にマイナス金利の計画案が伝えられたのは決定の一週間前だった。混乱回避に向けて対応策を練るには、あまりにも時間が足りなかった。日銀の各所から「しょせんは机上のプラン。企画局は技に溺れた」と批判の声が噴き出す。

関係者によると、金融機構局長の衛藤公洋らは、黒田をはじめ政策委員会のメンバーに金融界の訴えをそっくり伝え、「言い分をしっかり聞く必要がある。金融機関の協力がなければ金融政策は実行できない」と早急な見直しを訴えた。この結果、三月の政策決定会合でMRFをマイナス金利の適用対象から除外する特例措置が決まるが、それでも政策の大枠に変更はなく、金融界の不満が鎮まることはなかった。

三層構造の狙い通り、当座預金二五〇兆円の大半にはプラス〇・一％が付利され、マイナス金利の適用は当初一〇兆円程度にとどまっていた。しかし、市場金利の起点がマイナスに設定されたことで長期金利は想定よりも大幅に低下し、利ざやの縮小を通じて金融機関の収益基盤を蝕んでいった。一〇年物国債の利回りは二月九日に初めてマイナスとなり、二月下旬以降、マイナス圏で推移し続ける。資金が比較的利回りの高い超長期債に向かったことから、二〇年を超える長い年限の金利にも強い引き下げ効果が及び、イールドカーブ（利回り曲線）の「極端なフラット（平坦）化」が進んだ。

激しい批判に対し、黒田は「金融政策は金融機関のためにやっているものではなく、日本経済全体のためにやっている。金融機関が賛成するか反対するかで、金融政策を決めるということはない」(51)と強い口調で反論し、必要ならマイナス金利を深掘りする構えすら見せた。物価の基調は弱く、四月の政策決定会合では二％目標の達成時期を「二〇一七年度前半ごろ」から「二〇一七年度中」へと四回目の先送りが決まった。

実は何人かの幹部は、金融システムに対する黒田の関心が、金融政策に対するそれと比較して極めて薄いことに気づき、案じていた。「金融機関のためのものではない」という激しい表現についても、「思わず本音が出た」と首をすくめた幹部は少なくない。地域金融機関の経営課題を説明しようとした別の関係者は、黒田に「それは金融庁の仕事だ」とあっさり片付けられた。黒田から「金融システムの安定といった行政権限に属する仕事は、本来、日銀法の目的には入っていない」と聞かされた、と証言する者もいる。

日銀法改正後も長く議論になった「ピュア・セントラルバンク」が、皮肉にも財務省出身の黒田体制の下で完成しつつある、と日銀マンたちは感じ始めていた。

危機感を持った金融機構局は、金融政策の効果を浸透させるためにも安定した収益基盤に立つ銀行の金融仲介機能が不可欠なのだと、金融システムレポート[52]を使いながら黒田への「ご進講」を続けた。関係者は「セントラルバンカーとしての思考回路を理解してもらうための重要なプロセスだった」と振り返る。

確かに、金融システムには不安の芽が出始めていた。地方銀行と第二地方銀行の半数以上が本業赤字に陥り、地域経済の疲弊も重なって存亡の危機が噂されるようになる。焦った地銀は不動産融資に活路を求め、スルガ銀行の不正融資といった社会問題も起きていた。

同じく超低金利に苦しむメガバンクは、収益の大半を海外と債券売買に頼らざるを得なくなり、大規模な店舗の統廃合と人員・業務の削減に追い込まれていく。不良債権からは解放されたものの、金融界全体が「展望なき構造不況業種」と呼ばれ、フィンテックと呼ばれるＩＣＴ技術を駆使した新金融時代にも取り残されつつあった。業界に渦巻く超低金利への怨嗟の声はやがて金融庁に集約され、日銀との幹部級協議の席で、金融庁側がマイナス金利政策を名指しで非難する場面もあったという。

一方、財務省もマイナス金利の「副作用」に不安を抱き始めていた。

短期から長期、さらに超長期まで一斉に金利が下がり、期間が長くても金利水準が変わらない「平坦すぎるイールドカーブ」となった結果、保険や年金基金が運用難に陥るなど広範囲に悪影響が出始めたからだ。

また、日銀批判の急先鋒に立つ三菱東京ＵＦＪ銀行が、マイナス金利を理由に国債入札の特別資格（プライマリー・ディーラー）を返上すると突如表明したことも、財務省の不安を駆り立てた。

奇しくも同じころ、首相の安倍晋三が二回目の消費税の増税先送りを表明し、参議院選挙に臨もうとしていた。このため選挙後にアベノミクスを「再起動」させ、増税路線を確かなものにしようと、財務省内で一時、日銀との共同声明の改定を模索する動きが出る。結局、「ここは動かない方が無難」との判断から立ち消えとなるが、このまま日銀を放っておくわけにもいかなかった。

財務省幹部はこのころ、二％目標の達成時期をこれ以上先送りすると、黒田の総裁任期（二〇一八年春）を超えてしまう、と日銀側がひどく心配していたことを覚えている。焦りを強める日銀が「独り相撲」に陥らぬよう、何らかのバックアップが必要だった。

七月一〇日の参院選を前に、財務省はマイナス金利の深掘りと長期化に対する懸念を日銀側にはっきりと伝えた。そのうえで、選挙後には大規模な財政出動を考えており、「あまり金融政策だけで背負い込まない方がいい」と助言する。さらに参院選直後に麻生と黒田の会談をセットし、財政と金融による調和のとれた政策運営を確認することも決めた。日銀の「独走」を止め、「持続可能な枠組み」を検討する時間を与えようという財務省なりの配慮だった。

七月二九日の政策決定会合で、政府の二八兆円の経済対策と歩調を合わせ、ＥＴＦの買い入れ額を倍増する緩和強化策が決まる。[53]と同時に、黒田は「二％目標の実現に今後何が必要か検証したい」として、これまでの政策運営について九月の次回会合で「総括的に検証する」ことを表明した。これまで煙幕を張り続けた黒田が、初めて発した「針路変更」の事前予告だった。関係者は「為替介入のようなサプライズ重視の黒田スタイルは、マイナス金利が最後になった」と後に認めている。

「イールドカーブ・コントロール」という曲芸

マイナス金利による「一発逆転」は夢と消え、二％目標はさらに遠のき、八〇兆円の国債買い入れの限界が再び視野に入ってきていた。企画ラインは、英国のEU離脱と国際金融市場の動揺を奇貨として、路線転換の準備に入る。事前の根回しとして、マイナス金利が金融機関の収益に及ぼす悪影響について、金融機構局が試算した結果を審議委員に詳しく説明する機会も夏場に設けられたという。[54]

副総裁の中曽は、九月の講演で「金融仲介機能に与える影響にも配慮しながら（中略）政策の枠組みに修正が必要か否か、必要な場合どのような修正が適当かを判断したい」と枠組み修正の可能性を示唆する。一方、リフレ派の岩田は「量を減らすとか、質を減らすとかいうことは考えられない」と企画ラインを牽制した。[55]

政策の枠組み変更が必要になったのは、マイナス金利が想像以上に不評で、しかも量的緩和の拡大も限界に近づいてきたからだが、これ以外に政策委員会の「立て直し」という別の判断もあったようだ。

黒田時代の金融政策決定会合は、当初から二％目標をめぐって一部の委員が反対を表明し、バズーカⅡやマイナス金利といった重要局面で五対四の薄氷の議決が繰り返されてきた。その後も委員九人の主張は量的緩和の「強化」「縮小」「現状維持」の三方向に分かれて鋭く対立するようになり、「合議体としての力」[56]が弱体化しつつあった。

一部の審議委員は、黒田が反対票をまったく意に介していない、と不信感を強めていた。少なくとも白川時代までは、なるべく反対票を減らそうと水面下で説得が続けられ、時に総裁自身が本音をぶつけることもあったという。だが、黒田が事前に本心を見せることはなく、逆に「満場一致も五対四も変わりはない」と割り切っているようにも見えた。

こうした委員間の相互不信を和らげ、合議体としての政策委員会を立て直す道がないか事務方は懸命に考える。重要な場面で薄氷の決議が繰り返されることのないよう、幅広い主張を「包摂」できる枠組みが求められていたのである。

二〇一六年九月二〇、二一の両日開かれた注目の政策決定会合。まず、過去三年半の異次元緩和について総括的検証が行われた。

それによると、量的・質的金融緩和は経済・物価を好転させ、「日本経済はデフレではなくなった」とその効果を強調し、二％目標を達成できなかったのは原油価格の下落や消費税増税後の需要の弱さなど「外的要因」が影響したためだと分析した。さらにマイナス金利についても、イールドカーブを押し下げる効果があったとする一方、金融機関収益の圧縮や保険・年金の運用難など副作用にも留意すべきだと総括した。

そのうえで、会合では二％目標を達成するための新たな枠組みとして、次のような複雑な政策パッケージが執行部から提示され、賛成多数で決定した(57)。

一、操作目標をマネタリーベースから長短金利に変更し、短期金利はマイナス〇・一％、一〇年物国債金利はゼロ％程度に設定する(イールドカーブ・コントロール)

二、国債の買い入れペースは金利操作目標を実現するよう、年間八〇兆円を「めど」に実施する。買い入れ対象の平均残存期間の定めは廃止する

三、ETFとREITの買い入れ規模は維持する
四、CPI上昇率が安定的に二%を超えるまでマネタリーベース拡大を継続する（オーバーシュート型コミットメント）

会合では、二%目標を達成するためには先行きへの「期待」を強める方策が必要だとして、CPI上昇率が将来二%に達しても、それが安定するまではマネタリーベースを増やし続けることをコミット（約束）するという新たな考え方が執行部から示される。この「オーバーシュート型コミットメント」は、リフレ派の警戒を解くための布石となった。

そのうえで、「マネタリーベースの拡大は長期的には意味がある」とリフレ派に配慮しつつも、短期的にはむしろ副作用を抑えながら実質金利の低下を図るべきだとして、操作目標をマネタリーベースから「最も適切なイールドカーブの形成」に変更する案が出された。短期金利をマイナス〇・一%、長期金利をゼロ%に「ピン留め」することによって、イールドカーブを鋭角に修正し、マイナス金利の副作用を軽減する狙いだった。

ポイントは、操作目標が量から金利に切り替わり、国債の買い増し額が「目標」ではなくなったことである。リフレ派に気遣い、年間八〇兆円を「めど」として残したが、今後は長期金利ゼロ%が目標となるため、その水準さえ実現できれば買い入れ額を減らすことも可能になった。

日銀はそれまで「長期金利は直接コントロールできない」と言い続けてきた。だが、黒田は異次元緩和とマイナス金利の経験から「イールドカーブ・コントロールは十分できる」と言い、こう見得を切った。

「従来の二つの枠組みを踏まえて、それをさらに強化したものです。（中略）なにか手詰まりになったということはない」[58]

「イールドカーブ・コントロール」「オーバーシュート型コミットメント」という曲芸に近い政策を編み上げたのも、企画担当理事の雨宮だった。[59]

遡れば、「時間軸政策」と命名したのも、量的緩和の「政策拡張性」という概念を編み出したのも、異次元緩和を作ったのも雨宮であり、過去の大半の「非伝統的金融政策」に関わってきた。

非伝統的という呼称には、「正統な金融政策」を逸脱しているという批判的ニュアンスが込められている。実際、異次元緩和を企画した雨宮らに対しては、日銀ＯＢたちから容赦ない批判と冷たい視線が向けられてきた。[60]

雨宮は非伝統的金融政策について理解を深めようと自ら筆を執り、講演に臨む。

「歴史を紐解くと、（中略）短期金利のコントロールを起点とする金融政策の枠組みは、確立してからわずか二〇年程度しか経過していないにもかかわらず、伝統的金融政策と呼ばれるようになった」

そのうえで、「平時においては短期金利のみを操作し、長期金利の決定は市場に委ねるべきだが、危機時、あるいは日本のように長年続いたデフレからの脱却といった局面では、中央銀行は平時とは異なる政策を採用する」[61]と言った。長期デフレという「非常時」においては、中央銀行と言えども過去の常識に縛られるべきではないという主張であり、日銀ＯＢの間にくすぶる「黒田緩和批判」への反駁でもあった。

政策変更の狙いについて、雨宮は「量から金利へと船を乗り換え、持久戦に入った」と言ってはばからない。副総裁の中曽も「マイナス金利の経験を踏まえ、黒田緩和は柔軟性と持続性を兼ね備えた究極の進化形になった」と後に語った。

九月三〇日。黒田は講演で小説『赤毛のアン』の中から「これから発見することがたくさんあるって、すてきだと思わない?」という一節を引用し、「アンの言葉は日々新しい知恵や解決策、政策ツールを見つけ出そうと多大な努力を続けている全ての中央銀行職員とエコノミストにとって大きな励ましとして心に響く」と語る。(62) それは、ゼロ金利制約を克服するため、次々とアイデアを出す事務方に寄せる労いの言葉のようにも聞こえた。

黒田の任期は一八年三月に切れる。後継人事で騒がしくなる前に、できれば「量から金利への回帰」を果たしておきたいと事務方は考え、黒田は黙ってこれに応じた。新たな枠組みが金融調節という技術的、実務的な領域に入ったこともあり、これを境に政策運営の主導権は黒田から企画ラインへと移っていく。

一方、任期中に二%目標を達成できず、「量から金利」へのシフトにも賛成票を投じた副総裁の岩田には、野党とリフレ派の双方から批判の矢が放たれた。

とりわけ「二年二%の達成に職をかける」という就任時の国会答弁をめぐっては、野党やマスコミから繰り返し責任を追及され続けた。岩田はまず果たすべきは説明責任であるというのが真意だったと弁明し、消費税の増税と原油価格の予想以上の急落が原因だと繰り返したが、自らの発言に最後まで苦しんだ。(63)

量から金利へのシフトについても、岩田は「量の重要性は変わっていない」と強調したが、リフレ派を先導した山本幸三は「国債がなくなったからとか言うが、僕はあれは好きじゃない」と眉をひそめ、中原伸之は「日銀内でリフレ派が敗れたということだ」と批判した。

「デフレは貨幣的現象」と言い続けた浜田宏一は、このあと財政拡大の必要性を唱えるようになり、新聞のインタビューで「以前言っていたことと考えが変わったことは認めなければならない」と言って世間を驚かせた(64)。岩田も退任後、「財政政策のリフレ・レジーム転換が必要」との主張を強めていく。

岩田より先に、学者から政策当局者に転じた経験を持つ竹中平蔵は、インタビューでこう語った。「政策を経験して分かるのは、オール・オア・ナッシングはないということだ。政策は「総合」であり、これをやればすべてうまく行くという打ち出の小づちはないわけです」

トランプ登場と「ポスト黒田」

二〇一六年一一月の米大統領選で、ドナルド・トランプが当選する。

EU離脱を決めた六月の英国民投票に続く「二度目の想定外」に金融市場の混乱が懸念されたが、新政権の財政拡張への期待から株価と原油価格が急騰し、思わぬ「トランプ・フィーバー」が到来した。

このため、日銀の政策はしばらく長期金利への上昇圧力をおさえ込む方向に重点が置かれた。ただ、それでも国債の買い増しペースは、静かに圧縮の方向へと動き出していた。

イールドカーブ・コントロールの導入直後、リフレ派の岩田は国債買い増しのペースについて「微調整、減ったとしても微減に過ぎない(65)」と言い、引き続き量の重要性を強調していた。

だが、日銀の国債保有比率と「価格支配力」が高まるにつれ、一〇年物国債の流通利回りをゼロ%に誘導するために必要な買い入れ額は徐々に減少していく。年間八〇兆円を「めど」としながらも、一年後の購入額は年間五〇兆円ペースにまで減速した。金利へのシフトを認めた段階で「何をいくら買うか」という調節方針は事務局の裁量に委ねられており、審議委員たちは現場に口を差し挟むことができなくなっていた。

黒田の任期切れを約一年後に控えた二〇一七年五月。財務大臣の麻生太郎が、黒田の後釜に金融庁長官の森信親はどうだろうか、と事務方に囁いた。官邸の信頼が厚く、米ウォール街にも通じた森なら務まるのではないかという麻生の問いかけに、財務省内で一瞬さざ波が立つ。

だが、ほどなく麻生は、安倍の心中が黒田再任に傾いていることを知る。安倍本人が「日銀総裁というのは再任できないのか」と尋ねてきたのだ。これに飛びついた財務省が黒田に内々打診したところ、黒田も「求められればお受けする」と前向きの反応を示した。

「（黒田の）歳は大丈夫だろうか」と案じた麻生だったが、周辺は笑ってこう答えた。

「大臣より黒田さんの方がお若いですよ」

このとき麻生七六歳。黒田七二歳。六〇年ぶりとなる日銀総裁の再任は、初夏に行われた二人の会談によって、事実上固まった。

だが、ここからリフレ派が猛烈な巻き返しに動き出す。

岩田らリフレ派は、黒田の「日銀・財務省寄り」のスタンスに不満を持ち、ポスト黒田を通じて新たな「リフレ・レジーム」を構築しようと画策する。その「神輿」となったのが、スイス大使の本田悦朗だった。

本田は安倍が父晋太郎の秘書を務めていたころからの友人であり、浜田や岩田と並ぶ「アベノミクス」の理論的支柱だった。もともと財務官僚だが、大学教授を経て内閣官房参与となり、一六年春、スイス大使に抜擢されていた。

関係者によると、岩田は安倍に宛てて手紙を書き、本田以外に適任者はいないと直訴したという。本田当人も、黒田緩和では不十分だと声を上げ、自ら総裁就任への意欲をにじませた(66)。総裁人事の実情を知る幹部は「岩田、本田両氏がコンビを組んで、黒田外しに動いていた」と話す。

だが、既に黒田の再任は固まっていたため、安倍は本田を副総裁に据えてはどうかと考える。これに驚いた財務省と日銀は、「黒田を批判していた人物を起用すべきでない」と激しく抵抗し、最後は正副官房長官まで安倍の説得に乗り出した。結局、年明けまでもつれ込んだ岩田の後任人事は、その本田自身の推薦により、同じリフレ派で早稲田大学教授の若田部《わかたべ》昌澄《まさずみ》で決着することになる。

また、もう一人の副総裁ポストをめぐっても、ちょっとした騒ぎがあった。元総裁の福井俊彦が麻生のもとを訪ね、中曽の再任を働きかけたのである。下馬評では、理事の雨宮が昇格するとみられていた。政府部内に「異次元緩和を支えた雨宮の副総裁就任に福井氏らOBが反対した」との解説が流れた。

福井自身、金融危機や量的緩和の解除など豊富な実務経験を持つ中曽を残留させることが、将来の出口戦略に役立つと信じていた。同時に、将来の総裁候補とされる雨宮を日銀の外で一度修業させた方がいい、との配慮もあったという。

だが、この福井の働きかけも、中曽自身が留任を固辞したためあっけなく潰えた。中曽は早くから「調整役である自分は人選の枠外に置き、次は雨宮君でお願いしたい」と官邸や財務省に申し入れていたのだ。財務省からの推挙もあり、雨宮は文句なく後任副総裁に内定した。

二〇一八年四月九日夕。再任された黒田が、首相官邸で安倍と会談した。麻生と菅、経済財政担当相の茂《もて》木《ぎ》敏充も同席した。

安倍は「極めて短期間のうちにもはやデフレではないという状況を作ってくれた」と黒田の実績を称え、「二％の物価安定目標に向けてあらゆる政策を総動員していただきたい。三本の矢をさらに強化していく必要がある」と注文を付けた。黒田も「引き続き二％に向けて最大限の努力をする」と笑顔で応じ、共同声明の継続が決まった。

ここで会談の冒頭取材は終わり、記者団が退出したあと、安倍がこんな話を切り出したのを出席者の一人が記憶している。

「黒田さん、達成時期が何度も先送りされるというのはどうですかね」

「達成時期」とは二％目標の達成期限のことである。二％はアベノミクスの「御旗」であり、黒田も就任時に「二年程度を念頭に置いて、できるだけ早期に実現する」と約束していた。だが、五年経っても達成されることはなく、既に六回先送りされてきた。

安倍の問いかけは、実は「二％の達成時期にこだわる必要はない」というシグナルだった。複数の関係者によれば、安倍は黒田を再任する前、二人で昼食をとった際にも「達成時期にこだわることはない、中期的な目標で構わない」「あまり目標の先送りを続けると信頼を失う」という考えを伝え、黒田は特に違和感なく受け止めたという。

そんな経緯もあり、安倍からの再度の問いかけにも黒田は慌てず、海外で採用されているインフレ目標の例を挙げて、「いずれの国でも「見通し」は出ていますが、「目標」とまでは言っていません」と説明した。するど、安倍の隣に座っていた麻生と茂木が割って入り、こう畳みかけた。

茂木「総裁、海外と同じようなやり方でいいですよ」

麻生「外国のやり方を参考にしてやってみたらどうですか」

念を押すような茂木と麻生の発言を、黒田は静かに聞いていた。辞令交付という晴れの日に交わされたやり取りは、「達成時期にはこだわらない方針」を確認する場となった。

安倍の意向を伝え聞いた日銀幹部の間では、さまざまな憶測が広がる。既に目標の先送りが続いており、時期を削除しても格段の意味はないと考える者や、量から金利に切り替えた段階で達成時期は関係なくなっていると割り切る者、あるいはリフレ派の審議委員たちがどう反応するかを警戒する者もいた。安倍のメッセージを知った幹部の一人は「政治とはこういうものなのかと驚いた」と回想する。

振り返れば、共同声明をまとめる過程で、「達成時期の明記」に人一倍こだわったのが安倍だった。だが、二％は五年経っても達成されていない。「アベノミクスの採点表を書くと、雇用も株価も企業業績も合格点だが、物価だけが不合格。それが面白くないのではないか」とある日銀幹部は推察した。

実際、首相官邸はアベノミクスの「針路変更」に動き出していた。黒田に辞令公布した日の参院決算委員会で、安倍はこんな答弁をしている。

「私たちの経済政策の目的は何かというと、まず経済を成長させ、仕事したい人が仕事に就けるようにしていくことだ。（中略）その目的を達成する一つの手法として、二％の物価安定目標を掲げている。（中略）ただ、目的においてはかなり達成されつつある(67)」

二％には未だ届いていないが、政策目標はほぼ達成された、という新たな解釈である。このあと、首相官邸のホームページから「アベノミクス三本の矢」の物価に関する解説文がひっそりと削除される。誰にも気づかれぬまま、二％目標はアベノミクスから事実上切り離された。

首相の狙いについて、周辺は「達成時期にはこだわらないから、間違っても出口なんて考えるなというメッセージ」でもあると解説した。つまり金融緩和の長期継続を促したというのだ。財務省高官も「デフレ脱却などと騒ぎ立てず、できるだけ金融緩和を続けたいと首相は思っているだろう。それほど現状は政権にとって居心地がいい」と話している。

それから三週間、再任後最初の政策決定会合で、それまで「二〇一九年度ごろ」としてきた二％目標の達成時期が、官邸での「合意」に沿って、文書から削除された。

記者会見で黒田は「時期を書くことによって、それと金融政策の変更がダイレクトにリンクしているように（中略）誤解されるおそれがあるということで、削除した」と苦しい説明を繰り返し、「深い意味があって行ったわけではありません」などと記者を煙に巻いた。


再任から三か月後、企画ラインがイールドカーブ・コントロールの「微調整」に動いた。

長期金利のごく小幅な上昇を容認する一方、「当分の間、現在の極めて低い長短金利の水準を維持することを想定」するとしたフォワード・ガイダンス（時間軸政策）を加えるというもので、黒田は「強力な金融緩和継続のための枠組み強化」と呼んだ。

それまでゼロ％程度としていた長期金利の誘導目標を弾力化したのは、停滞する国債取引を活発にし、多少なりとも金融機関の収益を後押しする狙いが込められていた。また、これ以外にもマイナス金利の対象となる当座預金を半減させ、ＥＴＦの買い入れ額を柔軟に変動させる方針も決めた。いずれも「副作用」への配慮を示したものだった。

実は、企画ラインは一年前からトランプ・フィーバーに乗る形で長期金利の誘導水準をゼロ％からプラス領域に引き上げられないか模索していた。しかし、検討が進むにつれ、米中貿易摩擦の激化や北朝鮮・中東情勢の緊迫化など不安材料が次々と表面化する。もとより企画ラインには、「これまで緩和の修正局面に入るたびに失敗してきた」という強いトラウマがあり、慎重に構えざるを得なかった。また、黒田も「修正が早すぎるリスクに比べ、遅すぎるリスクが本当にあるのか」としばしば問いかけ、ブレーキをかけた。

結局、一年近い検討を経て、フォワード・ガイダンスで緩和路線を補強しつつ、ごく小幅な金利上昇を容認する折衷案に落ち着く。どちらに重心が置かれているのか判然としない決定となったが、ある幹部は「緩和強化のふりをしながら正常化に近づけていくための努力」と解説した。事実、政策決定会合で反対票を投じたのはリフレ派とみられる二人の委員だった[68]。

バランスシート膨張のジレンマ

金融政策がかくも難解複雑になったのは、二％達成まで緩和を続けざるを得ない苦しい事情と、緩和の副作用をこれ以上放置できない現実論との狭間で、妥協のパッケージを積み上げてきたからである。

異次元緩和から五年半が経った二〇一八年一一月。日銀の総資産はついに国内総生産（GDP）の規模を超えた。スタート時に一六四兆円だった総資産は五五三兆円と三・四倍に膨張し、うち国債は四六九兆円、発行残高全体の四三％にも達していた。黒田は「総資産やマネタリーベースに特定の天井があるとは考えていない」と繰り返す[69]が、行きすぎたバランスシートの膨張は数多のジレンマを日銀自身にもたらしつつあった。

第一は、巨額の資産買い入れによる資源配分の歪みである。国債やETFなどの市場では日銀が圧倒的なシェアを占め、「中央銀行による管理市場」と化している。その結果、価格形成は歪み、「官製相場」が生まれ、市場の価格発見機能が阻害されている、と内外から批判を浴びる。

第二は、財政規律の低下だ。国債の買い入れは流通市場で行われているが、その大半は発行後直ちに日銀に転売されており、(70) 財政法第五条が禁じる「日銀引き受け」に限りなく接近している。また、長めの金利低下を促した結果、国債発行額の累増にもかかわらず、国の利払い費は逆に圧縮され、財政健全化へのモチベーションを結果的に後退させた。歳出増を求める政治圧力は目に見えて高まっている。

第三は、マイナス金利以降に表面化した金融仲介機能の低下である。長びく緩和による収益悪化と地方経済の衰退で、金融システムは再び脆弱性を増しつつある。小さな外的ショックが新たな危機を招きかねないと、当局者たちは身構えている。

そしてもう一つのリスクが、緩和の出口で日銀自身が直面する財務危機である。

出口に向かう際は、まず国債など資産の買い入れを段階的に縮小し、その後資産を売却するか、あるいは資産を保有したまま準備預金の付利金利を引き上げると予想されている。

仮に金利が上昇すると、日銀が保有する国債に数十兆円規模の含み損が発生する。日銀は国債の満期保有を前提にした「償却原価法」(71) を採用しており、国債の売りオペを一切しなければ含み損は実現しないが、もともと市場実勢より高値で買っているため、仮に満期まで保有しても相当額の損失発生は免れない。

一方、国債を抱えたまま付利金利を引き上げるとどうなるか。四〇〇兆円を上回る超過準備の金利が二％上がると、ざっと八兆円の負担増となる。一方で保有する国債の運用利回りは大幅に低下しているため、日銀は深刻な「逆ザヤ」に直面し、巨額の赤字が自己資本を食い潰して債務超過に陥る可能性がある。仮に国債を売っても、付利金利を上げても、ストックベースの損失額は六〇兆円を超える、とのシミュレーションもある[72]。これに対し、日銀は一五年一一月、財務省に引当金制度の拡充を要請し、「債券取引損失引当金」を急ピッチで積み増しているが、残高は四兆四〇〇〇億円(一九年三月末時点)ほどだ[73]。

加えて、ETFに関しても平均株価が一万九〇〇〇円前後を下回ると含み損が発生し、減損処理が必要になる。上層部は、満期が到来する国債よりも、ETFの「正常化」の方を重視しているが、切り離しは容易ではない。保有額が株式時価総額の五%台に達しているため、半永久的に抱え込まざるを得ないとの悲観論も行内では囁かれている。

こうした財務の悪化は、いずれ国庫納付金の減少や消滅という形で実質的な国民負担となり、政治問題化する恐れがある。日銀法改正に伴って政府の損失補塡条項は廃止され、追加出資はできないことになっているが[74]、万が一、財政資金をつぎ込むような事態になれば、日銀の独立性は大きく揺らぐことになる。何より中央銀行の「財務危機」が、通貨の信認にどのような影響を及ぼすのか、誰も明確な見通しを持っていない。

イールドカーブ・コントロールを機に、牛歩のごとく正常化を模索する背景には、こうした事情が隠されている。八〇兆円をめどとした国債の買い増しは、一八年春に五〇兆円割れ、一九年春に三〇兆円割れと段階的縮小を続け、一九年の年間増加額は一六兆円弱にとどまった。日銀内では「ステルス・テーパリング(ひそかな量の圧縮)」が始まっているとの声も聞かれるが、資産の残高自体はその後も拡大を続けている。

さらに将来、長期金利の急上昇を抑えるため、再び巨額の国債買い入れに追い込まれるリスクも潜んでおり[75]、「出口」の難しさは想像を絶する。

二〇一八年九月、三選を目指す自民党総裁選の討論会で、安倍は異次元緩和について「ずっとやっていいとは全く思っていない。何とか私の任期のうちに(出口を)やり遂げたい」と言った。だが、その勇ましい発言も、翌年にはこう変わる。

「確かに二%を達成していないが、(中略)本当の目的は雇用に働きかけをして完全雇用を目指していく、そういう意味においては、この金融政策も含め目標は達成をしている、(中略)それ以上の出口戦略云々については これは日本銀行にお任せをしたい[76]」

二%目標は政治的に「棚上げ」され、副作用や出口の際のトラブルを含め、すべて日銀だけで抱え込まざるを得なくなった。この国会答弁の約一年後に安倍は卒然として退陣を表明するが、この段階で「一強体制」に陰りはなく、総裁四選の可能性すら囁かれていた。

明けて一九年。正月早々から米中貿易摩擦に対する懸念から市場の動揺が続き、夏場には世界的な景気減速不安でFRBが再び金融緩和に舵を切り、円高が進行する。そのたびに黒田は「躊躇なく追加的措置を講じる[77]」と強い言葉で牽制し続けるが、手持ちのカードがなくなっていることを見透かす市場に、総裁の発言は空疎に響いた。

見かねた麻生が、助け舟を出そうとしたことがある。平成が幕を閉じる直前のことだ。

「二%に行っていないからといって怒っている庶民がいるかと。一人もいないと思いますね、(中略)最初に目標に掲げたのでどうしてもそれをやらざるを得ないという形のものになっているんだと思いますが、(中略)少し考え方を柔軟にやってもおかしくはないのではないのかという感じは率直私もいたします[78]」

麻生と同じく、日銀内部にも「二％達成は現実的に不可能」「目標を換骨奪胎すべきだ」といった声があり、これを総裁に直言した強者もいる。これに対し、二％を目指す黒田の意欲に変化は見られない。黒田一人が物価安定目標という旗を今も掲げ続けている。

ただ、元号が替わって最初の冬が近づいた一九年一一月二九日、珍しく弱気をのぞかせる場面があった。日銀法に基づく国会報告の席で、黒田はこう答弁した。

「確かに私どもの判断が楽観的過ぎた（中略）。政策として間違っていたとは思わないが、予想していたよりも、根強い家計、企業の賃金、物価観というのがそう簡単に転換してこなかったということが一つあるのかなというふうに思っております。これは私どもとしての反省でございます」(79)

公式の場で、黒田が初めて口にした「反省の弁」だった。(80) 中央銀行がその気になれば物価目標は必ず実現できる、という就任時の信念を事実上修正したと感じた者もいた。

中国湖北省の武漢で「原因不明のウイルス性肺炎」が最初に確認されたのは、偶然にもこのころだったと言われている。

エピローグ――コロナ・ショック、そして首相交代

二〇二〇年一月。オリンピックイヤー最初の金融政策決定会合は、物価見通しの大幅な下方修正で始まった。武漢を中心に広がる新型コロナウイルスについて問われた黒田東彦は、「今の時点でＳＡＲＳや鳥インフルエンザのような影響があり得るとか、その可能性が高いとはみていないが、よく動向を注視していきたい」と答え、「徐々にではありますが、着実に二％に向けて物価上昇率は高まっていく」(1)と強気の見立てを変えなかった。

しかし、新型肺炎の猛威はアジア、欧州、米国など全世界に広がり始めていた。日本でもこの会合の直前に初の感染者が確認され、二月には横浜に寄港した豪華客船で集団感染が発生。政府は矢継ぎ早に感染防止策を打ち出し、自粛ムードの広がりとともに、経済は冷温停止状態へと向かっていく。

三月三日、ＦＲＢが緊急会合で利下げを決定するも、九日のニューヨーク市場でダウ平均株価が一時二〇〇〇ドルを超える暴落を記録、株式売買を一時中断する「サーキットブレーカー」が発動された。東京でも平均株価が一〇五〇円急落して二万円を割り込み、下げ幅は二か月で七五〇〇円に達する。原油価格も歴史的な急落を続け、世界不況の足音が急速に高まっていった。

三月一二日、安倍晋三は黒田を首相官邸に呼び、企業の資金繰り支援について早急な検討を指示する。企業金融支援のための新たなオペやETFなどの買い入れペースを倍増する追加緩和が決まったのは、この五日後のことである。同時に、金融市場局からニューヨーク連銀への働きかけによってドル資金供給の拡充策がまとまり、海外向けの貸出や有価証券投資を拡大させていた邦銀にとっての「命綱」となった(2)。

一方、米国では同じ一二日にトランプ大統領が緊急事態宣言を出し、一六日にFRBが追加利下げでゼロ金利に復帰する。コロナ・ショックは世界中を覆い、二四日、東京オリンピックの開催延期が決まった。

四月七日、日本でも緊急事態宣言が発令され、その後一一七兆円規模の緊急経済対策が策定された。これと足並みをそろえ、二七日の政策決定会合で第二弾の緩和策が決まる。ETFに続き、CPや社債の買い入れを大幅に拡大するとともに、国債についても「八〇兆円をめど」との表現を削除し、積極的に買い入れを増やす構えを打ち出した。黒田は「市場調節方針を実現するために上限を設けずに行っていく。必要なだけ、いくらでも買う」と言い、マスコミは「無制限買い入れ」と大きく報じた(3)。

対外公表文には、その理由として「緊急経済対策により国債発行が増加することの影響も踏まえ」と記され、政府の国債発行を中央銀行が側面支援する「財政ファイナンス」のニュアンスが一段と強まった。

実際、コロナ禍による需要消滅を補うために組まれた二回の補正予算の歳出規模は五七兆六〇〇〇億円に上り、その財源は新規の国債発行で賄われることになる。にもかかわらず長期金利が反応しなかったのは、日銀が国債を買い支える姿勢を示したからであり、国民一人当たり一〇万円の一律給付も、休業補償や家賃補助、学生支援のための給付金も、間接的に日銀の国債買い入れによって実施される形となった。

遡ってイールドカーブ・コントロールの導入直後、FRB前議長のベン・バーナンキが「黒田総裁は政府支出を明示的にファイナンスする、いわゆるヘリコプターマネーには反対を表明したが、国債の金利を無期限にゼロとすることはマネタリーファイナンス（＝ヘリコプターマネー）の要素を持つ」と自身のブログで指摘したことがある。(4)

ヘリコプターマネーとは、中央銀行の国債買い入れを原資として、政府が減税したり、無償で国民に行政サービスを提供したりする政策である。まるでヘリコプターから紙幣をばら撒くようなもので、最初はミルトン・フリードマンが一九六八年に思考実験として問題提起した。長年、禁断のインフレ政策と考えられてきたが、バーナンキがＦＲＢ理事時代にこれを提唱し、日本でも二〇一六年夏ごろに「究極のデフレ対策」として一部の政治家や市場でもてはやされたことがあった。

日銀の国債引き受けは法律で禁止されているが、長期金利をゼロ％で固定し、新発債の大半を買い入れてくれるなら、政府は利払い負担を気にせず国債を発行し、財政支出に充てることができる。さらに追加支出のための財源論議も行われていないことから、一〇万円給付など一連のコロナ対策はヘリコプターマネーそのものだ、と指摘する政府関係者は少なくない。

五月に入り、首相官邸から新たな「リクエスト」が舞い込んできた。

未曽有の危機に直面した企業を支援するため、「政府と日銀が一体となって資金繰りを支援しているということをもっとショーアップしてほしい」というのが、安倍の強い意向だった。首相周辺は、イールドカーブ・コントロールを頼みに一層の財政出動を目指す政権の狙いをすぐに嗅ぎ取った。

トップの指示はすぐさま財務省と日銀に下ろされ、事務レベルで検討が始まる。関係者によると、財務省からの働きかけはとりわけ熱心で、主計局長の太田充が何度も日銀首脳に電話を入れ、時に自ら本店まで足を運び、「ショーアップ」への協力を要請したという。

これに対し、黒田ら日銀首脳部は「この局面で政府と一緒にやっていることを世の中に見せるのは必要だ」と迷わず同意する。こうして固まったのが四年ぶりの「共同談話」の発出だった。

五月二二日、黒田体制になって初の臨時決定会合が開かれ、中小企業向けの新たな資金供給手段を含む総枠七五兆円の「資金繰り支援特別プログラム」が決まる。これを受けて黒田と麻生太郎が夕刻に会談し、「感染収束後に日本経済を再び確かな成長軌道へと回復させていくために、一体となって取り組んでいく」とする共同談話を発表した。

「一体となって取り組む」との表現は一三年の共同声明と同一である。日銀内では「そこまで書くのか」「共同声明まで出す必要があるのか」といった声も出た。しかし、二人並んでの記者会見で、黒田は「財政と金融のポリシーミックスが行われ、その結果として財政政策と金融政策の相乗効果が働く」と政府との連携を強調し、麻生は「中央銀行と政府がきちんと同じ方向を向いていることはすごく大事だ」と胸を張った。(5)

三日後、安倍は一か月半に及ぶ緊急事態宣言の解除を発表し、満足そうに言った。

「政府と日本銀行が一体となって、あらゆる手段を講じていく。その決意を異例の共同談話として発表した。正にオールジャパンで圧倒的な量の資金を投入し、日本企業の資金繰りを全面的に支えてまいります」(6)

首相の表情は、七年間で中央銀行を完全掌握したという自信に満ち溢れていた。一方、黒田も国際会議などの場で「今のスキームはオートマティック(自動的)なポリシーミックス」との説明を繰り返す。長引くコロナ禍の下、中央銀行と財政の一体化は加速度的に進み、もはやイールドカーブ・コントロール抜きに財政運営は不可能な状況になった。

黒田は財務官のころ、金融政策と国債管理政策、為替政策の間で協調すべきだと訴えたが、結果的に自らの手でそれを実現させた。幸運にも、低金利と財政ファイナンス円滑化、それに円安志向という三つの政策の「整合性」が失われるような厳しい局面は、今のところ訪れていない。(7)

金融と財政の垣根を飛び越え、バランスシートを膨らませていく「黒田スタイル」は、その後世界中の中央銀行に広がっていった。コロナ禍で失った需要を補うため、各国政府は巨額の財政出動に乗り出し、中央銀行は国債の買い入れや長期金利の低位誘導でこれを支える。その結果、国債発行残高に占めるＦＲＢやＥＣＢの保有比率は二割から三割に上昇し、急速な「日銀化」が進んでいるが、それでも五割を超える「本家」には遠く及ばない。


二〇二〇年六月一六日の政策決定会合で、ちょっとした「異変」があった。議長の黒田に発言を求められた財務省代表が、お決まりのフレーズを発しなかったのだ。

七年半前の共同声明以来、財務省代表は政策決定会合の場で「できるだけ早期に二％の物価安定の目標を達成することを期待する」と、判で押したように言い続けてきた。だが、この日は「企業金融の円滑確保や金融市場の安定維持等に万全を期すことで、金融経済活動の下支えに貢献されることを期待する」と発言し、「物価安定目標」に初めて言及しなかった。(8)

コロナ禍という緊急事態への配慮か。マイナス金利のように、無理に二％を追うなというサインか。それとも、安倍と同じく、財務省も二％目標を「棚上げ」しようとしているのか――。

その真意がつかめず、企画ラインは考え込んだ。何かが動き出そうとしている……。

この二か月後、二〇年四～六月期の国内総生産(GDP)が前期比マイナス二七・八%(実質、年率換算、後にマイナス二八・一%に下方修正)と戦後最大の落ち込みを記録したことが明らかになる。同じ八月一七日、安倍は慶應大学病院で七時間の検査を受け、政界に緊張が走った。

そして検査から二週間後の八月二八日、安倍は持病の再発を理由に突如退陣を表明した。[9] 驚愕の一報に平均株価は一時六〇〇円超下落し、債券相場も急落(金利は上昇)する。長期安定政権の突然の終焉に、列島全体が衝撃に包まれた。

振り返れば、憲政史上最長の七年八か月の間に、平均株価は二倍以上になり、企業業績も雇用情勢も改善した。政権発足時に始まった景気拡大は戦後二番目に長い七一か月に及んだが、この間の平均成長率は一・一%、物価上昇率は平均一%に届かず、生産性の伸びはむしろ鈍化した。一時間の退陣表明会見で、首相が「アベノミクス」や「大胆な金融政策」といったキーワードを口にすることはなく、政権の金看板は、道半ばで幕引きとなった。

他方、その「政策コスト」として、日銀の総資産は退陣表明直後の八月末時点で六八二兆八九九〇億円、名目GDPの一・二倍に達した。[10] このうち長期国債は四九〇兆円。CPや社債、ETFの買い入れはコロナ対応でさらに増え、今や東証一部の時価総額のうち五%超を中央銀行が保有する異常事態が続いている。また、国の借金も累次のコロナ対策で一段と膨らみ、二〇年度末には国債発行残高が一〇〇〇兆円を突破する。これら莫大な政策コストが確定した時点で、アベノミクスの歴史的評価も定まることになる。

安倍の跡を襲ったのは自民党内の圧倒的支持を得た菅義偉だった。故梶山静六を師と仰ぐ菅は、円高を嫌い、株高を追い求める屈強の経済成長論者である。官房長官時代には、日本株への投資を促すため海外ファンドとの面談に積極的に応じ、円高・株安阻止のため財務省と金融庁、日銀による「三者会合」の新設を指示した。日銀については、政府との連携を規定した日銀法第四条を重視している。

出馬会見で菅は「アベノミクスを責任持って引き継ぎ、さらに前に進めたい。日銀との関係も同じように進めていきたい(11)」と路線継承を宣言し、九月一六日、新内閣を発足させた(12)。

この翌日、黒田は政策決定会合で緩和路線の継続を決め、「政府としっかり連携しながら、政策運営を行っていく」と二つ返事で菅に呼応した(13)。

黒田はまた、安倍のころと同じく、菅とも定期的に会談したいという意向を表明し、このあと日銀から官邸に面会の申し入れがなされる。距離を詰めようと動いたのは、政治サイドではなく、日銀の方だった(14)。

遡ること七年半前、黒田が総裁に就任した一三年三月にこんな出来事があった。

レジーム・チェンジにより、まさに日銀を去ろうとする前副総裁の山口廣秀を呼び止め、黒田が「日銀はどうしてそんなに独立、独立と言うのか」と問い質したのだ。

山口の記憶によると、黒田は「日銀法に独立という言葉はない。あるのは自主性だ(15)」と言い、「憲法との関係からいって独立なんてあり得ない。むしろ政府と連携していくことが重要じゃないか」と力説した。山口はしばし絶句したという(16)。

黒田にとって日銀総裁の要諦は、「独立性」よりもむしろ「政府との連携」にあった。揺るぎない路線がとうに敷かれていたのである。

注

まえがき

（1）荀子「夫《そ》れ学は通《つう》の為に非ざるなり。窮して困《くる》しまず、憂《うれ》えて意《こころ》衰えざるが為なり。禍福《かふく》終始を知って惑わざるが為なり」

（2）三重野康『赤い夕陽のあとに』より。

（3）二〇一九年一一月七日、北京での雨宮正佳副総裁講演（邦訳）より。

（4）住宅金融専門会社。個人向け住宅ローンを供給するため、民間金融機関が一九七〇年代に次々と設立したノンバンクだが、その後、銀行自身が住宅ローン事業に参入したため、住専各社は不動産融資に傾斜。バブル崩壊で巨額の不良債権を抱え込み経営危機に陥った。

プロローグ

（1）自由民主党、日本社会党、新党さきがけの三党は一九九四年六月に連立を組み、社会党党首の村山富市を首班とする内閣を発足させた。村山内閣は九六年一月一一日に総辞職し、社会党は同月の党大会で社会民主党への党名変更を決定した。

（2）松下は一九五〇年大蔵省に入り、主計局長や事務次官を歴任。退官後は太陽神戸銀行頭取となり、三井銀行との合併を実現させ、九四年一二月、第二七代日銀総裁に就任した。

（3）新進党は、細川連立政権を構成していた新生党、公明党の一部、民社党、日本新党と自由改革連合などが結集し、一九九四年一二月に結成された。発足時には二一四人の国会議員を擁したが、九六年秋の総選挙で自民党に敗れ、九七年暮れに消滅（六党に分党）した。

（4）ベルギー国立銀行条例を範とする条例は、西南戦争後のインフレ収束のため一八八二年(明治一五年)六月に公布され、日銀は同年一〇月に株式会社として開業した。

(5) FOMC(Federal Open Market Committee)は、米国の中央銀行である連邦準備制度(FRS)を構成する金融政策の最高意思決定機関。年に八回開催され、連邦準備制度理事会(FRB)の理事と地区連銀総裁ら一二人で構成される。

(6) 例えば、「日本銀行法ニ依ル命令書(官房秘令第六五号)」は戦後も廃止されず、平成に至るまで日銀の内部管理を縛り続けた。命令書には日銀の業務運営に関する認可、届け出、書類の作成・提出の義務が細かく規定され、最後に「本命令ノ外大蔵大臣ニ於テ特ニ必要アリト認ムルトキハ随時命令ヲ発スルコトアルベシ」と書かれていた。

(7) 公定歩合とは、日銀が民間金融機関への貸出に適用する基準金利。かつては円の金利体系を決定する政策金利の中核だったが、金利自由化とともに重要性が薄れ、二〇〇六年八月に「基準割引率および基準貸付利率」と名称変更された。

(8) 一九九六年一〇月一一日、筆者のインタビューに応じた。

(9) 三重野の証言は、二〇〇三年四月から〇六年三月にかけて日本銀行金融研究所が実施した「オーラル・ヒストリー記録」(本書では以後「史談録」と表記)から抜粋した。

(10) 一九九四年暮れに破綻した東京協和信用組合の元理事長が、バブル期に主計局幹部と自家用機で香港旅行したことを国会の証人喚問で暴露した。同じく接待問題で処分された別の幹部についても、出入り業者の斡旋で副業を行っていた不正蓄財疑惑が発覚し、その後の調査で複数のスポンサーから巨額の資金提供を受けていたことが明るみに出た。

(11) 大和銀行ニューヨーク支店の日本人行員が米国債の簿外取引で一一〇〇億円の損失を出し、逮捕された。大和銀行も米当局への報告が遅れたとして、大蔵省と結託して隠蔽を図った疑念を持たれ、米国からの全面撤退と巨額の罰金を命じられる。これにより、大蔵省銀行局の威信は大幅に低下した。

(12) 一九九九年一〇月一日のインタビューで、橋本は「人生五〇年と言われた時代に設計された行政の仕組みが限界にきている。これは改革が必要だと本当に思っていた」と話した。

(13) 一九九二年にオランダの古都マーストリヒトで欧州共同体(EC)加盟一二か国により調印され、翌九三年に発効した「欧州連合条約」の通称。ECを発展させて欧州連合(EU)を創設し、九九年までに欧州中央銀行を設立し、単一通貨を導入するほか、共通の外交・安全保障政策など政治統合を推進するなどとしている。

(14) 中央銀行改革の流れは英国にも及び、一九九七年の総選挙で大勝した労働党トニー・ブレア政権はイングランド銀行の独立性を強化する改革案を打ち出し、新法が翌年制定された。またドイツでも二〇〇二年に法改正が行われている。

(15) 伊藤茂『動乱連立』より。

(16) 山口は後に筆者の取材に対し、「日本経済にとって優先的課題は金融システム問題の解決だと思っていたが、政治の判断によって法改正が提起された以上、受けて立つほかない、ほかに選択肢はないと考えた」と明らかにしている。

(17) このあと松下は四月三日の講演で、「現在の法律では適切な政策運営をしていくうえで十分には対応できない可能性がある。他国の中央銀行法と比べて遜色のないよう日銀法を見直すことが必要と考えている」と述べ、法改正への意欲を初めて表明した。

(18) 伊藤茂『動乱連立』より。

第1章　「松下時代」

(1) 金融政策を企画立案する中枢部局。古くは総務部と呼ばれ、新日銀法下で一時「企画室」に変更されるが、その後再び局に戻る。準備チームは稲葉、雨宮、中村武、加藤毅、正木一博で発足し、後に田中洋樹が雨宮と入れ替わった。

(2) 調査役は課長を補佐する中堅職で、中央省庁では課長補佐に当たる。後に「企画役」に名称変更された。

(3) 英国のロール委員会は一九九三年、政府の側には、①通貨を増発し、インフレによって実質的に政府の借金を帳消しにしようとする誘惑、②金利引き下げにより借入金利負担を軽減しようとする誘惑、③選挙前に景気が良くなるように金融政策を用いて政治的な景気循環を生じさせる誘惑、があるため中央銀行を政府から独立させるべきだ、と提言した。

(4) 三重野は二〇一〇年夏、回顧録『あるセントラルバンカーの半生記』を二五〇部限定で自費出版した。

(5) ボルカー元議長も『ボルカー回顧録』に「厳然たる事実は、パーティーを中途半端に終わらせることを望む主催者はほとんどいないことだ。彼らはパンチボウル撤去の機会をあまりに待ちすぎ、リスクが顕在化した時には、現実に被害が生じている」と書いている。

(6) 中川幸次『体験的金融政策論』より。

(7) 欧州中央銀行(ECB)の前身である欧州通貨機構は、①組織の独立性、②人事の独立性、③機能的独立性、④財務の独立性、を法的に担保するよう各国中央銀行法の改正を求めた。機能的独立性とは、中央銀行が政府からいかなる指示も受けず、「財政ファイナンス」を決して行わないことを意味する。この四条件は国際通貨基金(IMF)が途上国に経済政策を助言する際にも使われている。

(8) 一九九六年五月一三日付、企画局作成文書より。「③政策委員会」には「委員は出身分野を特定せず、経済と金融に優れた識見を有することを基準に選定するのが望ましい」「委員会の議事の透明性を高める」と記されている。

(9) 一九九六年四月八日、小川是事務次官記者会見より。

(10) 「新しい金融行政・金融政策の構築に向けて」と題する連立与党の指針には、日銀法について「バブルにおけるマクロ経済政策の誤りを繰り返さないためにも独立性と政策決定責任をより鮮明にする」と明記された。ただ、大蔵省の組織改革については結論を先送りした。

(11) 中央銀行研究会は鳥居のほか、金融制度調査会会長の館龍一郎東大名誉教授(金融論)、今井敬《たかし》新日本製鉄社長(経団連副会長)、福川伸次電通総研社長(元通産省事務次官)、神田秀樹東大教授(商法)、佐藤幸治京大教授(憲法)、須田美矢子学習院大教授(国際経済論)で構成され、専門委員として吉野直行慶應大教授(財政学)が入った。

(12) 海外で石油危機、国内で金融危機が同時発生した場合が考えられる。輸入インフレ抑制のため引き締めに動くと金融危機が拡散し、逆に金融不安を抑えようと大量資金供給を行うとインフレを助長する。「n個の目標にはn個の手段が必要」という考え方は、「ティンバーゲンの定理」と呼ばれる。

(13) 信用保持担当理事を務めた田村達也は、退任後の史談録で「信用秩序の維持と金融政策との間にコンフリクトが起こるんじゃないかという気持ちは今でも強い。どうしても矛盾が起きるという感じを(中略)その渦中にいてそういう思いを強くしましたね」と語る。一方、後に総裁となる白川方明は一貫して「ピュア・セントラルバンク論」に批判的だった。

(14) 鵺は猿の顔と狸の胴体、虎の手足と蛇の尾を持つ日本の妖怪。一方、ヤーヌスは前と後ろに顔を持つ「入り口」の守護神。年の初めを司るとされ、英語の一月(January)の語源となった。

(15) 外国畑を代表する元理事の緒方四十郎は、著書『円と日銀』に「為替相場の変動自体、国内の物価や金利、所得に影響を及ぼすので、中央銀行としてはこれを無視しえない。また、相場の変動に為替市場介入で対応すれば、(中略)中央銀行としては、介入の国内金融市場に対する影響を放置するか、打ち消す(不胎化する)かの選択を迫られる。したがって、中央銀行の立場からいえば、介入自体の決定権をもつか、決定に参画することが望ましい」と記している。

(16) 白川方明は自著『中央銀行』の中で「中央銀行は物価安定を目的とした金融政策に特化すべきであり、金融監督の仕事に中央銀行は関与すべきでないという議論もかなり有力であった」と明らかにしている。

(17) 考査をめぐっては、後に内閣法制局が「行政機関でない日銀に立ち入り調査権は認められない」と反対し、銀行局のアイデアにより「考査に関する契約を締結することができる」という現状追認の条文で法制化されることになる。「明定」はされたが、「考査権」は認められなかった。

(18) 九月一一日の発言内容は、中央銀行研究会議事要旨、山脇岳志『日本銀行の真実』および出席者への取材による。

(19) 松下自身、対外発信しなくても大蔵省の協力を得て改正は実現すると踏んでいたふしがある。周囲に対し「大蔵省出身の自分が総裁のときの方が(法改正は)実現しやすいかもしれない」と漏らしていたという。

(20) 一九九七年五月二九日の参院大蔵委員会で松下は「戦後、金融政策については(中略)私ども自身の判断と責任で行ってきたというふうに思っております」と答弁し、さらに大蔵省総務審議官の武藤敏郎も「大蔵省から何か金融政策に圧力を加えてこれを歪めたといったようなことはない」と補足した。

(21) 日銀法改正小委員会の委員は、館龍一郎(東大名誉教授)、貝塚啓明(中央大教授)、江頭憲治郎(東大教授)、中西真彦(東京商工会議所副会頭)、西崎哲郎(国際経営コンサルタント顧問)、藤原作弥(時事通信社解説委員長)。このほかオブザーバーとして、吉野直行(慶應大教授)、神田秀樹(東大教授)らが加わった。

(22) 日銀法第四条の政府との関係について、大蔵省の担当者は「原案を自民党に諮ったが、より強めに書くようにと求められ、あのようになった」と証言する。また、別の幹部はニュージーランドを例に政府が物価上昇率目標を設定する案も持ちかけたが、日銀側が「とんでもない」と反対し、「ちょっと酷かなと思い、あまり押さなかった」と話している。

(23) 一九九七年二月六日付の企画局作成文書「日銀法改正の議論のポイント」に以下の記述がある。「この政府の権利を議決延期請求権と呼ぶことについては、「請求権という文言は、請求を受けた者は請求された事柄を受け入れなければならないという意味合いがあるので、法律用語として避けるべき」との指摘があり、用いられないこととなった」。

(24) 限定条件付きとはいえ予算認可権を日銀が最後に呑んだのは、国会での予算承認方式を回避したかったからである。担当者は「予算承認のたびに国会で苦労しているNHKを見て、あれよりは大蔵省認可の方がいいと思った」と話した。

(25) 一九九七年四月二五日の衆院大蔵委員会で、銀行局長の山口公生は「独立性という表現をとった場合、内閣や国会から完全に独立した存在との意味合いで受け取られることがあり、用語として適当ではない」と答弁した。五月一四日の同委員会で別の質問者が「独立性と自主性は同じ意味か」と確認を求めると、山口は「おおむね委員の御指摘のとおりでよろしかろうと思う」と答えている。

(26) 自民党とは対照的に、法改正の火付け役となった伊藤茂は「与党合意を後退させ、骨抜きにしている」と批判し、日本金融学会の会長を務める神戸大学の三木谷良一ら経済学者二三三人は中途半端な独立性に疑義を唱える意見書を出した。

(27) 政務次官は中央省庁において大臣に次ぐ地位の特別職で、もっぱら政治家が登用された。二〇〇一年一月の省庁再編に伴い政務次官職は廃止され、代わって副大臣、大臣政務官が設置された。

(28) 港区赤坂にある氷川寮(正式名は氷川分館)は、終戦後の対外折衝にあてるために日銀が実業家から購入し、GHQや大蔵省などとの秘密交渉に使用してきた。現在の建物は九四年秋に竣工し、機密を要する会議などに使用されている。

(29) 一九九七年六月一〇日、参院大蔵委員会議事録より。橋本の皮肉がよほど堪えたのか、松下は自らの肖像画の制作を退任後も頑として受け入れなかったという。

(30) 当時、朝日新聞の山脇岳志は一九九六年一一月、給与の実態や肖像画の制作費、支店長公邸などに関する九項目の質問状を日銀に出したが、「日銀にダメージを与えて法改正を有利に運ぼうとする大蔵省の意図を強烈に感じたため、記事にはしなかった」と自著『日本銀行の真実』に書いている。

(31) 三重野は第二回インタビューで「ちょっと歯がゆかったですね。日本銀行の主張をもっとはっきり言えばよかった」と断ったうえで、「八〇点ぐらいの出来」と話した。一九回目のインタビューでは、「(欧州の中央銀行制度改革を)目標にして日本銀行もいろいろやって、もちろんちょっと不備の点もあったけれども、でもまあ僕に言わせると七五点ぐらいはやっていいいんじゃないか」と評している。

(32) 福井は二〇一九年一一月と二〇年六月に筆者の取材に応じた。

(33) 元理事の黒田巖は退任後の史談録で「旧法の中で独立性を高める方向で努力すれば、やれることはたくさんあったのにやってこなかった。わざわざ政策委員会を殺してしまい、スリーピングボードにしてしまっていた」と語っている。

(34) 後藤康夫史談録より。後藤は退任後の二〇〇二年から〇三年にかけて金融研究所の四回のインタビューに応じた。

(35) 日債銀は一九九七年春に経営危機が表面化し、大蔵省が日銀と民間金融界に広く出資を求める「奉加帳方式」によって当面の危機を乗り切った。また、同じく経営難が囁かれていた北海道拓殖銀行も北海道銀行との合併構想を発表した。

(36) 国際証券は準大手証券会社。金融危機のあと東京三菱グループの傘下に入り、再編合併を経て二〇一〇年に三菱UFJモルガン・スタンレー証券となった。

(37) 三洋証券の合併工作の舞台裏は、軽部謙介・西野智彦『検証 経済失政』、西野智彦『平成金融史』に詳しい。

(38) 拓銀の河谷も自著『最後の頭取』に、「記念すべき「勝ち戦」を(中略)眺めながら、明日、日本の金融史上、最大となる「負け戦」の会見をする自分の運命を呪うしかありませんでした」と書いている。

(39) 含み損を抱えた有価証券などを時価からかけ離れた高値でペーパーカンパニーなど第三者に買い戻し条件付きで一時転売し、損失を隠すこと。

(40) 当時、山一証券企画室にいた石井茂は著書『山一證券の失敗』の中で「日銀に対しては毎日のように状況を説明していた。(中略)昭和四十年に特別融資を受けた際に、必要に応じて山一證券は状況を報告するとの一札を取られていたからだと説明されていた」と明かしている。

(41) 拓銀の破綻が公表された一七日の夜、日銀幹部は極秘来日していたFRBの金融システム担当高官と都内で会談した。この席で山一証券の危機を知らされた高官は驚いて帰国し、FRBはこのあと日本のバブル崩壊と金融危機について詳細な研究に着手したという。

(42) 山一証券「社内調査報告書――いわゆる簿外債務を中心として」。この場にいた大蔵省証券局の幹部は、「助けてくださいといった発言はなかった」と証言している。

(43) 特融発動の原則は信用機構局内で早くから検討されてきたが、国会で初めて説明したのは住専処理案決定後の一九九六年二月七日の衆院予算委員会だったとみられる。松下はここで、①システミック・リスクの恐れ、②日銀資金の必要不可欠性、③モラルハザード防止、の三条件を挙げ、これに財務健全性への配慮を付け加えた。

(44) 一九九七年一一月二四日付、信用機構局作成「山一證券への資金融通のための富士銀行に対する貸出措置に関する件」より。

(45) この日の夜、長野は富士、日本興業、東京三菱三行の幹部にも電話している。長野は「三〇年ぶりに一緒にダンスを踊ろう」と言い、一九六五年の第一次山一特融に続く三行協調融資を提案し、了承を得た。しかし、日銀は事務作業が煩雑になるとしてこの案を嫌い、結局、主力の富士銀行経由で特融を出すことになった。

(46) 増渕稔『信用機構局長の一五〇〇日』より。

(47) 日本銀行銀行論研究会編『金融システムの再生にむけて』によると、当時営業局にいた飯野裕二は、二〇〇〇年に京都大学で行った講義で吉澤の仕事ぶりをこう話している。「最前線で陣頭指揮をとり、熱い情熱と強い使命感をもって寝る間も惜しんで対応に当たったのが、営業局証券課長であった。彼がいなければ当時の金融危機を乗り越えることができなかった」。

(48) 長野は翌一九九八年四月に退官する。ただ、辞職の理由は金融危機の責任ではなく、過去の過剰接待問題だった。

(49) 久山稔『平成・和歌山地域金融動乱史』より。

(50) 一九九七年一一月、信用機構局作成文書「Ｔｃの処理について」。「Ｔｃ」とは徳陽シティ銀行を表す日銀の暗号名。

(51) 二〇一七年一一月二六日付、朝日新聞。

(52) 自民党では宮澤喜一、梶山静六、渡辺喜美が公的資金の導入をそれぞれ提唱したが、日銀はさまざまなルートで三人の議員に接触していた。公的資金導入の経緯については、西野智彦『検証 経済迷走』に詳しい。

(53) 金融危機における銀行行動については黒田巖『通貨・決済システムと金融危機』を参照した。

第2章 「速水時代」

(1) 一九九八年三月一七日の衆院大蔵委員会で松下は「むしろ外部との意見交換、情報交換を進んで行ってこそ中央銀行職員としての資格が高まると基本的には考えまして、(中略)例えば外部との会食をやってはいけないとか、そういう意味で禁止をするということはなしに、各人の自覚にまつということで進めてきたわけでございます」と説明した。

(2) 公判で吉澤は一貫して便宜供与の事実を否定した。だが、職務に関して接待を受けたことは認め、執行猶予付きの有罪判決を受ける。吉澤はその後、ぴあ株式会社で経営に携わる傍ら、地域再生や環境金融などの分野で活動している。

(3) 大蔵省の処分は四月二七日に発表された。一一二人が処分され、特に接待の金額や回数の多かった証券局長の長野厖士と銀行局審議官の杉井孝は諭旨免職となった。

(4) 走り書きのメモや車中での会話は、藤原作弥が二〇二〇年五月七日付『金融財政ビジネス』(時事通信社)のコラムで明らかにした。また、審議委員の中原伸之は『日銀はだれのものか』に「日銀は過去にやりたい放題で高給をはんできたのではないか。(中略)そういう事実があるから、鴨志田さんははっきりしたことを言えず、悩んでいたのではないかと思います」と書いている。日銀は一九九八年五月二〇日、「不正はなかったが、給与体系に歪みがあった」とする内部調査を公表し、給与水準はこのあと大幅に引き下げられた。

(5) 緩和推進派の中原と対照的に、篠塚は過剰な緩和の弊害に留意する視点から論陣を張り続けた。新日銀法の下で「白熱した討議」が期待されたことから、福井が意識的に両極に位置する二人を審議委員に推挙した、と藤原は話している。

(6) 一九九八年八月一七日、衆院予算委員会議事録より。

(7) ブリッジバンク方式とは、破綻銀行の受け皿が現れるまでの一定期間、政府が派遣する金融管理人の下で事業を継続する仕組み。一九九八年七月、政府・自民党の「金融再生トータルプラン」に盛り込まれた。これに対し、民主党などはスウェーデンを参考に破綻金融機関の株式を国が一時的に取得する「一時国有化」の対案をまとめた。

(8) サンフランシスコでの日米蔵相会談には、日銀副総裁の山口泰とFRB理事のローレンス・メイヤーが同席した。これもまた異例の演出だった。

(9) 一九九八年九月九日付の金融政策決定会合議事録によると、速水は「長銀の問題がアージェント(緊急)な課題として出てきた。(中略)九月九日直前にはこのままでは市場は持たないという感じがしていた。一日遅れればそれだけ市場の情勢が悪くなっていくことが明らかにみえてきた。そこで緩和の決断をしたわけである」と述べ、長銀危機が追加緩和の理由だったことを明らかにしている。

(10) 元企画担当理事の小島邦夫は、退任後の史談録で〇・五%水準について「緊急避難的に下げたので、機会があれば戻したい。(これで)終わったというつもりだった」と述べている。また、金融危機が迫った一九九七年一〇月ごろ、情勢判断の下方修正を打診した調査統計局に対し、企画局は「これ以上金利を下げられないから駄目だ」と拒絶した、と関係者は証言している。

(11) 中原の提案は「中期的に消費者物価(総合)の年平均の変化率をゼロ%になるまで上昇させることを企図して、無担保コールレートを平均的に見て〇・一五%前後で推移するよう促す」というものだった。中原はここから二〇〇一年三月一九日まで四三回連続で同種の提案を行った。

(12) 後藤康夫史談録より。後藤は当時国会関係の事務を知る唯一の存在だったため、「相談役みたいなことになって、いろいろ相談を受けたんです。時々辟易して愚痴をこぼしに来るような人もいました。また国会議員の方から、日銀の質問の取り方というのは、あれじゃあちょっと不十分だよなんて言われました」と語っている。

(13) 一九九九年二月九日、衆院大蔵委員会議事録より。

(14) クルーグマンはインフレ目標として「四%を一五年間続けるのはどうか」と例示し、「この目標をそのまままじめに受け取らないでほしい。むしろ真剣な研究を刺激するためのものとして考えて欲しい」と書いた。一方、宮澤は「日銀が通貨を出せばそれでデフレが直るなんというようなことは間違いだ、いい、悪いより、考え方として間違いだと私は実は思ってそれらのもの(米国の論調)を読んでおります」と国会で答弁している。

(15) 企画担当理事、企画局長(審議役)、企画課長と連なるごく少人数の政策立案チームを「企画ライン」と呼ぶ。

(16) この決定について主要紙は「日銀、一段の金融緩和」(日経)「日銀、短期金利低め誘導」(朝日)「日銀さらに金融緩和」(読売)などと報じた。「ゼロ金利政策」と報道されなかったのは、日銀が正確な背景説明を行わなかったからである。

(17) 「Financing Bills」の略。二〇〇九年二月から割引短期国債(Treasury Bills)と統合され、国庫短期証券(T-Bill)という統一名称で発行されている。

(18) 財政法第五条は国債引き受けを禁じたうえで、「但し、特別の事由がある場合において、国会の議決を経た金額の範囲内では、この限りでない」と抜け道も用意している。

(19) 日銀法改正案の審議過程で、日本金融学会会長の三木谷良一は対政府貸出とFB引き受けの規定を削除するのが適当ではないかと発言し、早稲田大学教授の立脇和夫は「これがインフレーションを起こさないという保証はありません」と指摘した。それぞれ一九九七年五月九日、衆院大蔵委員会、同六月一〇日、参院大蔵委員会での発言。

(20) 一九九六年八月、企画局調整課作成「対政府信用供与のあり方について」より。ここには「為券の借換えのための引き受けという形で、本行のファイナンスが事実上長期化する傾向(また、介入額の大規模化に伴い、本行の為券引き受け残高は増大)」とも記されている。

(21) FB問題以外にも、稲葉らは満期到来の保有国債を自動継続してきた従来の慣行を見直し、いったん一年物国債に乗り換えたうえで次の満期時に現金償還を受けるという扱いに変更させた。白川方明は自著『中央銀行』でこの取り組みを高く評価している。

(22) 金融政策を定式化した「テイラー・ルール」で知られる元財務次官のジョン・テイラーは、回顧録『テロマネーを封鎖せよ』でデフレ脱却の手段として通貨供給量を増やすよう日銀に繰り返し助言したことを明らかにし、「(量的緩和移行の)発表を聞いたとき、わたしは心の底から喜んだ」「日銀が(為替介入に伴う)円の増加を相殺しなければ、日本の通貨供給量は増加する」などと書いている。

(23) 日本経済新聞は一九九九年九月一七日付夕刊で「量的緩和拡大表明へ」、読売新聞は同一九日付朝刊で「日銀、一層の金融緩和へ」といずれも一面トップで報じた。

(24) 一九九九年九月二一日「当面の金融政策運営に関する考え方」より。ここには金融政策について「事前に一定の方針が固められたり、外部との間で協議が行われるといったことは、ありえません」と、マスコミの事前報道を批判するような一文もある。

(25) 黒田東彦は自著『通貨外交』に、一九九九年七月の財務官就任時の政策課題として「為替の安定、日本経済の回復、アジアにおける金融協力の推進」の三つを挙げ、「私は、この順で緊急性があると考えていた」と書いている。

(26) 速水はロンドンに二回赴任し、二回目には駐在参事を務めた。ある側近は「国際関係のパーティに蝶ネクタイを締めて出席し、行内を颯爽と歩いていた。やはりミスター・ロンドンと呼ばれる人だと若いころ思った」と話している。

(27) このG7でのトラブルについては、軽部謙介『ドキュメントゼロ金利』に詳しい。

(28) ベースマネーは「マネタリーベース」「ハイパワードマネー」とも呼ばれ、市中に出回る現金と日銀当座預金の合計、つまり日銀が世の中に直接供給するお金の量を指す。一方、マネーサプライ（通貨供給量）は金融部門から経済全体に供給されている通貨の総量で、現在は「マネーストック」の名で公表されている。

（29） 筆者の取材に対し、山本は「徹底的に小宮論文を読み、金融政策のフレームワークはマネタリーベースを基に作っていけばいい、デフレのときはインフレ時と逆に使えばいいと分かった」と振り返り、クルーグマン論文についても「まさに我々と同じ考えで、さすがクルーグマン、よく分かっていると思った」と話した。

（30） 一九九四年六月三日、衆院予算委員会議事録より。

（31）「リフレ」の定義はさまざまだが、岩田は後に日銀副総裁に就任した際、「リフレーションという言葉は一九三〇年代に米国の経済学者アーヴィング・フィッシャーが「デフレが始まる前の物価水準まで戻すために金融を緩和する」という意味で使ったのが最初だ」と解説した。

（32） 黒田は『中央公論』二〇一五年六月号に「素顔のエコノミストたち――アイビーリーガー交遊録」を寄稿し、伊藤らとの交流について書いている。

（33） 米国の主流派経済学（mainstream economics）について、日銀幹部は「一つの産業となっており、日本の学者やエコノミスト、マスコミに与えた影響は大きかった。欧州にもアメリカ経済学の被害者だという意識がある」と指摘している。

（34） 日銀は二〇〇〇年一〇月一三日の決定会合を経て「「物価の安定」についての考え方」というリポートを出した。「若干プラスの上昇率を目指すべきとの考え方は、検討に値する」とも付記されているが、ゼロインフレ志向のイメージを払拭することはできなかった。また、インフレ目標を見送る代わりに経済成長率と物価見通しを年二回公表することがこのとき決まり、これが後に「経済・物価情勢の展望（展望レポート）」となった。

（35） 速水優『中央銀行の独立性と金融政策』『強い円　強い経済』より。

（36） ジェル・ザイルストラ元ＢＩＳ（国際決済銀行）総裁の言葉。また、第二次大戦中のドイツ連邦銀行総裁だったヴィルヘルム・フォッケの発言も速水は好んで紹介した。

（37） 二〇〇〇年四月一二日、速水総裁記者会見要旨より。

（38） ある日銀幹部によると、福井の進言を受けて企画第一課は早期解除に前のめりとなり、六月から加わった白川の慎重論を「白い目」で見ていたという。また、同じく早期解除を渋る山口に対しても「反対しているのはあなただけです」と言って説得したという。

(39) 第一九条「財務大臣又は(中略)経済財政政策担当大臣(中略)は、必要に応じ、金融調節事項を議事とする会議に出席して意見を述べ、又はそれぞれの指名するその職員を当該会議に出席させて意見を述べさせることができる」「二 金融調節事項を議事とする会議に出席した財務大臣又はその指名する財務省の職員及び経済財政政策担当大臣又はその指名する内閣府の職員は、当該会議において、金融調節事項に関する議案を提出し、又は当該会議で議事とされた金融調節事項についての委員会の議決を次回の金融調節事項を議事とする会議まで延期することを求めることができる」

(40) 一九九七年五月一四日、衆院大蔵委員会で、担当審議官の武藤敏郎は「十分な準備ができない場合等に十分な説明を行う機会を確保するため(中略)採用した仕組みでございます」と答弁している。

(41) 内閣府経済社会総合研究所オーラル・ヒストリーより。黒田のインタビューは二〇〇九年九月一四日に行われた。

(42) 速水は二〇〇三年三月一九日の退任記者会見で、「激動の五年間で一番印象に残った出来事は何か」と問われ、真っ先にゼロ金利解除を挙げた。

(43) 二〇〇〇年八月一一日の金融政策決定会合議事録によると、経企庁の河出英治調整局長は目先の下方リスクとして「米国株価の先行き不透明感」を一番に指摘している。

(44) 二つの案以外にも、①三か月物など比較的長めの短期金利を引き下げる、②長期国債の買いオペ額を大幅に増やす、といった案も検討された。

(45) 一九八八年秋に稼働し、日銀と取引先金融機関との間で資金や国債の決済をオンライン処理する決済システムの基幹インフラ。正式名は「日本銀行金融ネットワークシステム」。

(46) ロンバート(Lombard)とは、ロンドンの金融街シティにある通りの名称である。ロンバート貸付は先進国のほとんどの中央銀行で採用されている。

(47) 三月一九日の記者会見で速水は「私は間違っていたとは思っていない。(ゼロ金利を)解除したこともあの時点で良かったと思っている」と反論した。また、自著『強い円 強い経済』には「もし反省するところがあるとすれば、もう少し早くそうしておけばよかったという点であろう」と書いている。

(48) 中原個人の日記を確認のうえ引用した。

(49) 日銀法第二五条は、次のいずれかに該当する場合を除き、在任中、その意に反して解任されることはないと定めている。①破産手続開始の決定を受けたとき、②この法律の規定により処罰されたとき、③禁錮以上の刑に処せられたとき、④心身の故障のため職務を執行することができないと委員会により認められたとき。

(50) 宮澤・速水会談は、二〇〇三年二月一二日の宮澤へのインタビューと関係者への取材を基に再構成した。宮澤は「日銀総裁が国会同意人事になったと(秘書官に)言われ、びっくりした。そうかと。うかつにも忘れていたんだな」と話した。

(51) 速水の辞意は小泉政権発足後の四月二七日付の読売新聞夕刊で最初に報じられ、速水は当時塩川とともにG7に向かう機中にいた。機内で塩川に諭されたこともあり、速水はワシントン到着後、「なんでそんな記事が出るのか全く理解できない」と記者団に語った。

(52) 二〇〇一年六月一九日、速水総裁記者会見要旨より。

(53) 日銀調査月報二〇〇二年一二月号「ゼロ金利制約の下でマネタリーベースの増加が日本経済にもたらした効果」より。また〇六年七月には、速水・福井時代の量的緩和についての「総需要・物価への直接的な押し上げ効果は限定的」と総括した「量的緩和政策の効果:実証研究のサーベイ」が企画局職員のワーキングペーパーとして公表されている。

(54) 二〇〇二年九月九日、経済財政諮問会議議事録より。

(55) 銀行と企業が相互に株式を保有する「持ち合い」の結果、大手銀行の株式保有残高は自己資本(Tier 1)の約一・四倍に達していたが、銀行保有株式制限法により、Tier 1を超える株式は二〇〇四年九月期決算から保有できなくなっていた。

(56) 企画ラインも銀行保有株式に着目していた。当時企画担当理事だった白川は自著『中央銀行』の中で、政策決定会合の数日前に企画局長とともに副総裁の山口に株式買い入れを進言したことを明らかにし、稲葉の構想について「今後のオプションのひとつとして示されていたが、きわめて「非伝統的」であったこともあり、行内ではこれが実行に移されることはないだろうという見方が多数だったと思う」と書いている。

(57) 速水は『強い円　強い経済』に「この案が担当部局から提出されたときには、中央銀行が民間銀行の保有する取引先の株式を買うというのは聞いたこともないし、そうしたリスクをとっていいものか、当初いろいろ思案した」と書いている。

(58) 二〇〇二年九月一七日、政策委員会・通常会合議事録より。

第3章　「福井時代」

(1)　後継総裁選びの際、歴代の首相や蔵相は現職総裁の「助言」を聞くのが礼儀とされてきた。第二三代総裁森永貞一郎の強い推挙を受けて、大平正芳首相が後任に前川春雄を選んだのは有名な話である。

(2)　当時、長期金利が急低下していたため、このタイミングで首相がインフレ政策を示唆すると国債価格が暴落しかねないと危惧した、と宮澤は後に語った。当時、内閣府経済社会総合研究所所長を務めていた浜田の発言は二〇〇二年一二月一三日、経済財政諮問会議議事録から引用した。

(3)　小泉・宮澤会談は、宮澤へのインタビューおよび首相周辺など関係者への取材を基に再構成した。

(4)　首相官邸での夕食会の様子は、出席者と首相側近の証言を基に再構成した。

(5)　二月五日の夕食会で塩川は武藤の名を挙げたが、塩川側近の話では、これとは別の機会に「やはり福井氏しかいない」と小泉に伝えていたという。

(6)　二〇〇三年三月一九日、速水は「明日からは老いと孤独と闘います」と挨拶し、日銀を去る。『強い円　強い経済』には「総裁という仕事はやはり厳しい緊張感を伴うものであったし、夜眠れないこともたびたびあった」と書いた。退任後は大学教育などに携わり、〇九年五月、八四歳で死去した。

(7)　福井俊彦史談録より。福井は宮澤喜一との「口頭試問」の席でも、「引責辞任をした人間が総裁で戻るわけにはいきません」と伝えたと、後に語っている。

(8)　日銀法第一七条は金融政策決定会合について「(議長は)これを定期的に招集しなければならない」と定め、ただし一定の場合に臨時開催することを妨げないとしている。

(9)　二〇〇三年三月一八日、衆院財務金融委員会議事録より。

(10)　史談録で福井は、民間を経験したことで「ちょっと俗っぽくなって総裁を始めたと思う」と振り返った。就任時の記者会見では「お金を末端にきちんと届ける「出前持ち」のような仕事を愚直にやっていきたい」とも話した。

(11)　議事録によると、政策決定会合でも須田美矢子が「今後いつ政策決定するかわからないという不透明感をもたらす可能性が結構ある」と臨時開催に疑義を唱え、福井が「あくまでこれは例外である。今後は臨時会合は原則として開かない」と釈明している。

(12) 不良債権処理で引当金を積む際、銀行は法人税をいったん納めるが、引当先が倒産すると損金と認定され税が還付される。この税の戻りを繰延税金資産と呼び、自己資本への一部算入が認められている。

(13) 不良債権比率の半減を目指し、厳格な引当方式の導入や繰延税金資産の圧縮を盛り込んだ「金融再生プログラム」に対し、自民党と金融界は猛反対した。竹中は一部譲歩しつつも反対論を押し切り、二〇〇二年一〇月に発表した。西野智彦『平成金融史』参照。

(14) 二〇〇〇年五月に再改正された預金保険法は、恒久的な危機対応策として「内閣総理大臣は(中略)我が国又は当該金融機関が業務を行つている地域の信用秩序の維持に極めて重大な支障が生ずるおそれがあると認めるときは、金融危機対応会議の議を経て」、公的資金による資本注入ができると規定している。

(15) 二〇〇三年五月一七日、福井総裁記者会見要旨より。

(16) 二〇〇三年五月二〇日付、朝日新聞によると、高木祥吉金融庁長官は前日の記者会見で「株主に不安を与える株数を減らすような減資はしない」と表明した。

(17) 速水体制最後の政策決定会合で、二〇〇三年四月一日に発足する日本郵政公社が日銀との取引を開始することを踏まえ、同日付で当座預金残高目標を機械的に二兆円上積みし、一七兆～二二兆円とすることが決まっていた。福井は一五兆～二〇兆円を引き継ぎ、最初の会合で一七兆～二二兆円への引き上げを「現状維持」の形で議決した。

(18) 福井は史談録で、若いころから金利メカニズムを貫徹すべきだと考えてきたため、量的緩和を引き継いだことに「正直言って、私も自己撞着を覚えながら着任した」と話した。量の拡大がどういうメカニズムで実体経済に影響を及ぼすのかについてもすぐには自信が持てなかった、とも述べている。

(19) 三三兆円の円売り介入のうち、一五兆円近くが二〇〇四年一～三月に集中投入された。ジョン・テイラー元財務次官はこれを「大介入(Great Intervention)」と命名している。

(20) 白川は京都大学公共政策大学院教授として出版した『現代の金融政策』の中で、中央銀行が金利という金融政策の誘導目標を明確にしている限り、介入は自動的に「不胎化介入」となる、したがって「不胎化」「非不胎化」を区別することに意味はないと書いている。

(21) 岩田一政『デフレとの闘い』より。

(22) 日本銀行「二〇一三年度の金融市場調節」より。

(23) 黒田東彦『財政金融政策の成功と失敗』より。

(24) ジョン・テイラーは自著『テロマネーを封鎖せよ』で、財務官の交代に当たり黒田と溝口が「今後介入の機会は増えるだろう」と米側に伝え、為替介入のたびに電子メールで連絡してきたと明かした。一方、小泉側近によると、ブッシュ大統領は「小泉が(円高で)困っているんだったら仕方ない」と言って大規模介入を容認し、溝口が「介入できるのも総理のおかげです」と小泉に感謝する場面もあったという。

(25) 黒田は二〇〇二年九月の国際会議で、公開市場操作と国債管理政策、為替市場介入の三つの政策当局の協調が必要だと発言した。〇三年四月の関税・外国為替等審議会の専門部会にはコロンビア大学教授のジョセフ・スティグリッツとともに招かれ、コメントした。

(26) 溝口は国際金融情報センター理事長だった二〇〇四年九月、個人的見解として「為替随感」をとりまとめた。

(27) 審議委員の福間年勝は二〇〇四年一月二〇日の政策決定会合で「為替介入の増加に伴うFB発行額の恒常的な増加により本行の金融調節が窮屈化し、市場との対話が困難にならないよう当座預金残高目標値に十分な余地を確保しておく必要がある」と発言している。

(28) アラン・グリーンスパンFRB議長は二〇〇四年三月二日の講演で「日本の経済状況を考えると、現在のような介入を続ける必要はない段階に近づいている」と異例の発言をし、これを受けて大規模介入も三月一六日を最後に打ち切られた。また、ジョン・テイラーは前述(24)の回顧録で、介入政策からの脱却をめぐる協議を経て、〇四年二月初旬に日本側から打ち切りの方針が伝えられたと明らかにしている。

(29) 日銀は二〇〇四年五月一二日、対政府取引の概要を初公表した。この中でFBの引受残高を「二〇〇四年四月末：三兆六一四七億円」と明記し、「中央銀行による政府向け信用のあり方の観点も踏まえ、一時的な流動性の供給となるような明確な「歯止め」が設けられている」と解説している。

(30) 政策決定会合で決まった解除条件は、①CPI前年比上昇率が基調的な動きとしてゼロ%以上、②上昇率が先行き再びマイナスになると見込まれないことが必要だとし、仮にこれらが満たされても、経済・物価情勢によっては継続することが適当であると判断する場合も考えられるとしている。

(31) 住専処理の際の公的資金投入をめぐり、金融界に一層負担を求める世論が高まったことを背景に、財政負担の軽減化を目的として日銀と民間金融機関との共同出資で設立された基金(社団法人)。このうち日銀が出資した一〇〇〇億円枠から日債銀への資本注入などが行われた。

(32) ブラジル、ロシア、インド、中国の英語の頭文字を並べたもので、国土、人口、天然資源に恵まれ、今後著しい経済成長が見込まれる新興国としてゴールドマン・サックスのエコノミストが名付けた。後に南アフリカも加わった。

(33) 平成の間に破綻した預金金融機関は一八二、このうち銀行が二二、信用金庫二七、信用組合は一三三だった。平成元年(一九八九年)時点の金融機関九九〇のうち、実に一八%強が消滅したことになる。ちなみに最後の破綻は二〇一〇年九月の日本振興銀行。日銀の取引先でなかったこともあり、初めてペイオフが発動された。このほか生命保険八社、損害保険一社が経営破綻し、証券会社でも投資者保護の枠組みが使われた破綻事例が七件あった。

(34) ペイオフとは破綻金融機関を清算し、預金保険機構が強制的に預金を払い戻すことだが、一般には預金のセーフティネットを縮小し、それまでの全額保護から「元本一〇〇〇万円までの預金とその利息等」に制限する措置と理解されている。大蔵省は一九九五年、預金者の動揺を抑えるため二〇〇一年三月末までのペイオフ凍結を決定したが、与党の要求で解禁時期が先送りされ、〇二年四月から定期性預金に限って解禁された。その後、決済用預金を恒久的にペイオフ対象から外したうえで、〇五年四月に本格解禁にこぎつけた。

(35) 金融高度化センターは、①先端的金融技術の調査・研究、②セミナーの開催を通じた金融機関との対話促進、③考査・モニタリング技術の高度化、の三本柱を掲げて発足した。

(36) 機構改革では、「決済機構局」の新設も決まった。それまで信用機構局にあった決済システム課を局に格上げした形だが、実際は機構改革により局の数が純減となるのを回避する狙いがあった。福井は「そんな小さな局はいらない」と渋ったが、担当幹部が「いったん局を減らすと元には戻せない」と説得し、無理やり局に格上げしたと関係者は話している。

(37) 福井は大卒新人の支店配属も二〇〇四年度に復活させた。大卒総合職の支店配属は、専門性を重視するとして一九九六年度以降見送られてきた。福井は「専門性という言葉に非常に抵抗感があった。専門家には結果としてなるのであって、初めからこの分野が専門分野だとどうして決められるんだ」と史談録で話している。

(38) 中期経営計画には日銀の業務・組織運営上の基本方針と中期的に達成すべき課題が明記され、その達成状況を毎年度評価し、公表している。対象期間は五年。
(39) 中原伸之は自著『日銀はだれのものか』の中で、二〇〇一年九月に理事中心の「業務執行会議」案が事務方から示され、「審議委員が総反対して提案を引っ込めさせた」と明らかにしている。
(40) 須田美矢子『リスクとの闘い』より。須田は退任時の挨拶でこの発言をしたという。
(41) 二〇〇五年四月五、六日、金融政策決定会合議事録より。
(42) 三〇兆~三五兆円で現状維持が続いたが、その後も札割れが頻発したため、五月二〇日の政策決定会合で「資金供給に対する金融機関の応札状況などから資金需要が極めて弱いと判断される場合には、上記目標を下回ることがありうるものとする」との方針を加えた。史談録で福井は「(供給過剰という)市場実勢を市場参加者が演出してくれるということはウェルカムだという思いもありました」と話している。
(43) M&Aは二〇〇四年に過去最多の二二一一件に達した。株式の新規公開も一九九九年から年間一〇〇件を超え、二〇〇四年には一七五件に達している。レコフ編『日本企業のM&Aデータブック』、『株式公開白書』など参照。
(44) 「グレート・モデレーション」という言葉は、FRB理事のベン・バーナンキが二〇〇四年二月の講演のタイトルに使って広まった。本来は一九八〇年代半ばから約二〇年続いた先進国の低インフレ、安定成長期を指す。
(45) https://www.federalreserve.gov/pubs/ifdp/2002/729/default.htm
(46) BISは六〇か国・地域の中央銀行が加盟する国際組織。スイス・バーゼルに本部があり、隔月で開催される総裁会議で金融政策や国際金融情勢について意見交換している。その歴史的成り立ちから欧州中銀関係者の「サロン」と言われ、FRBや米国主流派経済学が唱える「Fedビュー」には批判的とされる。
(47) グリーンスパンは二〇〇二年八月三〇日、世界のセントラルバンカーが集う米ワイオミング州でのシンポジウム(ジャクソンホール会議)でこの講演を行った。
(48) 短期資金供給オペとは、手形の買い入れ、国債やCPの買い現先(一定期間後に一定価格での売り戻しを条件とする国債等の買い入れ)などによって行う公開市場操作。
(49) 銀行券ルールは、日銀のバランスシートで負債となっている銀行券の額を上限に、国債という資産を保有するという考え方。長期国債の買い入れが政府の財政資金調達を支援する目的でないことを明らかにするため内規として作られた。

(50) 二〇〇三年三月二五日の参院財政金融委員会で、福井は「(銀行券ルールという)歯止めが通貨政策に対する信認、それだけではなく国債そのものの信認を維持することにも役立っているのではないか」としたうえで、「長期国債の発行が仮に市場で行われているにしても、もし日本銀行のオペレーションの姿勢が甘過ぎれば、民間の金融システムを通じて結果的に財政に対する安易なファイナンスが行われるという結果を招きかねない」と答弁した。

(51) 二〇〇六年二月二日、愛媛県金融経済懇談会における武藤副総裁挨拶要旨より。

(52) 二〇〇六年二月二三日、参院財政金融委員会議事録より。

(53) 官房長官は定期的に担当記者と懇談し、背景説明を行う。その内容は実名を伏せて「政府高官」の発言として報じるのがルールだが、この発言者については複数のメディアが安倍であると後に報じ、安倍自身も解除に反対だったことを後に国会で明らかにした。

(54) 二〇一二年一一月二九日のウェブマガジン『現代ビジネス』の対談企画で、安倍は当時を振り返り、「「そうはいっても、この人たちはみんな金融の専門家だから、日銀の言うことが正しいのかもしれない」ということが頭にありました。しかし、その後(中略)必ずしも彼らが正しくなかったということが分かってきました」と話している。

(55) 二〇〇六年三月六日、参院予算委員会議事録より抜粋。

(56) 福井発言に記者は色めき立ったが、慌てた日銀事務方がマスコミ各社に連絡し、発言を報道しないよう説得した、と関係者は明かす。財務省幹部は「四月本命だと思っていた。なぜ一か月早める必要があるのかと我々も問い続けた。もし四月だったら、政府との間に齟齬はなかったと思う」と言い、「タイミングを早めたのは、政治の反対をはねのけ、予算審議の最中に解除を決断しようという福井総裁のキャラクターによるものだろう」と分析した。

(57) 決定文には「〇〜二%程度であれば、各委員の「中長期的な物価安定の理解」の範囲と大きくは異ならないとの見方で一致した。また、委員の中心値は、大勢として、概ね一%の前後で分散していた」と書かれている。

(58) 福井は史談録で「見通しであってターゲットではない。だけど日本銀行が見通しというからには、自分がある種の達成義務をひそかに背負ったアウトルックである」と説明し、当時の担当理事に容認してもらったと語っている。

(59) この特集記事を基に、同誌編集長のビル・エモットは二〇〇六年二月、日本語版の書籍『日はまた昇る』を出版した。

(60) 逮捕後の資金引き揚げにより村上ファンドは解散に追い込まれた。インサイダー取引事件については、一審で実刑判決、控訴審で執行猶予付き有罪判決がそれぞれ言い渡され、二〇一一年六月に最高裁が村上の上告を棄却、懲役二年、執行猶予三年、罰金三〇〇万円、追徴金約一一億四九〇〇万円の高裁判決が確定した。

(61) 二〇〇六年六月二二日、衆院財務金融委員会議事録より。

(62) 史談録で福井は問わず語りにこの件に触れ、「(ともに出資した富士通総研有志数人のうち)途中から私だけが抜け出すことには心理的にわだかまりがあり、そもそも初めから出資者には指示権が一切ない仕組みとなっていた」と説明しつつも、「総裁就任時に出資を引き揚げなかったのが後から思えば最大の反省事項」と総括している。

(63) それぞれ二〇一三年四月二日、衆院予算委員会、同二四日、参院予算委員会議事録より。

(64) 第二二条二は「副総裁は、総裁の定めるところにより、日本銀行を代表し、総裁を補佐して日本銀行の業務を掌理し、総裁に事故があるときはその職務を代理し、総裁が欠員のときはその職務を行う」と規定している。

(65) 二〇〇二年二月から〇八年二月まで七三か月続いた景気拡大局面。いざなぎ景気の五七か月を超えたためその名がついたが、この間の平均成長率は実質一・六%にとどまった。

(66) 福井俊彦史談録より。福井はまた「未完成のまま、五年の任期を終えてしまったが、量的緩和から脱却するプロセスの一つのテキストブックを残すことができたかなという思いはある」とも話している。

第4章 「白川時代」

(1) 二〇〇八年三月一一日、衆参両院の議院運営委員会議事録より。

(2) 事態打開のため元総裁の三重野康は旧知の民主党長老に手紙を書き、武藤総裁の実現を頼み込んだ。福井は首相官邸から「あれこれ言わないでほしい」とクギを刺され、事態収拾に動くことは差し控えたという。

(3) 二〇〇八年四月九日、白川総裁記者会見要旨より。

(4) 二〇〇八年六月一三日の政策決定会合で、白川は「大手の金融機関が突然破綻することを指して最悪期とか危機だと

（中略）いう意味でいくと、多分、危機、最悪期は去ったのだろう」と発言した。ベア社の救済を見て、FRBがリーマン規模の破綻を許すことはないと考えていたからである。
（5）ティモシー・ガイトナー『ガイトナー回顧録』より。
（6）白川は退任後の二〇一八年から二〇年にかけて複数回のインタビューに応じた。
（7）「不良資産救済プログラム（TARP）」に基づき、米当局はシティ・グループやバンク・オブ・アメリカ、AIG、中小金融機関などに対して二〇〇九年一一月までに総額三一四五億ドルの資本注入を実施した。また自動車大手のゼネラルモーターズとクライスラーにも公的支援が行われたが、両社はその後法的整理された。欧州でもドイツ、フランス、英国で資本注入枠が設定され、一部の金融機関向けに実施された。
（8）リーマン・ショックの経験を踏まえて市場関係者の間で決済期間短縮の検討が始まり、二〇一二年に「二営業日後」、二〇一八年から「一営業日後」に移行した。
（9）証券取引で生じる当事者間の債権債務を肩代わりし、決済の履行を保証する機関。ネッティング（差額決済）により債務を効率的に圧縮したうえで、証券や資金の振替指図を行う。二〇一三年、日本国債清算機関は日本証券クリアリング機構に吸収合併された。
（10）金融機構局が二〇〇八年一一月に作成したペーパーには、金融機関の現状について「金融システムの再編（提携・統合）なしにはリスク・リターンの改善は容易ではない」と記されている。実際、あおぞら銀行と新生銀行はこの半年後に合併で基本合意したが、結局実現には至らなかった。
（11）二〇〇八年九月一七日、金融政策決定会合議事録より。
（12）準備預金付利制度はFRBがリーマン・ショック後の一〇月から導入に踏み切り、白川も追随の好機とこれに飛びついた。白川は政策担当理事のころから企画ラインに準備預金のあり方について研究するよう指示していたという。
（13）第一八条二項「委員会の議事は、出席した委員の過半数をもって決する。可否同数のときは、議長が決する」
（14）ある幹部は「想定外のショックに直面し、判断を躊躇した」と率直に振り返った。別の当局者は「小出しにして失敗したことがトラウマになった」と打ち明け、このときの経験が一二年後のコロナ・ショックでの大規模な企業金融支援につながったと解説した。
（15）二〇〇八年一二月一九日、金融政策決定会合議事録より。
（16）当時の政策対応について、副総裁だった西村清彦は二〇一九年一月三〇日付の読売新聞で「中央銀行は保守的なものだが、悔いが残る。（中略）前向きに見て大胆に何かをすることができなかった。痛恨だ」と述べている。

(17) 銀行の持ち合い株を解消するため、二〇〇二年に民間出資で設立された受け皿機関。日銀による銀行保有株買い入れは、これとは別に実施された。機構は政府保証付き債券や借り入れで資金調達したうえで、市場を通さずに保有株を時価で買い取り、時間をかけて処分する。〇六年にいったん業務を停止したが、〇九年に買い取りを再開した。

(18) バブル崩壊後の株価急落を食い止めるため、一九九二年八月に宮澤政権が打ち出した郵貯・簡保資金を活用した株価維持政策。当時注目された国連平和維持活動をもじって「プライス・キーピング・オペレーション（ＰＫＯ）」と呼ばれた。

(19) 二〇〇一年のデフレ再定義の基になった内閣府のペーパー「デフレに直面する我が国経済」には、①国際的基準に合わせる、②現状では物価の下落自体に問題があることを重視し定義を改める、と書かれている。ただ、国際的基準の根拠となったのは、一九九九年の国際通貨基金（ＩＭＦ）論文の脚注に「少なくとも二年間継続的に物価が下落する状態」と便宜上定義されたことであり、白川は皮肉交じりにこれを「ＩＭＦ計表の脚注の定義」と呼んだ。

(20) 二〇〇九年一一月二〇日、金融政策決定会合議事録より。

(21) 二〇〇九年一二月一九日付、日本経済新聞より。

(22) 二〇一〇年一〇月一日、衆院本会議議事録より。

(23) 国債や社債、ＣＰ、ＥＴＦ、ＲＥＩＴ買い入れのための五兆円基金を創設し、これに従来の固定金利オペ三〇兆円枠を組み込んで総額三五兆円とした。

(24) 民間の調達金利は国債金利にリスク・プレミアムを上乗せした水準で決まる。このため、各種の資産買い入れを通じて国債金利の低下とリスク・プレミアムの縮小を促そうというのが包括緩和の政策思想だった。「量を増やす」のではなく、長めの金利低下を促す結果として「量が増える」という考え方である。

(25) 二〇一〇年一〇月五日、白川総裁記者会見要旨より。

(26) 日銀ＯＢで首都大学東京教授の梅田雅信は自著『日銀の政策形成』で、この表現について「やや長い目でみて日銀に対するクレディビリティを低下させるリスクをはらんでいる」と批判している。

(27) 『リスクとの闘い』より。須田は「例外を設けると、財政ファイナンスに一歩近づいたとの懸念が市場に生じ、かえって長期金利に悪影響が及ぶ可能性がある（中略）。最初の一歩は小さくても、（中略）ルールを破ることの影響はその後大きな意味を持つのではという懸念があった」と書いている。

(28) ＱＥ（Quantitative Easing）とは量的金融緩和の略称。ＦＲＢはリーマン・ショック後に続く第二弾として、二〇一〇年一一月から一一年六月にかけて毎月七五〇億ドル、合計六〇〇〇億ドルの米国債を追加購入し、市場に資金を供給した。

(29) 囚人のジレンマとは、別々に拘束された二人の囚人が、互いに自白しなければ刑は軽いが、ともに自白すれば重罪、自分だけ自白すれば無罪、自分だけ自白しなければ死罪になるという条件下では、二人とも結局自白してしまい、そろって重罪になるという「ゲーム理論」のモデル。

(30) 山本幸三「日本再生政策アピール――今こそ二〇兆円規模の日銀国債引受による救助・復興支援を！」より。

(31) 二〇一二年一一月二九日のウェブサイト『現代ビジネス』の対談企画で、安倍は「この問題を専門家としてずっとやってきたわけではないので、会長をやるつもりはなかった。しかし、民主党政権がデフレ容認、金融政策軽視の傾向が強いので、それだったら私もいっちょうやってやろうかということになった」と話している。

(32) 二〇一五年一二月一日付、朝日新聞より。

(33) 二〇一三年四月二日、衆院予算委員会議事録より。影響を受けた人物として、ほかに嘉悦大学教授の高橋洋一とイェール大学教授の浜田宏一の名も挙げた。

(34) 二〇一一年七月一三日、衆院財務金融委員会議事録より。

(35) 二〇一二年二月二九日、衆院財務金融委員会議事録より。

(36) 二〇一二年三月九日付、朝日新聞、鯨岡仁『日銀と政治』より。

(37) 二〇一二年二月一四日、白川総裁記者会見要旨より。

(38) 学習院大学教授の岩田規久男は、二〇一二年七月号『Ｖｏｉｃｅ』（ＰＨＰ研究所）に「日銀・白川総裁を解任せよ」と題する論文を寄稿した。

(39) ある日銀幹部は「深い洞窟に入っていくときに縄を体に結びつけて降りていくように、白川総裁は常に出口への道筋の確保を意識していた。縄を意識するあまり、小出しに見えたかもしれないが、その点は譲れないこだわりだったと思う」と話している。

(40) 例えば「金融政策ですべてが解決するわけではない」「やり過ぎると副作用があるのではないかとも意識している」「目途と理解という言葉の違いだけで政策が変わること

はない」などと記者会見で率直に語った。
(41) 消費税法改正案の附則第一八条には、「経済状況を好転させる」ことを実施の条件とし、先行き一〇年間の名目成長率三%、実質成長率二%程度を目指して「総合的な施策の実施その他の必要な措置を講ずる」と明記された。さらに実施前には経済状況の好転について確認し、「その施行の停止を含め所要の措置を講ずる」とも書かれている。
(42) 二〇一二年一〇月二二日付の朝日新聞は、全国定例世論調査で野田と安倍のどちらが首相にふさわしいかと聞いたところ、安倍三七%、野田二五%だったと報じている。
(43) 白川方明『中央銀行』より。ただ、この共同文書をめぐっても白川は「歴史の評価に耐えられるだろうか」と最後まで悩んでいた、と幹部の一人は話している。
(44) 「自民党重点政策二〇一二」より。
(45) 二〇一二年一一月一八日付、朝日新聞より。
(46) 二〇一二年一一月二〇日、白川総裁記者会見要旨より。
(47) 安倍晋三フェイスブック、二〇一二年一一月二〇日付より。
(48) 二〇一二年一二月二四日付、読売新聞より。
(49) 首相官邸ホームページ「安倍内閣総理大臣就任記者会見」より。
(50) ゼロインフレではなく二%を目指す理由としては、①CPI上昇率は実態より高めに出る傾向がある、②欧米より低い目標だと円高圧力がかかる、などの点も指摘されている。
(51) 内閣府長期経済統計、および二〇一三年一月二二日、白川総裁記者会見要旨より。
(52) 二〇一二年一〇月五日の記者会見で、白川は「金融政策はpanacea(万能薬)ではない」というバーナンキ議長の発言を紹介し、「日本銀行も全く同じ思い」と述べた。金融緩和はあくまでも「時間を買う」政策であり、その間に財政再建や構造改革に真正面から取り組むべきだ、と退任後も主張し続けている。
(53) 二〇一三年一月九日、経済財政諮問会議議事録より。
(54) 軽部謙介『官僚たちのアベノミクス』より。
(55) 二〇一三年一月九日の中原の日記には「首相からの電話。(中略)安倍、麻生、甘利の三大臣にいろいろ金融政策を説明するのが主眼。この件を岩田さんに連絡」と書かれている。
(56) 共同声明採択後の記者会見で「辞任を考えなかったか」と聞かれた白川は、「就任以来、総裁としての責任をしっかり果たしていくのが私の務めだと一貫して思っています」と答えた。筆者の取材でも、この件へのコメントはなかった。

第5章 「黒田時代」

(1) 麻生は二〇一九年三月一五日の参院予算委員会で、「何かアコードとかいろんな、ホンダの広告みたいな名前使っていたのもありましたので、そんな、くだらねえと、紛らわしくて話にならないから共同声明って日本語にしてくれなんて言って、当時、言い合った記憶があります」と振り返った。

(2) 当時の安倍は金融緩和だけでデフレ脱却できると心底信じていた、と多くの関係者が証言する。財務省幹部は「一本足より三本足の方が目的達成につながると縷々説明したら、(首相は)仕方なくそうかと納得してくれた」と話している。

(3) それぞれ二〇〇二年二月一二日、〇三年二月六日、〇九年一月一三日の衆院予算委員会での発言。いずれも議事録より抜粋。

(4) 白川は自著『中央銀行』に「交渉当事者が麻生でなかったら、事態ははるかに難しい展開になっていたと思う」と書き、麻生への謝辞を述べている。

(5) 議事要旨によると、二人の反対理由は「二%は現時点における「持続可能な物価の安定と整合的と判断される物価上昇率」を大きく上回る」「これをいきなり目指して政策を運営することは無理がある」「その実現にかかる不確実性の高さから、金融政策の信認を毀損したり、市場とのコミュニケーションに支障が生じる惧れがある」というものだった。無期限の資産買い入れについては満場一致で議決した。

(6) 二〇一三年一月二二日、経済財政諮問会議議事録より抜粋。

(7) 二〇一三年二月七日、衆院予算委員会議事録より。

(8) 二〇一三年一月三一日付、朝日新聞デジタル掲載のロイター通信配信記事より。

(9) 浜田は総裁選びの最中に出版した『アメリカは日本経済の復活を知っている』の中で、岩田規久男を筆頭に、岩田一政、黒田東彦、中原伸之、伊藤隆敏、堺屋太一、竹中平蔵の七人を総裁候補者として挙げている。

(10) 二〇一三年二月一八日、参院予算委員会議事録より。また同八日の衆院予算委員会で安倍は「どこの役所(出身)ということにはこだわらない」「国際金融マフィアのインナーとなり得る能力も重要」とも述べ、黒田の起用を匂わせていた。

(11) 二〇一三年三月二六日、衆院財務金融委員会議事録より。

(12) 二〇一三年三月二一日、正副総裁就任記者会見要旨より。

(13) 黒田はまた、かつてオックスフォード大学で経済学者のジョン・ヒックスから「中央銀行による小幅な金利操作がなぜ経済全体に影響を与えるのか」について、「これで効果がなければいくらでも下げるぞというコミットメント、脅かしというか、そういうメッセージがあるから経済活動に良い効果を与える道をつける」との講義を聞いたことを紹介し、「それは正しい」とオーラル・ヒストリーで述べている。

(14) 二人とは対照的に、副総裁の中曽は衆議院での所信聴取で「さまざまな要因に左右される部分が残るため、必ず二年で(達成)とは言いがたい」と述べ、微妙な違いを見せた。正副総裁の所信は二〇一三年三月四、五日、衆院議院運営委員会議事録より。

(15) 二〇一三年三月二一日、正副総裁就任記者会見要旨より。

(16) 二〇一三年三月一九日、白川総裁退任記者会見要旨より。白川は「アゲインストの風が吹く中で、金融政策が財政に従属する最悪の事態を避けることが自分の使命だと思っていた」と後に語った。また、副総裁の山口は職員への退任挨拶で「自分たちが正しいと信じることをやり抜くことと、それを国民に理解してもらうことを併せ実現することの難しさを痛感した」と振り返った。

(17) 就任の挨拶は、日銀内部の記録および職員たちの証言を基に再構成した。東日本大震災の対応について、黒田は「中央銀行サービスを提供する点において、高いパフォーマンスを発揮してこられた」と発言したという。

(18) 白井の提案は、「基金方式」をやめて月間の国債買い入れを増額し、無期限の資産買い入れを前倒し実施するというものだった。白井は自著『超金融緩和からの脱却』で、「白川方明総裁(当時)の最後の金融政策決定会合で、これまでの考え方を取りまとめてけじめをつけた方がよいとの思いから、(中略)議案を提出することにしました」と説明している。

(19) 二〇一三年四月一八日、宮尾龍蔵記者会見要旨より。宮尾は「私自身は一月以降から追加緩和の提案もしてきている。政策判断との連続性は維持されている」と答えた。

(20) 二〇一三年四月、企画局作成「国債買い入れのストック効果」「国債買い入れの物価押上げ効果」より。試算には調査統計局が開発した経済モデル「Q-JEM(Quarterly Japanese Economic Model)」が活用された。

(21) 黒田は二〇一九年四月一六日の衆院財務金融委員会で「非常に短い期間で一挙に二%を達成しようということでやった二〇一三年四月の政策は、事実上、変更をやむなくされたことは事実であります」と述べ、「短期決戦」を目指していたことを明確に認めた。
(22) 戸田発券センターは発券業務の高度化とリスク分散のために建設され、二〇〇二年一一月に稼働した。主に大手金融機関との現金受け払いを行うほか、世界トップレベルの自動鑑査機を導入し、戻ってきた銀行券の枚数計査・真偽鑑定・正損選別を行っている。
(23) 黒田が講演原稿にこだわらないのは、講演や記者会見、さらに国会答弁をさほど重視していないからだ、との指摘も日銀内部にある。関係者によれば、黒田は「経済を動かすのは政策であって、講演ではない」と割り切っているところがあり、それが国会や記者会見での「味もそっけもない官僚答弁」に表れているという。
(24) 二〇一三年八月八日、黒田総裁記者会見要旨より。
(25) 二〇一三年九月七日付、日本経済新聞より。黒田は九月五日の会見でも「先送りした場合の国債に対する信認への影響を見通すことは非常に難しく、(中略)それほど大きくないかもしれませんが、そういうリスクが顕現化した場合の対応は非常に難しくなると(点検会合で)お答えした」と述べた。
(26) 二〇一三年九月五日、黒田総裁記者会見要旨より。
(27) 次の岩田発言を含め、岩田規久男『日銀日記』より。
(28) 二〇一四年四月八日、黒田総裁記者会見要旨より。
(29) 二〇一四年一〇月二八日、参院財政金融委員会議事録より。
(30) 朝日新聞は二〇一四年一〇月三一日付夕刊で「「現状維持」とする公算が大きい」と報じ、他の大手紙にも追加緩和を予想させる観測記事は見られなかった。
(31) 二〇一四年一〇月三一日、金融政策決定会合議事要旨より。
(32) 諮問会議での発言は、二〇一五年四月一五日付、日本経済新聞を参考に再取材した。その後のバーゼル銀行監督委員会で、ソブリン・リスク導入に反対する黒田は、「机を激しく叩きながらドイツに反論し続けた」(関係者)という。
(33) 長期国債の買い入れは「コンベンショナル方式」と呼ばれ、売り手の応札希望のうち、日銀にとって条件の良いものから順次買い入れる。量をターゲットとする緩和では、仮に市場実勢を上回る価格が提示されても、日銀は予定額に達するまで買わざるを得ないため、結果的に「高値買い」が起きる。
(34) 元日銀理事の黒田巖は自著『通貨・決済システムと金融危機』の中で「こうしたオペの性格は、流動性の調節というより一種の所得移転であり、財政の補助金に近いものだといえよう。このようなことが中央銀行の役割なのか否かについては、今後とも広く議論が必要であろう」と指摘している。

（35）二〇一五年五月、企画局作成「「量的・質的金融緩和」：二年間の効果の検証」より。

（36）二〇一五年五月一五日、読売国際経済懇話会での黒田総裁講演より。

（37）二〇一五年六月四日、金融研究所主催国際コンファランスでの開会挨拶（邦訳）より。

（38）二〇一六年二月、金融市場局作成「欧州におけるマイナス金利政策と短期金融市場の動向」より。

（39）河野龍太郎BNPパリバ証券チーフエコノミストは、日銀の保有割合が二〇一五年末に三三・九％、一六年末に四三・四％、一七年末に五二・三％に計算上、達すると試算した。「S. Arslanalp & D. Botman (2015) "Portfolio Rebalancing in Japan: Constraints and Implications for Quantitative Easing" (*IMF Working Papers*)」、日本経済研究センター「二〇一五年度金融研究班報告②概要」より。

（40）報告を聞いたOBは「マイナス金利は量を圧縮する過程で金利が跳ね上がらないようにする「逆櫓」の役割を果たす」とその狙いを解説した。「逆櫓」とは船を逆向きにも自在に進めるため、船の前部に取り付ける櫓のこと。

（41）国債を「もう一単位」売った場合に入手できる当座預金だけにマイナス金利を適用すれば、それを起点に市場金利は形成されるようになる。この「限界原理」に基づき、内田は当初、マイナス金利の適用金額を一円にまで下げられないか考えたという。一方、三層構造の下では、マイナス金利の適用対象が大きい銀行と、ゼロ％の適用枠に余裕のある銀行との間でわずかな金利差を狙った資金取引が成立する。雨宮はこれを「排出権取引のようなもの」と説明した。

（42）二〇一五年一二月八日付、日本経済新聞より。

（43）二〇一六年一月一八日、参院予算委員会議事録より。質問者は当時無所属クラブの中西健治だった。

（44）黒田は二〇一六年一月二一日の参院決算委員会で「現時点ではマイナス金利ということを具体的に考えているということはございません」と答弁した。決定後の会見で「総裁が今後何を言っても信じられなくなる可能性がある」との批判が出たが、黒田は「ダボスに行く前、仮に追加緩和を行うとしたらどのようなオプションがあるかを検討してくれと事務方に言った。（中略）その指示を踏まえて、オプションが具体的に示され、その具体案を基に今日討議して決定したものだ」と釈明した。

(45) 政策決定会合の中で議長が事務局に「検討」を指示すること。量的緩和や二%目標の導入など慎重を期すべき政策変更の際によく使われる手法で、検討結果を踏まえて次の会合で決議することが多い。

(46) 当座預金のうち、前年の準備預金の平均残高から所要準備を差し引いた「基礎残高」にはプラス〇・一%、所要準備など「マクロ加算残高」にはゼロ金利、残る「政策金利残高」にはマイナス〇・一%がそれぞれ適用される。

(47) 当時、企画ラインは「三層構造をさらにきめ細かくし、手当てしたので大丈夫だ」として、その出来栄えに強い自信を持っていた、と幹部の一人は証言している。

(48) 木内は退任後に出版した『金融政策の全論点』で、黒田のサプライズ戦略について「他の中央銀行の政策とは相容れない、時代の流れに逆行するもの」と痛烈に批判している。一方、黒田は二〇一九年一一月二九日の衆院財務金融委員会で「何かサプライズを狙ってそういうようなことをしたという覚えは全くございません」と答弁した。

(49) London Interbank Offered Rate(ロンドン銀行間取引金利)の略。金利指標として世界で広く利用されてきたが、リーマン・ショック後に欧米銀行によるレートの不正操作が発覚、二〇二一年末での廃止が決まり、新指標の策定に向けた作業が行われている。

(50) 二〇一六年三月一一日、金融機構局作成「マイナス金利導入後の金融機関行動」より。

(51) 二〇一六年四月二八日、黒田総裁記者会見要旨より。

(52) 金融システムレポートは、金融システム全体のリスクを分析・評価する報告書で、年二回公表される。二〇一六年四月号では、金融機関の収益力低下を指摘し「この傾向が長引くと、金融機関の損失吸収力やリスクテイク力を制約する可能性がある」と指摘した。

(53) 追加緩和では、ＥＴＦの買い入れ額を年間三・三兆円から六兆円に増やし、企業や金融機関のドル資金調達の支援策を強化した。ＥＴＦの買い増しには木内、佐藤健裕両委員が反対した。

(54) 審議委員に提出された二〇一六年九月二日、金融機構局作成「マイナス金利が金融機関・金融仲介機能に与える影響」には、①貸出の採算悪化、有価証券の再投資困難化等を通じた当期純利益の大幅な減少、②五年以内に地域銀行の三割強、信用金庫の七割弱でコア業務純益が赤字化、③保険価値（保険契約から見込まれる将来収益の現在価値）の急速な悪化、④銀行の貸出システムの金利補正作業や貸出金利ゼロフロア交渉の負担が非線形的に増大、⑤マイナス金利幅拡大による退職給付債務の増大など、企業側の負担の増大、⑥GPIFの短期資金残高増大にかかる問題、などが記されている。

(55) 二〇一六年九月八日、中曽副総裁講演要旨（邦訳）、同年八月四日、岩田副総裁記者会見要旨より。

(56) 合議体方式は、高度な専門知識を意思決定に反映できるほか、外部からの圧力を分散しつつ、金融政策に伴う利害を慎重かつ公正に調整でき、民主的正統性が担保された手法と考えられている。一方、責任の所在が不明確になりがちで、意思決定に時間がかかるといった問題点も指摘されている。

(57) 長短金利操作には木内、佐藤両委員が反対し、オーバーシュート型コミットメントについても佐藤委員が反対、木内委員は対案を出し、否決された。

(58) 二〇一六年九月二一日、黒田総裁記者会見要旨より。黒田は就任直後の一三年五月二二日の記者会見では「長期金利は物価上昇期待や景気に対する期待によって左右される面が大きい。短期金利のように中央銀行が完全にコントロールできるものとは違うというのは、その通りだ」と述べていた。

(59) イールドカーブ・コントロールは一九四二年から五一年まで米国で実施された例がある。FRBはリーマン・ショック後にこの政策の実施を検討したが、見送っている。

(60) 関係者によると、企画担当幹部は「あんな政策をやってよく心の健康が保てるな」とOBに皮肉を言われたという。企画ラインの一人は「中央銀行の独立性とは職員の独立性ではない」と言い、また別の幹部は「政府と何か一緒にやると独立性に反すると考える大先輩もいるが、そういう考え自体が独立性を害する」と批判している。

(61) 二〇一七年一月一一日「金融市場パネル四〇回記念コンファレンス」における雨宮正佳理事講演要旨より。

(62) 二〇一六年九月三〇日「第三回カナダ銀行・日本銀行共催ワークショップ」における黒田総裁挨拶抄訳より。

(63) 岩田は二〇一四年一〇月二八日の参院財政金融委員会で、「深く反省している。まずは説明責任を果たすことが先決であるというのが真意だった」と釈明した。また一八年一月三一日の最後の記者会見では、「単純にマネタリーベースを増やせばよいと言ったつもりはない」と繰り返し、「まだまだ私に対する誤解がある。真意を伝えることの難しさを、この五年間で痛感しています」と総括した。

(64)　二〇一六年一一月一五日付、日本経済新聞のインタビューで、浜田は「私がかつて「デフレはマネタリーな現象だ」と主張していたのは事実で、学者として以前言っていたことと考えが変わったことは認めなければならない」とし、米国の論文を紹介され「目からウロコが落ちた」と語った。
(65)　二〇一六年一二月七日、岩田副総裁記者会見要旨より。
(66)　岩田は自著『日銀日記』に「本田氏は〔日銀総裁の〕その資質を備えており、金融政策に関する理解も深く、文句なしの総裁適任者であると、私は考える」と書いた。また、二〇一七年一一月二八日付、朝日新聞のインタビューで、本田は「今の政策の延長で二％を実現するのは難しい」「もし〔総裁に〕指名されたら全力で二％をめざす」と語った。
(67)　二〇一八年四月九日、参院決算委員会議事録より。
(68)　リフレ派の片岡剛士委員は一〇年以上の幅広い国債金利を一段と引き下げるよう、むしろ金融緩和を強化すべきだとして反対票を投じ、原田泰委員も長期金利の「ある程度の変動」を容認することは市場調節方針として曖昧すぎるとして反対した。
(69)　二〇一八年五月二二日、参院財政金融委員会議事録より。
(70)　落札した国債を直ちに日銀に高値で売却し、利ざやを稼ぐ取引を「日銀トレード」と呼ぶ。野村証券ホームページの証券用語解説集には「日銀が量的緩和策で国債を大量に買い入れるため、転売までに金利が急上昇〔価格が急落〕しなければ、証券会社は確実に利益を得ることができる」とある。
(71)　日銀は二〇〇四年度から長期国債の評価を「低価法〔取得原価と時価を比較し、低い方で評価〕」から「償却原価法」に変更した。償却原価法では、簿価と額面の差額を満期まで毎期均等に償却し、これに伴う損益を国債利息に含める形で計上している。
(72)　日銀ＯＢの深尾光洋〔武蔵野大学教授〕が二〇一六年三月に公表した「量的緩和、マイナス金利政策の財政コストと処理方法」によると、国債保有額四四二兆円、平均残存期間七年、金利上昇幅を二％と仮定した場合の損失額〔ストックベース〕は六二兆円となり、日銀が負担可能な損失額四〇兆円を超えるという。ちなみに、一九年九月末時点で国債保有額は四六九兆円、平均残存期間は七年を超えていた。
(73)　二〇一五年一〇月二七日の政策委員会・通常会合に企画局が出した資料には、「出口局面では、保有国債の償還、資金吸収オペレーションの活用、超過準備に対する付利金利引き上げ等を含む諸対応により、収益が下振れ、状況によっては赤字となる可能性もある」として、収益が上振れる緩和実施局面でその一部を積み立てられるよう財務大臣に検討を要請する、と書かれている。これを受けて、財務省は翌月に日銀法施行令を改正した。

(74) 二〇一六年一一月二二日の参院財政金融委員会で大塚拓財務副大臣は、現行法において日銀への追加出資はできないとしたうえで、日銀財務のあり方について「まずは日銀において検討されるべきものである」と答弁した。

(75) 木内は『金融政策の全論点』で現行の政策について、「国債買い入れペースが順調に縮小し、政策の持続性が高まるのは、あくまでも非常に上手くいった幸運なケースに限られ、逆に長期金利上昇などを受けて買い入れペースの拡大を強いられるリスクも相応にある」と指摘する。

(76) 二〇一九年六月一〇日、参院決算委員会議事録より。

(77) 二〇一九年七月三〇日の政策決定会合で、対外公表文の末尾に「先行き、「物価安定の目標」に向けたモメンタムが損なわれる惧れが高まる場合には、躊躇なく、追加的な金融緩和措置を講じる」と付け加え、円高圧力に対抗した。

(78) 二〇一九年三月一二日、参院財政金融委員会議事録より。

(79) 第五四条は、政策委員会の議決事項と業務の状況を記した「通貨及び金融の調節に関する報告書」を概ね半年に一回、国会に提出しなければならないと定めている。

(80) 二〇一九年一一月二九日、衆院財務金融委員会議事録より。また、二〇年七月一五日の記者会見でも、「一〇年やってできないのは、(二%)目標そのものが間違っている」のではないかと記者に追及され、黒田は「目標も手段も適切だったが、様々な事情、状況によってこういう事態が続いています」と苦しい弁明をしている。

エピローグ

(1) 二〇二〇年一月二一日、黒田総裁記者会見要旨より。

(2) 主要六中銀のドル資金供給網は、リーマン・ショックの直後に創設された。スワップ協定に基づき、各国中銀はFRBからドルを調達し、自国の金融機関に供給する。

(3) 「無制限買い入れ」を喧伝する一方、長期金利をゼロ%に誘導する方針は堅持された。「八〇兆円めど」の表現が削除されたことで、買い入れペースを将来落とすことも可能になり、「出口への布石を打った」との見方も日銀内にはある。財務省幹部は「必要なら買い増しもペースダウンもできる。

両にらみの決定だろう」と解説した。

（4） https://www.brookings.edu/blog/ben-bernanke/2016/09/21/the-latest-from-the-bank-of-japan/

（5） 二〇二〇年五月二二日、麻生副総理兼財務相と黒田総裁による共同記者会見より。

（6） 二〇二〇年五月二五日、安倍首相記者会見より。

（7） 例えば、外的ショックにより円相場が急落した場合、円安阻止と長期金利の低位固定のいずれに金融政策を割り当てるかという問題が発生する。

（8） 議事要旨によると、財務省の発言は当初「できるだけ早期に二％の物価安定の目標を達成することを期待する」となっていたが、二〇一五年一〇月に「二％」が消え、以後「物価安定の目標」の実現に向けて努力されることを期待している」と言い続けていた。

（9） 記者会見で安倍は、持病の潰瘍性大腸炎が再発したことを明かし、「国民の皆様の負託に自信を持って応えられる状態でなくなった」として、辞意を表明した。

（10） 二〇二〇年四～六月期の名目GDPは、コロナ禍の影響で五〇六兆六四二〇億円（年換算）に落ち込んだ。一九年の名目GDP比では、約一・二倍となる。

（11） 二〇二〇年九月二日、自民党総裁選出馬記者会見より。

（12） 菅政権発足から二週間後の一〇月一日、東京証券取引所でシステム障害が発生し、上場株式などすべての金融商品の売買が終日停止する前代未聞の事態が起きる。菅は内閣記者会のインタビューで、強い遺憾の意を表明した。

（13） この日の政策決定会合で、財務省代表の発言内容も「政府との連携の下、日本銀行には、引き続き、新型感染症への対応をはじめ、必要な措置を適切に講じることを期待する」と、連携を強める方向に変わった。

（14） 菅と黒田の初会談は、九月二三日に行われた。終了後、黒田は記者団に「政府と日銀が十分に意思疎通をして、しっかり連携して政策運営していくことで一致した」と語った。

（15） 「独立性」「自主性」の経緯については、本文三二頁および第1章の注(25)を参照。

（16） 黒田に対しては、事実確認のためのインタビューを申し込む一方、①日銀法改正時に期待された新たな中央銀行像は実現できたか、②正常化のたびに起きる政治との軋轢を回避するために何が必要か、③財政との連携に「限度」があるとすれば、その基準は何か、など六項目の質問を送ったが、二〇年一〇月時点で回答は得られていない。

あとがき

長い取材がやっと終わった。最後に若干の個人的見解をお許しいただきたい。

いま振り返ると、通貨に関わる基本法は、もっと早く整えておくべきだったとつくづく思う。「インフレの時代」に整備しておけば、狂乱物価やバブルの振幅をもう少し抑制でき、その後の歴史も変わったかもしれない。それが遅れに遅れ、よりによってデフレ下での改正となった。本来、中央銀行法が想定するインフレ退治とは「真逆の任務」をセントラルバンカーに授けたのは、歴史の皮肉と言える。事実、新法下での彼らの成績も決して褒められたものではなく、どこにたどり着くのか分からない「漂流」が今も続いている。

一方、政治的に見ても、法改正のタイミングは悪かった。

そもそも政治家たちが法改正に動いたのは、中央銀行の独立を欲したからではない。目指したのは首相を核とする「政治主導」の確立であり、その一環として大蔵省の権限を縮小することだった。このため日銀法の改正は、介入の排除を目指すという点で政治の目論見とは真逆を向いていた。なぜ独立性が必要なのか、誰一人腹落ちしないまま、法律だけが置き換わったのである。呆れるほどに成長志向の政治家たちと、驚くほど警戒的なセントラルバンカーが相互理解できるはずもなく、正面衝突は時間の問題だった。

かつて宮澤喜一は「どんなに苦しくても通貨や金融を弄んではならない」と戒めるように話していた。しかし、そうした「統治の作法」は、戦中戦後の混乱を知る宮澤の世代を最後に雲散していった感がある。小選挙区制度の導入と二度の政権交代を経て、政治家たちは「選挙での勝利こそがすべて」になった。統治の作法などと悠長に構えている余裕はない、そんな時代になったのだ。

こうした経済的、政治的な「逆向きの力」が複雑に作用した結果が、現在の日銀であり、異常とも言える金融緩和である。

あるOBは「日銀は今や感謝されこそすれ、批判されることはなくなった。世間にやり過ぎだと言われるぐらい緩和したからだ」と自嘲気味に話す。確かに、あれほど激しかったバッシングがぴたりと止んだのは、日銀がつべこべ言わず、アベノミクスの代理執行機関を務めたからだ。遡れば、旧法下で松下康雄は大蔵省が期待した金融危機対応の記者会見を拒み、新法下で黒田東彦は首相の意を受け、コロナ対応の共同談話を財務相と並んで発表した。事の是非はともかく、これが四半世紀に起きた象徴的な変化であり、中央銀行の「作法」もまた変わったということだろう。

そんな中、こともあろうにコロナ・ショックが起きた。

財政難極まる日本にとって、これまた最悪のタイミングだが、コロナ禍で蒸発した需要を補う方法は財政以外になく、中央銀行が長期金利を低位に固定し、これを支援するのはしばしばやむを得ないだろう。日銀をいわば「教本」として、世界の主要な中央銀行が独立性よりも連携を重視した政策を展開しているのがその表れである。

だが、問題はこの先だ。アベノミクスを継承するという菅政権と、さらにその先にどのような展開が待っているか、樹形図的に考えてみる。

第一は、幸運にもコロナを乗り越えて経済が回復し、政府の成長戦略で潜在成長率も上昇に転じる稀有なケースである。この場合、長期金利の上昇圧力をどこまで容認するかで日銀と政府は再び激突するだろう。長期金利が上がれば財政の首が締まり、やがて日銀財務の悪化も深刻な政治問題として表面化する。逆に、金利を押さえ込もうと国債を大量購入すれば、出口のコストはますます膨らむ。進むも地獄、留まるも地獄だが、そもそも「連携の湯」に長く浸かってきた日銀が突如転舵し、政治権力と対峙できるのか、という素朴な疑問が頭から離れない。

次のシナリオは、コロナ禍が長引き、景気も物価も上向かぬまま、静かに地盤沈下が進むケースだ。この場合、異次元緩和はさらに長引き、これを頼りに財政はますます肥大化する。

白川方明は最近、長期の金融緩和が生産性上昇率の低下傾向を助長して潜在成長率をさらに押し下げ、結果的に「低成長、低インフレ、低金利」を定着させてしまうリスクを指摘し始めている。インフレが起きていないから大丈夫だと言っているうちに、所得の伸びが低下し、日本経済全体が「茹でガエル」になるというものだ。

同様の見解は元財務事務次官の佐藤慎一も発している。金利シグナルが消滅し、湯加減の良い異次元緩和が永遠に続くという期待の下で、日本経済は活力を失い、ただ冷えていくだけの「白色矮星《わいせい》」と化していく、という警告である。アベノミクス下の極めて低い成長率と生産性上昇率の鈍化はその前兆ともいえる。

一方、この二つの大きなシナリオには、国債の格下げや債券市場の反乱などで財政の持続性に疑問符が付けられるリスクが、常につきまとう。少子高齢化と潜在成長率の低迷によって日本の経常黒字が縮小に向かえば、市場の不安は高まり、ヘリコプター・マネーもやがて行き詰まる。インフレにならない限り、通貨発行権を持つ国家が財政赤字で破綻することはないと主張する、いま流行りの「MMT（現代貨幣理論）」も同様である。

もとより通貨の信認は、国の稼ぐ力と、それに裏打ちされた財政の持続性によって支えられている。万が一にもその部分が揺るがぬよう、「借りた金は必ず返す」という明快なコミットメントと、財政健全化に向けた血のにじむような努力が重要だが、選挙第一主義の政治家たちに果たしてその覚悟があるだろうか。

どれもこれも茨の道ばかりである。

ただ、行きつ戻りつを繰り返しながらも、いずれは政府と日銀の「共同声明」を根本から見直し、最後に中央銀行のあり方そのものも見直さざるを得なくなる、そんな気がしてならない。

もし政府との連携が不可避なら、そのコストとして中央銀行の財務の悪化をどこまで放置できるのか、あるいはどのように補塡すべきかという議論が浮上する。同時に、中央銀行のガバナンス（企業統治）の強化も、独立性のあり方と絡んで重要な論点になるだろう。

審議委員の専門性や多様性、政治的中立性をどう担保するか。政策委員会の形骸化をいかに防ぐか。「開かれた独立性」の根拠となっている情報公開は現状のままで十分なのか――。いずれも中央銀行の信認に関わる問題であり、場合によっては「外部評価制度」のような仕組みも俎上に上るかもしれない。

何より、インフレなき時代に、金や銀の裏付けを持たないペーパーマネー（管理通貨）の膨張を止める「ホイッスル」をどこに求め、それをどのように鳴らすかという課題は、未だ手付かずのままである。次なる金融危機と制度論議に備え、アカデミズムやジャーナリズムが徹底的な政策検証を行い、国民レベルの議論を喚起していくことを期待したい。

終わりに、長期にわたる執拗な取材に協力してくれた幾多の当局者と、出版を認めてくれたＴＢＳの佐々木卓社長に深甚なる謝意を、そして本書のプロデューサーである岩波書店の上田麻里氏に心からの敬意を表したい。また三重野康氏、宮澤喜一氏、橋本龍太郎氏をはじめ、濃密な取材ののちに泉下の客となられた方も少なくない。この場を借りてご冥福をお祈りしたい。

できるだけ正確な記録を次の世代に残すべきだと、プライベートな時間を割いて付き合ってくれた何人かの師友とかけがえのない仲間たち、そして大切な家族にこの作品を捧げようと思う。

二〇二〇年一〇月五日

西野　智彦

主要参考文献

相沢幸悦『日本銀行論』(NHK 出版，2013 年)
石 井　茂『山一證券の失敗』(日本経済新聞出版社，2017 年)
伊 藤　茂『動乱連立』(中央公論新社，2001 年)
伊藤正直・大貫摩里・森田泰子「1990 年代における金融政策運営について」『金融研究』(2019 年 4 月)
岩田一政『デフレとの闘い』(日本経済新聞出版社，2010 年)
岩田一政・左三川郁子『金融正常化へのジレンマ』(日本経済新聞出版社，2018 年)
岩田規久男『日銀日記』(筑摩書房，2018 年)
岩 村　充『金融政策に未来はあるか』(岩波新書，2018 年)
植田和男『ゼロ金利との闘い』(日本経済新聞社，2005 年)
梅田雅信『日銀の政策形成』(東洋経済新報社，2011 年)
ビル・エモット『日はまた昇る』(草思社，2006 年)
緒方四十郎『円と日銀』(中公新書，1996 年)
翁　邦 雄『日本銀行』(ちくま新書，2013 年)
———『金利と経済』(ダイヤモンド社，2017 年)
ティモシー・ガイトナー『ガイトナー回顧録』(日本経済新聞出版社，2015 年)
桂木明夫『リーマン・ブラザーズと世界経済を殺したのは誰か』(講談社，2010 年)
上川龍之進『日本銀行と政治』(中公新書，2014 年)
軽部謙介・西野智彦『検証 経済失政』(岩波書店，1999 年)
軽部謙介『ドキュメント ゼロ金利』(岩波書店，2004 年)
———『官僚たちのアベノミクス』(岩波新書，2018 年)
———『ドキュメント 強権の経済政策』(岩波新書，2020 年)
川嶋稔哉・中林真幸「1990 年代末から 2000 年代における銀行不良債権処理の進行」(金融庁金融研究センター，2014 年)
河谷禎昌『最後の頭取』(ダイヤモンド社，2019 年)

木内登英『異次元緩和の真実』(日本経済新聞出版社，2017 年)
――――『金融政策の全論点』(東洋経済新報社，2018 年)
木下智博『金融危機と対峙する「最後の貸し手」中央銀行』(勁草書房，2018 年)
鯨岡 仁『日銀と政治』(朝日新聞出版，2017 年)
黒田 巖『通貨・決済システムと金融危機』(中央大学出版部，2011 年)
黒田東彦『通貨外交』(東洋経済新報社，2003 年)
――――『財政金融政策の成功と失敗』(日本評論社，2005 年)
小峰隆夫『平成の経済』(日本経済新聞出版社，2019 年)
小宮隆太郎・日本経済研究センター編『金融政策論議の争点』(日本経済新聞社，2002 年)
清水功哉『日銀はこうして金融政策を決めている』(日本経済新聞社，2004 年)
――――『デフレ最終戦争』(日本経済新聞出版社，2016 年)
清水真人『経済財政戦記』(日本経済新聞出版社，2007 年)
――――『財務省と政治』(中公新書，2015 年)
白井さゆり『超金融緩和からの脱却』(日本経済新聞出版社，2016 年)
白川方明『現代の金融政策』(日本経済新聞出版社，2008 年)
――――『中央銀行』(東洋経済新報社，2018 年)
須田美矢子『リスクとの闘い』(日本経済新聞出版社，2014 年)
竹中平蔵『構造改革の真実』(日本経済新聞出版社，2006 年)
田中素香『ユーロ』(岩波新書，2010 年)
田邉昌徳『令和金融論講座』(武蔵野大学出版会，2019 年)
ジョン・テイラー『テロマネーを封鎖せよ』(日経 BP，2007 年)
内藤純一『戦略的金融システムの創造』(中央公論新社，2004 年)
中川幸次『体験的金融政策論』(日本経済新聞社，1981 年)
中原伸之『日銀はだれのものか』(中央公論新社，2006 年)
西野智彦『検証　経済迷走』(岩波書店，2001 年)
――――『検証　経済暗雲』(岩波書店，2003 年)
――――『平成金融史』(中公新書，2019 年)
西村吉正『金融行政の敗因』(文春新書，1999 年)
――――『日本の金融制度改革』(東洋経済新報社，2003 年)
ベン・バーナンキ『危機と決断(上)(下)』(角川書店，2015 年)

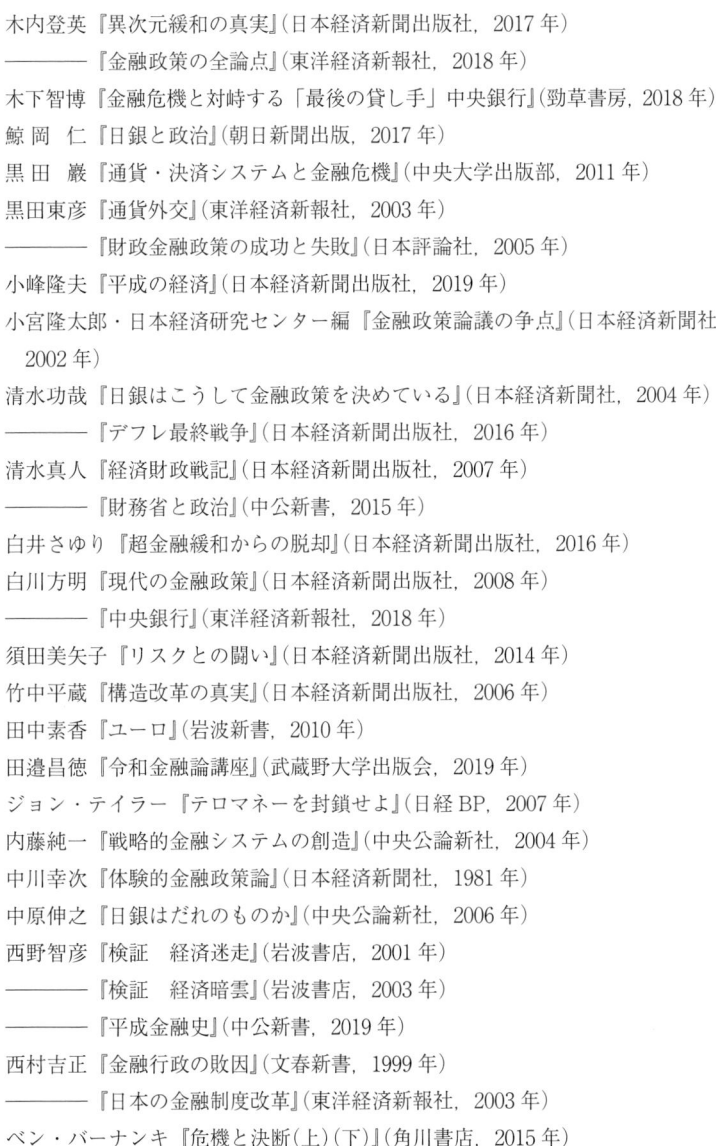

―――――『リフレと金融政策』(日本経済新聞社，2004 年)
浜田宏一『アメリカは日本経済の復活を知っている』(講談社，2012 年)
速 水　優『中央銀行の独立性と金融政策』(東洋経済新報社，2004 年)
―――――『強い円　強い経済』(東洋経済新報社，2005 年)
原　真 人『日本銀行「失敗の本質」』(小学館新書，2019 年)
久 山　稔『平成・和歌山地域金融動乱史』(文芸社，2013 年)
藤井良広『縛られた金融政策』(日本経済新聞社，2004 年)
藤原作弥『カラムコラム　素顔の日銀総裁たち』(日本経済新聞社，1991 年)
ポール・ボルカー『ボルカー回顧録』(日本経済新聞出版社，2019 年)
ヘンリー・ポールソン『ポールソン回顧録』(日本経済新聞出版社，2010 年)
増 渕　稔『信用機構局長の一五〇〇日』(自費出版，2014 年)
待鳥聡史『政治改革再考』(新潮社，2020 年)
三重野康『日本経済と中央銀行』(東洋経済新報社，1995 年)
―――――『赤い夕陽のあとに』(新潮社，1996 年)
―――――『利を見て義を思う』(中央公論新社，2000 年)
―――――『あるセントラルバンカーの半生記』(自費出版，2010 年)
三木谷良一・石垣健一『中央銀行の独立性』(東洋経済新報社，1998 年)
御 厨　貴編『変貌する日本政治』(勁草書房，2009 年)
武藤英二・白川方明共編『図説 日本銀行』(財経詳報社，1993 年)
村松岐夫・奥野正寛編『平成バブルの研究(上)形成編』『同(下)崩壊編』(東洋経済新報社，2002 年)
村松岐夫編著『平成バブル先送りの研究』(東洋経済新報社，2005 年)
村 山　治『特捜検察 vs. 金融権力』(朝日新聞社，2007 年)
森田長太郎『経済学はどのように世界を歪めたのか』(ダイヤモンド社，2019 年)
山家悠紀夫『日本経済 30 年史』(岩波新書，2019 年)
山脇岳志『日本銀行の真実』(ダイヤモンド社，1998 年)
吉野俊彦『歴代日本銀行総裁論』(講談社，2014 年)
朝日新聞経済部『大蔵支配』(朝日新聞社，1997 年)
内閣府経済社会総合研究所「バブル／デフレ期の日本経済と経済政策」(2010 年)
日本銀行金融市場局「日銀レビュー――欧州におけるマイナス金利政策と短期金融市場の動向」(2016 年 2 月)

日本銀行「2003 年度の金融調節」「2005 年度の金融市場調節」「金融市場レポート」「金融システムレポート」(2004 年〜)
日本銀行銀行論研究会編『金融システムの再生にむけて』(有斐閣, 2001 年)
日本銀行金融研究所『金融研究』第 18 巻第 5 号(1999 年 12 月), 同第 19 巻第 3 号(2000 年 9 月)
日本経済研究センター編『激論マイナス金利政策』(日本経済新聞出版社, 2016 年)
日本経済新聞社編『黒田日銀　超緩和の経済分析』(日本経済新聞出版社, 2018 年)
預金保険機構『預金保険機構年報』(2013 年〜)
Alan Ahearne, Joseph Gagnon, Jane Haltmaier & Steven Kamin: Preventing Deflation: Lessons from Japan's Experience in the 1990s, Board of Governors of the Federal Reserve System, 2002.
S. Arslanalp & D. Botman "Portfolio Rebalancing in Japan: Constraints and Implications for Quantitative Easing" (*IMF Working Papers*, 2015).
Benjamin Nelson & Misa Tanaka: "Dealing with a Banking Crisis: What Lessons Can Be Learned from Japan's Experience", Bank of England, 2014.
Hiroshi Nakaso "The Financial Crisis in Japan During the 1990s: How the Bank of Japan Responded and the Lessons Learnt", Bank for International Settlements, 2001.

西野智彦

1958年長崎県に生まれる.
慶應義塾大学卒業後, 時事通信社で編集局, TBSテレビで報道局に所属し, 日本銀行, 首相官邸, 大蔵省, 自民党などを担当したほか,「筑紫哲也NEWS23」「報道特集」「Nスタ」の制作プロデューサーを務めた.

〔著書〕
『検証 経済失政——誰が, 何を, なぜ間違えたか』(共著, 岩波書店, 1999年),『検証 経済迷走——なぜ危機が続くのか』(岩波書店, 2001年),『検証 経済暗雲——なぜ先送りするのか』(岩波書店, 2003年),『改革政権が壊れるとき』(共著, 日経BP, 2002年),『平成金融史』(中公新書, 2019年)など.

ドキュメント 日銀漂流——試練と苦悩の四半世紀

2020年11月26日 第1刷発行
2020年12月15日 第2刷発行

著 者 西野智彦《にしのともひこ》

発行者 岡本 厚

発行所 株式会社 岩波書店
〒101-8002 東京都千代田区一ツ橋2-5-5
電話案内 03-5210-4000
https://www.iwanami.co.jp/

印刷・精興社 カバー・半七印刷 製本・松岳社

ISBN 978-4-00-061438-2 Printed in Japan